QUANLI GOUJIAN
XIANDAIHUA CHANYE TIXI DE
SHANXI ZHILU

力构建

代化产业体系的

山西之路

张峻

著

山西出版传媒集团　山西人民出版社

图书在版编目（CIP）数据

全力构建现代化产业体系的山西之路 / 张峻著 .
太原：山西人民出版社，2025. 6. -- ISBN 978-7-203
-13827-3

Ⅰ . F127.25

中国国家版本馆 CIP 数据核字第 20252ZV452 号

全力构建现代化产业体系的山西之路

著　　者：张　峻
责任编辑：陈俞江
复　　审：傅晓红
终　　审：梁晋华
装帧设计：阎宏睿　陈　婷

出 版 者：山西出版传媒集团·山西人民出版社
地　　址：太原市建设南路 21 号
邮　　编：030012
发行营销：0351 - 4922220　4955996　4956039　4922127（传真）
天猫官网：https://sxrmcbs.tmall.com　电话：0351 - 4922159
E — mail：sxskcb@163.com　发行部
　　　　　sxskcb@126.com　总编室
网　　址：www.sxskcb.com

经 销 者：山西出版传媒集团·山西人民出版社
承 印 厂：山西出版传媒集团·山西新华印业有限公司

开　　本：720mm×1020mm　　1/16
印　　张：24
字　　数：330 千字
版　　次：2025 年 6 月　第 1 版
印　　次：2025 年 6 月　第 1 次印刷
书　　号：ISBN 978-7-203-13827-3
定　　价：98.00 元

如有印装质量问题请与本社联系调换

序　言

习近平总书记在二十届中央财经委员会第一次会议上强调，现代化产业体系是现代化国家的物质技术基础，必须把发展经济的着力点放在实体经济上，为实现第二个百年奋斗目标提供坚强物质支撑。新时代新征程，建设现代化产业体系对全面建成社会主义现代化强国意义重大。加快建设以实体经济为支撑的现代化产业体系，关系我们在未来发展和国际竞争中赢得战略主动。山西省委八次全会指出，要完善传统产业新兴产业未来产业统筹发展机制，健全数字化转型促进机制，完善服务业质效提升机制，完善特优农业发展促进机制，健全文旅融合发展体制机制，完善产业链专业镇开发区发展机制，完善区域现代化基础设施建设机制，着力构建体现山西特色优势的现代化产业体系。

（一）

党的二十大以来，习近平总书记多次就建设现代化产业体系作出重要指示。在二十届中央财经委员会第一次会议上，习近平总书记强调，推进产业智能化、绿色化、融合化，建设具有完整性、先进性、安全性的现代化产业体系。这既是对现代化产业体系内涵特征（智能化、绿色化、融合化）的深刻概括，也是对现代化产业体系三个基本要求（完整性、先进性、安全性）的进一步明确。从构成要素上看，现代化产业体系包括了现代化产业结构体系、现代化产业组织体系、现代化创新生态体系和现代化产业政策体系等四个要素，这些构成要素相互作用，共同推动现代产业体系协同发展。综上，现代化产业体系是以"智能化、绿色化、融合化"为基本内涵，以"完整性、先进性、安全性"为基本要求，以产业结构体系、组织体系、创新生态体系和政策体系为四大构成要素的中国式现代化理论体系的重要组成部分，是现代化经济体系的产业子系统，建设现代化产业体系是构建新发展格局的坚实基础，是我国建设现代化经济体系的重要内容，是加快形成新质生产力的关键环节。

山西是全国唯一的资源型经济转型综合配套改革试验区、能源革命综合改革试点省，在全省上下推动高质量发展、深化全方位转型的进程中，加快构建体现山西优势的现代化产业体系意义重大。建设现代化产业体系能够促进要素集聚、提高生产效率，不断激活新产业、新模式、新业态发展，这将成为资源型地区转型发展的核心动力；建设现代化产业体系能够有效提升产业承载能力，提高要素空间配置的合理性，这将成为山西服务和融入新发展格局的重要支撑。因此，构建体现山西特色优势的现代化产业体系既是完整、准确、全面贯彻新发展理念的具体实践，也是对资源型地区全方位深化转型发展内涵、外延与实现方式的再认识和再实践，更是走稳走好转型发展"四条路径"，有效促进产业转型和地区竞争力提升的必然选择。

但是也要看到，建设现代化产业体系是中国式现代化理论体系的新命题，我国建设现代化产业体系的宏阔布局尚在铺展，山西构建现代化产业体系仍面临不少难题，如产业结构不优、产业竞争力不强、投资收入不均衡、创新水平相对较低等，全省构建现代化产业体系的保障体系仍未完全形成，从根本上彻底解决"两个过多依赖"问题，建设具有省情特色的现代化产业体系仍然"任重而道远"。

（二）

加快建设服务国家全局、体现山西特色的现代化产业体系，需要立足省情实际，发挥比较优势，突出六大发展重点：一是把实体经济作为构建现代化产业体系的根基，推动制造业振兴升级；二是持续深化能源革命综合改革，加快构建现代能源体系；三是着力提升文旅康养产业融合发展水平，建设新时代文化强省和国际知名文化旅游目的地；四是大力推动农业"特""优"发展，努力构建以先进农产品精深加工业为支撑的现代农业产业体系；五是推动服务业提质增效，构建支撑全省高质量高速度发展的现代服务产业体系；六是围绕建设数字山西，推动数字经济发展壮大；七是统筹做好优势产业改造提升、新兴产业发展壮大、未来产业布局培育，为推动高质量发展提供强大动力。

构建体现山西特色优势的现代化产业体系需创新六个方面的发展路径：一是用好重点产业链、专业镇、开发区抓手，形成工作聚焦；二是推进协同创新、数智赋能和绿色转型，培育发展的内生动力；三是推进大中小企业融通发展，做大做强市场主体；四是实施增品种、提品质、创品牌战略，解决好供给端高质量转型与高端化发展问题；五是增强各类要素资源的支撑保障能力，增强融入国内外大循环的市场活力；六是全面提升产业开放发展能级，打造良好的外部发展环境。

建设现代化产业体系是一项庞大的系统工程，需要构建相应的政策体系和保障体系，分类优化产业政策、打造链式产业集群、构建以产业需求为导向的创新体系、增强人才供给支撑、财金互动赋能产业发展、支持数字经济赋能提质，进一步夯实现代化产业体系的制度基础，加强现代化产业体系的统筹措施，持续优化市场化国际化营商环境，强化重点产业能源资源保障，完善现代化基础设施网络，深化要素市场化配置改革，引导优质要素资源不断向现代化产业体系集聚。

（三）

本书分为总报告和六个专题，总报告从全局视角，重点研究和回答了三个问题。一是关于"是什么"，即回答现代化产业体系的基本内涵、主要特征等。二是关于"为什么"，即回答山西现代化产业体系建设处于什么阶段、面临什么难题。三是"怎么办"，即回答新时代山西推进现代化产业体系建设的重点领域、发展路径和关键抓手。分报告设置六个专题，分别对六大任务进行了系统性的分析解构，每个专题都具备较完整的内部理论逻辑，为总报告提供脉络式的框架支撑。

专题一围绕"山西制造业振兴升级"展开研究。系统梳理了制造业相关的理论框架，分析了山西制造业规模、效益、所有制结构、产业结构等方面的基本情况，并依据制造业技术创新、制造业创新、信息化、服务化四条内生动力的发展路径，提出了实施创新驱动发展战略，增强发展新动能；实施新兴产业发展战略，抢占未来竞争制高点；实施政策保障发展战略，增强竞争软实力；实施数智深度赋能战略，提升数字化水平；实施消费品工业提升战略，增强特色产业竞争力等政策建议。

专题二围绕"山西深入推进能源革命综合改革试点"展开研究。在分析国内外能源发展形势、山西能源产业转型取得的成效和存在的问题的基础上，提出了提升煤炭稳产保供能力、实施煤炭清洁高效利用、加快煤炭行业数字化转型、推动非常规天然气增储上产、推进新能源和可再生能源优先发展、加快新型电力系统建设、推动能源领域科技创新攻关、加快实施节能优先战略、加快能源领域高标准市场体系建设，以及推动能源开发与生态环境协同治理等加快构建新型能源体系、推动全省能源产业高质量发展的具体路径和政策建议。

专题三围绕"山西推动文旅康养产业融合发展"展开研究。在系统分析和梳理国内外文旅康养融合发展的理论基础、实践经验，以及山西文旅康养融合发展的现状、短板、比较优势的基础上，提出山西要锚定建设新时代文化强省和国际知名文化旅游目的地的总目标，坚持以文塑旅、以旅彰文，以康养拉长文旅全产业链，以文旅带动康养快速发展，培育文旅康养产业新优势和发展新动能，加快打造文旅康养高质量发展山西模式，走出一条集约化、差异化、优质化、特色化、规模化、高端化、品牌化的新路。

专题四围绕"推动山西农业特优发展"展开研究。深入分析山西发展特优农业的基本情况、主要成效、面临的挑战，充分借鉴国内推进农业特优发展的经验，提出了坚持集群发展，打造全国特色农产品优势区；坚持创新驱动，打造有机旱作农业示范区；坚持市场导向，打造内陆地区农业对外开放集聚区；坚持生态高效，打造农业绿色发展先行区四个方面的路径选择，以及统筹谋划生产力布局，全方位夯实粮食安全根基；强化全产业链建设，推动农业产业集群化发展；激发市场主体活力，完善现代化农业经营体系；转变农业发展方式，增加优质安全农产品供给；完善科技创新体系，赋能特优农业高质量发展等政策建议。

专题五围绕"山西推动集聚发展促进服务业提质增效"展开研究。深入分析了山西服务业集聚发展的基础与现状，充分借鉴国内外现代服务业集聚发展的经验做法，提出链群式集聚、生态型集聚、服务型制造、瞄准价值链高端以及嵌入全球价值链等五条推动山西服务业集聚发展的具体路径和政策建议。

专题六围绕"山西推动数字经济发展壮大"展开研究。深入分析了山西发展数字经济的必要性、紧迫性、现实性，充分借鉴国内外发展数字经济的典型经验，提出加强新型基础设施建设、筑牢数字经济发展底座，挖掘激活数据要素价值、最大限度释放数据红利，推动数字产业创新发展、加快培育新业态新模式，推进产业数字赋能转型、激发产业融合发展潜能，完善数字经济治理体系、强化协同监管治理效能等政策建议。

当前，山西正处于到2029年中华人民共和国成立80周年时完成改革任务，到2030年基本完成资源型经济转型任务，到2035年与全国同步基本实现社会主义现代化的重要历史阶段，构建体现山西特色优势的现代化产业体系既是题中之义，更是关键抓手。谨以此书献给所有为山西现代化产业体系建设事业做出贡献的人们，让我们凝聚非常之力、下足恒久之功，以"时不我待"的紧迫感，勇担使命、砥砺前行，在奋力谱写中国式现代化的宏伟篇章中，探索走出一条现代化产业体系的山西之路！

2024年10月

目 录

第一章 现代化产业体系的基本内涵与理论概述

　　建设现代化产业体系与实现中国式现代化都是当前中国面临的重大时代命题。纵观人类社会现代化发展历程，产业体系的现代化是现代化的核心，是决定大国兴衰的关键因素。理解现代化产业体系的基本内涵，要立足于中国的具体国情与鲜明的时代背景。

　　现代化产业体系具有中国特色社会主义理论体系的内在逻辑，它是党和国家从统筹世界百年未有之大变局和中华民族伟大复兴战略全局的高度做出的重大战略部署，它与全面推进中国式现代化的历史进程紧密相连、相辅相成。党的二十大报告全面阐释了"中国式现代化"的深刻内涵，并正式提出了"建设现代化产业体系"的概念。建设现代化产业体系不仅是中国式现代化理论体系的重要组成部分，同时也是实现中国式现代化的关键抓手。推进中国式现代化要求建设具有中国特色的现代化产业体系，现代化产业体系建设对于推进中国式现代化具有重大战略意义。

　　把握现代化产业体系的内涵，还要把握其丰富的理论基础，以及对近现代以来各类经济学思想和科学理论的总结、归纳、吸收和升华。"现代化"是现代化产业体系的底层逻辑，现代化理论和现代化发展观是现代化产业体系的两个基本理论基础，它吸收了包括经济增长与经济发展、产业选择与升级、新经济地理学，以及新制度经济学等在内的各类经济学理论和思想的成果精华，并结合中国的具体国情进行了改造和创新。因此，现代化产业理论体系是基于中国改革开放和现代化发展实践进行的思想理论创新。

山西构建现代化产业体系，还要深刻理解与资源型地区转型发展的关系。转型是资源型地区解决发展中结构性、体制性和素质性矛盾的根本出路，构建现代化产业体系通过不断提高要素集聚度和投入产出比，不断优化产业布局、资源配置、空间配置，不断增强要素和产业的承载能力，调整和优化各地区在"全国统一大市场"中的区域分工体系，进而给资源型地区的转型发展提供核心动力。构建现代化产业体系是山西实现转型发展的重要途径，更是进一步加快转型发展的核心任务。

第一节　现代化产业体系的基本内涵

一、产业体系的概念及内涵

产业是具有某种同类属性（如具有类似生产过程、生产工艺、具有密切竞争关系）的企业经济活动的集合，是国民经济中的中观层次。体系是指若干有关事物或某些意识相互联系的系统而构成的一个有特定功能的有机整体。产业体系则是不同的产业之间互相关联而组成的一个有机整体，具有系统性、层次性和有序性。在产业体系中，由各个产业组成的整体的功能显著大于各产业功能的简单之和。

产业体系是一个地区存在的经济基础，任何一个地区的正常运行都离不开其产业体系的发展，产业体系的发展会带来人口的聚集，从而为该地区社会经济的运行提供必需的物质支撑与基本条件。因此，一个地区的经济发展与其产业体系密切相关，产业体系中不同产业的构成及占比的不同，均会使得一个地区的经济发展走向截然不同的方向。可见，在不同的时代背景下，需要根据地区的整体社会经济发展阶段变化而不断调整本地区的产业体系，从而使产业体系更好地服务于地区社会经济发展。

二、现代化产业体系的基本内涵

现代化产业体系是现代化经济体系中的宏观产业结构，是产业体系发展的高级阶段，是与我国经济高质量发展阶段相适应的产业结构。同时，"现代化产业体系"又是具有中国特色的概念，其内涵随着不同历史时期我国经济发展所面临的不同形势而不断发展。

党的十七大报告最早提出"发展现代产业体系"这一概念。党的十八大报告提出要"着力构建现代产业发展新体系"。2017年党的十九大报告提出"贯彻新发展理念，建设现代化经济体系"，并且明确要求"着力加快建设实体经济、科技创新、现代金融、人力资源协同发展的产业体系"，再次强调构建产业体系对于我国经济发展的重要性。"十四五"规划正式提出"加快发展现代产业体系"，明确要"构建实体经济、科技创新、现代金融、人力资源协同发展的现代产业体系"。2020年10月，党的十九届五中全会提出"加快发展现代产业体系，推动经济体系优化升级，推进产业基础高级化、产业链现代化，提升产业链供应链现代化水平"。2022年10月，党的二十大报告明确指出"建设现代化产业体系，坚持把发展经济的着力点放在实体经济上，推进新型工业化，加快建设制造强国、质量强国、航天强国、交通强国、网络强国、数字中国"，正式提出"现代化产业体系"的概念。2023年5月，二十届中央财经委员会第一次会议强调："现代化产业体系是现代化国家的物质技术基础，必须把发展经济的着力点放在实体经济上，为实现第二个百年奋斗目标提供坚强物质支撑。"从"现代产业体系"到"现代产业发展新体系"，到"实体经济、科技创新、现代金融、人力资源协同发展的产业体系"，再到"现代化产业体系"，产业现代化的概念和内涵不断发展，折射出的是中国经济发展对产业结构转型升级的现实需求和客观要求。"现代化产业体系"概念从初步提出到科学内涵不断完善发展直至正式提出的过程，表明"现代化产业体系"基本内涵的发展是同我国经济发展特别是发展理念的不断发展创新相一致的，是同运用马克思主义基本原理与我国经济发展实践相结合的奋斗历程相一致的。党的二十大报告提出的"现代化产业体系"概念正是运用马克思主义和习近平新时代中国特色社会主义思想的立场、观点和方法不断阐释和说明中国式现代化具体实践的最新成果，其最典型的特征是实体经济与科技创新、现代金融、人力资源协同发展，改变过去低成本要素投入驱动模式，转变为具有质量优势的科技创新、现代金融和人力资源来驱动，通过推动经济发展的质量变革、效率变革和动力变革，实现高质量发展。

需要指出的是，建设现代化产业体系是建设现代化经济体系的重要内容。"现代化"是现代化产业体系概念与理论演化过程中一以贯之的主旨主线与底层逻辑。在我党我国推动社会主义建设与民族伟大复兴的历史性探索和长期不懈实践过程中，现代化始终是重要的发展目标。早在1953年"一五"时期中国就提出农业现代化的目标；1964年12月第三届全国人民代表大会首次提出把中国建设成为一个拥有现代农业、现代工业、现代国防和现代科学技术的社会主义强国，即"四个现代化"目标。这是中华人民共和国成立以来正式提出国家整体现代化的目标，开启了中国现代化的历程；1987年党的十三大提出中国社会主义现代化建设的"三步走"战略。至此，起源于西方工业化过程的现代化概念首次被赋予了"中国式"定语并不断发展；党的十四大进一步深化了"富强、民主、文明的社会主义现代化国家"内涵，提出了"社会主义现代化"的概念；2021年习近平总书记在庆祝中国共产党成立100周年大会上的讲话中提出"中国式现代化新道路"概念："我们坚持和发展中国特色社会主义，推动物质文明、政治文明、精神文明、社会文明、生态文明协调发展"，这一论断开创了政治、经济、文化、社会、生态文明五位一体的现代化建设全局，明确了中国式现代化的新道路；党的二十大报告就"何为中国式现代化"给出了创造性的总结，明确了五大基本特征："中国式现代化是人口规模巨大的现代化，是全体人民共同富裕的现代化，是物质文明和精神文明相协调的现代化，是人与自然和谐共生的现代化，是走和平发展道路的现代化。"这个论断深刻揭示了中国式现代化的根本特征和本质要求。上述过程表明，建设现代化经济体系，是党中央从党和国家事业全局出发，为实现"两个一百年"奋斗目标、顺应中国特色社会主义进入新时代作出的重大决策部署。现代化经济体系理论是现代化产业体系的理论基础，现代化产业体系的理论演进建构在现代化理论和实践基础之上。正如习近平总书记指出："现代化经济体系，是由社会经济活动各个环节、各个层面、各个领域的相互关系和内在联系构成的一个有机整体。"其中，产业体系、市场体系、收入分配体系、区域发展体系、绿色发展体系等是经济体系的重要组成部分。

三、资源型地区现代化产业体系的特征

资源型地区是指自然资源禀赋优越，并且以本地区自然资源的开采、加工以及与资源开采加工有直接联系的产业作为主导产业而发展的区域。[1]资源型地区在国际分工或者区域分工当中承担着向其他地区提供资源型产品或其简单加工制成品的职能，并主要围绕自然资源开发而建立自身的产业体系。

资源型地区是我国资源能源的集中分布区和基础化工业的主要集聚区，是全国经济社会稳定运行的"粮油库"，更是保障国家能源资源安全和构建现代化产业体系的"压舱石"。但同时，资源型地区的产业链条短，产业关联较弱，附加值低，产业结构特别是工业结构呈现初级

---

[1] 国家发展改革委、财政部、自然资源部《推进资源型地区高质量发展"十四五"实施方案》提出，资源型地区是依托本地矿产、森林等自然资源开采、加工发展起来的特殊类型区域。

化、单一化特点，经济增长过于依赖外部市场，经济抗风险能力较差，且面临资源要素和生态环境的双重约束。目前从全国的资源型地区来看，自然资源富集的地区面临较大的可持续发展压力，资源枯竭地区则缺少内生发展动力。整体来看，在资源型地区产业发展特别是产业体系的转型升级过程中，通过发展传统产业、增加要素投入和牺牲资源环境实现经济规模扩张的空间大幅缩小，难以为区域高质量发展提供稳定的支撑。因此，在"碳达峰、碳中和"背景下和保障国家能源供应安全稳定的大前提下，资源型地区的现代化产业体系建设，蕴含着更加丰富的理论内涵，也需要面向新的时代条件不断调整创新。

2021年11月，国家发展改革委、财政部、自然资源部联合印发了《推进资源型地区高质量发展"十四五"实施方案》（以下简称《方案》）。《方案》指出，要科学把握矿产资源不可再生的自然规律，遵循资源型地区阶段性演进发展的经济规律，有效整合各类生产要素，提高要素配置效率，主动调整优化经济结构，推动资源型地区加快转型升级、持续健康发展，加快建立"创新引领、加快转型、多元支撑的现代产业体系"。因此，基于资源型地区发展的自然规律与经济规律，资源型地区现代化产业体系的建设，主要聚焦两个方面内容。一是保障国家能源安全。要统筹资源能源开发与保护，建立安全可靠的资源能源储备、供给和保障体系，提升资源能源供给体系对国内需求的适配性；要提高资源能源利用水平，建立科学合理的循环利用模式，统筹有序推进碳达峰、碳中和。二是引导资源型区域高质量发展。包括创新、协调、绿色发展。引导资源型地区大力促进科技创新，提升产业链、供应链竞争力，加快区域发展新旧动能转换；引导资源富集地区转型发展、支持资源枯竭地区可持续发展、支持资源型地区结合本地实际服务和融入区域重大发展战略；在开展生态环境综合治理的基础上，加快建设形成绿色生产方式和生态宜居环境。可见，资源型地区现代化产业体系的构建，一方面是要立足本地资源禀赋，确定主导产业，以此为发展重心，协调一、二、三产业共同有序发展，促进主导产业的产业链向高端化发展，走绿色、可持续的发展道路；另一方面是要重点培育接续产业，为本地区的可持续发展以及综合竞争力的提升提供充足的动力支持，在必要的时候发展成为下一个主导产业，提供内生发展动力。

当前，世界百年变局加快演进，全球产业链、供应链加快重塑，以国内大循环为主体、国内国际双循环相互促进的新发展格局加快形成，这都为山西这样的典型资源型地区加快高质量发展提供了难得的历史性机遇。资源型地区的现代化产业体系构建，本质上是山西这样的"资源型+欠发达"地区不断深化对"转型发展"内涵外延与实现方式的再认识和再实践，完整、准确、全面贯彻新发展理念，积极应对当前需求侧动能后劲不足、供给侧动能制约凸显、产业发展动能亟待升级、制度供给动能急需改革等挑战，走稳走好转型发展之路，有效促进产业转型升级和地区竞争力提升的必然选择。

第二节 现代化产业体系理论概述

一、现代化产业体系的基础理论

（一）经济增长与经济发展理论

经济增长理论：亚当·斯密在其代表作《国民财富的性质和原因的研究》中较为系统地阐述了经济增长理论。他提出，国民财富的增长即经济增长要依靠三个主要因素：劳动分工、资本积累、市场规模扩大。与此同时，技术进步、对外贸易以及社会经济制度环境等因素对经济增长也具有重要影响，技术进步可以使市场中有限的资源进行合理配置，提高要素生产效率，从而提高产值，推动经济增长。

1948年，哈罗德在《动态经济学导论》一书中提出了长期经济增长模型。同年，多马提出了与其极为相似的理论模型，合称为"哈罗德-多马"模型。"哈罗德-多马"模型基于资本-产出比不变的假设，引入了自然增长率概念，研究了产出增长率、储蓄率与资本产出比之间的相互关系。模型认为只有在实际增长率等于有保证的增长率，且等于自然增长率的情况下，才能使得经济稳定增长。但"哈罗德-多马"模型未考虑技术进步、制度变迁等现实因素对经济增长的影响情况。

二战后，库兹涅茨提出了现代经济增长理论，他将经济增长定义为一个国家能够不断提升向他的人民提供品种越来越丰富的经济商品的能力。同时，对发达国家数据的分析表明，产业结构会跟随经济增长做出不同的调整，随着国家经济的不断增长，产业结构中农业占比越来越少，工业与服务业占比则越来越高。

经济发展理论：1950年，法国经济学家佛郎索瓦·佩鲁首次提出了"增长极"理论。该理论指出，经济进步在不同的区域不会同时发生，任何经济，都是从一个或几个地区先发展起来，随后带动周边地区和相关产业的发展。对于一个国家而言，经济发展总是先在一部分地理位置优越的地区进行，其随着发展成长为经济增长中心，这部分地区产业经济发展水平相对较高，即"增长极"。经济发展需要通过发挥"增长极"的吸引力与扩散效应，通过后向、前向连锁效应带动整个区域或其他产业的发展，最终实现整体的均衡经济发展。

瑞典经济学家埃里·赫克歇尔和其学生波尔特尔·俄林提出了资源禀赋理论（H-O理论），资源禀赋是一个国家或地区拥有的人力、土地、技术与资本等一系列不同类型的生产要素，因而该理论也被称为要素禀赋理论。该理论认为，各国在生产要素禀赋上存在差异，因而不同国家的生产要素成本价格不同，导致各国的不同商品存在生产成本差异，导致不同国家拥有各自的比较优势以及贸易利益，从而推动了贸易国的经济增长。因此，各国生产要素禀赋的相对差异构成了比较优势和国际贸易的现实基础。

大卫·李嘉图首次提出比较优势理论。比较优势是国与国之间由于人口、资源等禀赋的差异形成的竞争优势，存在于经济发展的各方面。以资源优势为例，资源优势是通过对不同地区拥有资源的质和量进行对比，确定某一地区在这方面具备更高质量的资源与开发条件，从而使该地区有了资源方面的比较优势。比较优势理论认为国家应集中生产本国具有比较优势的产品，在专业化分工下获得提高劳动生产率的收益。随着世界贸易理论的不断发展更新，比较优势这一概念包含的范围从资本、人口等要素延伸至技术、环境要素。一个国家的比较优势决定着其在全球分工中扮演何种角色，同样，某个地区的比较优势也能决定其经营何种产业。一个地区的比较优势改变，该地区的产业体系也会随之调整改变。

1912年，经济学家约瑟夫·熊彼特在《经济发展理论》一书中提出了创新理论。他认为，创新是经济活动的核心内容，经济的根本现象是发展而不是均衡，发展的特征则表现为动态的不均衡，其根源正是"创新"。这里的"创新"是一个经济概念，而不是一个技术概念，它不同于科学技术方面的发明，而是把已有的技术革新引入经济组织，形成新的生产组合。资本主义的经济运行在"创新"的推动下呈现周期性波动，创新引起其他企业家效仿，整个资本市场一起效仿将打破垄断，从而吸引了大规模投资，引起经济繁荣发展；当创新扩展到相当多的企业之后，盈利机会逐渐减小直至消失，经济发展开始放缓、衰退。就这样，资本主义经济将不断经历繁荣、衰退、萧条和复苏四个阶段。在不断的创新中，资本主义将在不断破坏旧结构、创造新结构的过程中取得经济的发展进步。

（二）产业选择与升级的相关理论

产业结构理论：产业结构是指产业间形成的经济技术关系和数量占比关系。产业结构理论是指在社会再生产过程中，一个国家或地区的产业组成即资源在产业间的配置情况，产业发展水平即各产业所占比重，以及产业间的技术经济联系即产业间相互依存、相互作用的方式。

17世纪英国经济学家威廉·配第通过研究荷兰和法国的经济结构，发现"工业的收益比农业的收益多得多，而商业的收益又比工业多得多"。他认为劳动力之所以在不同产业部门之间互相流动，就是因为在不同的部门间获得的收入有差异，劳动力总是会向着收入更高的部门流动。即随着社会经济的不断发展，从事农业的人员占比将会下降，从事工业的人员占比有所上升，从事服务业的人员占比将比从事工业的人员占比上升更快。

英国经济学家柯林·克拉克在配第研究的基础上，进一步梳理了20多个国家中三大产业的总产出与劳动投入的时间序列数据，发现人均收入较低的国家，其劳动力大多数从事第一产业，从事第二、第三产业的人数较其他国家偏低；而人均收入较高的地区，劳动力更多集中在第二、第三产业。这进一步证明了劳动力总是会向着有更高收益的行业部门流动。这就是"配第–克拉克定律"，随着经济发展和收入的提高，劳动力会逐渐从第一产业向第二产业、从第二产业向第三产业自发流动，以实现自身更高的收入，从而促进经济发展。

美国经济学家西蒙·库兹涅茨在克拉克研究的基础上，收集和整理了欧美主要国家的统计数据，从收入和劳动力两个角度，对产业结构的变化进行了分析研究。他将第一产业称为农业部门，将第二产业称为工业部门，将第三产业称为服务部门，并提出了"库兹涅茨法则"，即随着国民收入的增加，从事农业的工作者占比将不断下降，整个农业部门的总体收入占整个国家的收入也在不断下降；从事工业的工作者占比基本稳定不变或略有上升，整个工业部门收入占比稳定上升；而从事服务业的工作者占比以及整个服务部门的收入占比都有较大幅度的提升。他认为造成产业结构变化的最本质原因是不同产业在经济发展中产生的国民收入的差异。

德国经济学家霍夫曼通过分析近20个国家的时间序列数据，提出"霍夫曼系数"（消费资料工业净产值/资本资料工业净产值），以此作为划分工业化阶段的依据。他指出，各国工业的发展都有一个相同的趋势，即随着一国工业化的不断推进，其霍夫曼系数呈现出不断下降的趋势，即"霍夫曼定理"：在工业化的早期阶段，工业结构以轻工业为主，加工程度较低，随着工业化发展进程的不断推进，加工程度高的重化工业和机械加工业必定得到优先发展，因此在总产出中的比重增加，霍夫曼系数也就越小。

美国经济学家钱纳里和赛尔奎因等人在库兹涅茨研究的基础上，对全球101个国家1950年到1970年的统计资料进行了归纳分析，提出了"世界发展模型"，并得出了一个产业结构变迁的"国际标准产业结构"。他们认为，随着国民收入的提高，产业结构会发生规律性的变化，即工业产出占全国总产出占比与其就业比重逐步上升，农业产出占比和其就业比重则逐渐下降，服务业产出占比和其就业比重呈现缓缓上升的趋势。在发达国家中，产出结构的转换与就业结构的转换基本上同步进行。而在发展中国家，就业结构的转换则相对滞后于产值结构的调整，这是因为发展中国家大多是非均衡发展，压低农产品价格，提高工业品价格，因此造成工业部门产值比重偏高，创造产值的能力远高于创造就业机会的能力，从而导致转换不同步。

美国经济学家威廉·杰克·鲍莫尔认为随着国民人均收入水平的提高，居民对农业产品的需求最先饱和，对第二产业产品的需求则会优先增长并逐渐趋于稳定，而对第三产业产品的需求会不断增加，需求因素决定了产业结构变迁的方向，供给侧的技术进步与生产率增速也对产业结构变迁起着重要作用。日本经济学家赤松要基于日本的工业成长模式以及东亚经济体间产业分布情况，提出了"雁行理论"，该理论认为随着技术成熟与生产要素的变化，率先发展地区的竞争优势会逐渐减弱，通过技术转移与产业转移，进行新一轮的产业创新发展。美国经济学家罗斯托提出了主导产业及其扩散理论和经济成长阶段理论，认为现代经济增长是主导产业部门依次更替的过程，并且率先创新的产业能够形成增长极效应，通过产业间的技术扩散带动整体结构变动，促进整体经济增长。

产品生命周期理论：1966年，哈佛大学教授雷蒙德·弗农在其《产品周期中的国际投资与国际贸易》一书中首次提出了产品生命周期理论。他所指的"生命"是一种产品在市场上的营销生命，一种新产品从开始进入市场，再到被市场淘汰的整个过程，会经历引入、成长、成熟和衰退四个阶段。

第一阶段是引入期，新产品一经面世，投进市场，便进入了引入期。此时，顾客对产品还不了解，只有少数追求新奇的顾客有可能采购，因而此时的销量很低。此时的企业为了扩展销路，需要花费大量的促销费用，对产品进行宣传推广。在这一阶段，由于技术方面的原因，产品不能大批量生产，因而成本相对较高，销售额增长较缓慢，企业不但得不到利润，反而可能亏损。产品的各方面也有待进一步完善。

第二阶段是成长期，当产品进入引入期，销售取得成功后，便进入了成长期。这个时期的顾客对产品已经熟悉，第一阶段的试销效果好，大量顾客开始购买，市场逐步扩大。产品开始大批量生产，生产成本有所下降，企业的销售额开始不断上升，利润也自然随之增长。其他生产商看到有利可图，纷纷进入市场参与竞争，从而这类产品供给量增加，价格开始下降，企业的利润增长速度逐渐减慢，最后达到该产品利润的最高点。

第三阶段是成熟期，产品大批量生产并稳定地进入市场销售，经过成长期以后，市场需求趋于饱和，产品已经普及并接近标准化，潜在的顾客越来越少，成本低产量大，价格有所下降，产品销售额增长缓慢直至转而下降，这就意味着产品已经进入成熟期。在这一阶段，竞争逐渐加剧，产品售价降低，而促销成本增加，企业的利润不断下降。

第四阶段是衰退期，随着科学技术的发展，新产品或新的替代品出现，刺激顾客的消费习惯发生改变，转向其他产品；加之产品在市场上已经老化，不能满足市场需求，此时产品逐渐被市场和顾客淘汰，导致原来产品的销售额和利润额急速下降，部分企业因无法获取利润而停止生产。

产品生命周期理论指出，一个国家或企业需要根据产品生命周期的变化及时改变自己的经营方式，才能获得发展。当产业处于产品生命周期的不同阶段时，要素要求和所处的市场环境有很大的不同，市场环境、要素条件与产品生命周期密切相关。产品内外部环境及自身发展状况的演变，会引发生产产品的具体区域迁移，进而导致产业转入地和转出地的重新调整。

价值链理论：1985年，迈克尔·波特首次提出了价值链理论。波特认为，每一个企业都是其产品在设计、生产、销售、交货和售后服务方面所进行的各项活动的集合体，企业中所有的经营管理活动构成了一条价值链。

企业的价值创造是通过一系列活动构成的，这些活动可分为基本活动和辅助活动两类。基本活动也就是一般意义上的企业"生产经营环节"，如材料供应、成品开发、生产运行、成品储运、市场营销和售后服务等。这些活动都与商品实体的加工流转直接相关。辅助活动则是指企业的组织建设、人力资源管理、技术开发和采购管理。这里的技术和采购都是广义的，既包括生产性技术，也包括非生产性的开发管理，例如，决策技术、信息技术、计划技术。采购管理既包括生产原材料，也包括其他资源投入的管理，例如，聘请有关咨询公司为企业进行广告策划、法律咨询、信息系统设计和长期战略计划制定等。这些互不相同但又相互关联的生产经营活动，构成了一个企业创造价值的动态过程，即价值链。

价值链的各环节之间紧密相连，相互影响。一个环节经营得好与坏可以影响到其他环节的成本和效益，影响整个价值链。尽管价值链的每一环节之间都环环相扣，但是一个环节最终能够在多大程度上影响其他环节的价值活动，与其在价值链条上的位置分布有很大的关系。根据产品实体在价值链各环节的流转程序，企业的价值活动可以被分为上游环节和下游环节两大类。在企业的基本价值活动中，材料供应、产品开发、生产运行可以被称为上游环节；成品储运、市场营销和售后服务可以被称为下游环节。不同的行业价值链的具体构成并不完全相同，同一环节在各行业中的重要性也不尽相同。

"价值链"理论指出，在一个企业的价值链上，并不是每一个环节都会创造价值，企业所创造的价值，实际上来自企业价值链上的某些特定的价值活动，这些真正创造价值的经营活动，就是企业价值链条上的"战略环节"。企业之间竞争，不单纯是企业生产的产品之间的竞争，还有企业整个价值链之间的竞争，而整个价值链的综合竞争力决定着企业的综合实力。同样，一些行业的垄断优势，也来自该行业的某些特定环节的垄断。把握住了这些关键环节，也就抓住了整个价值链。而这些决定企业经营成败和效益的战略环节在不同的行业领域内，都是不相同的，既可以是产品开发、工艺设计，也可以是市场营销、信息技术等。通常，企业活动以及产业环节在价值链不同阶段的转移被认为是产业的升级。

（三）新经济地理学相关理论

1991年，保罗·克鲁格曼发表了《报酬递增和经济地理》一文，标志着新经济地理学的开创。随着经济全球化与区域一体化的发展，出现了一些传统经济学理论无法解释的经济现象，因此，克鲁格曼、藤田昌久等经济学家从经济地理学的角度出发，将规模报酬递增和不完全竞争因素加入理论分析中，创立了新经济地理学。新经济地理学认为，产业转移和劳动力流动密不可分，产业转移的集聚区，也是劳动力流动的聚集区域，因此产业集聚会带动集聚区域经济的发展。

克鲁格曼通过提出"中心-外围模型"（cp模型），将规模报酬递增、不完全竞争市场和运输成本引入了一般均衡模型，建立了一个两地区、两要素和两部门的空间均衡模型，从而解释了在初始外部条件完全相同的两个区域，一个区域如何通过发展成为经济要素集聚且相对发达的中心地区，而另一个区域又如何成为外围地区，明确了不同地区之间产业集聚与分散的变化机制。

中心-外围模型有三个不可或缺的要素。一是"冰山"运输成本。产品在进行跨区域交易的运输过程中会产生消耗，最终仅有部分产品被运输到终点，类似于冰块"融化"的过程，被融化掉的部分产品就是产品交易不可避免的成本，即所谓的"冰山"运输成本。新经济地理学认为，交通基础设施条件的改善能有效降低产品运输成本。二是不完全竞争。传统经济学理论假设市场是完全竞争的，这在现实中几乎是不可能存在的，因此克鲁格曼在自己的模型中设定了市场是不完全竞争的。三是规模报酬递增。企业在从事生产活动过程中，即使按照相同的比例将生产要素投入产品生产中，其所产生的产量增幅也会有所不同，这被称为规模报酬可变。规模报酬的变化有三种，规模报酬递增、规模报酬不变和规模报酬递减。在企业发展的初级阶段，随着生产要素的不断增加，企业的生产规模也在不断扩张，从而产生了规模报酬递增效应。在新经济地理学理论中，规模报酬递增是重要的假设之一。

中心-外围模型认为，当交通运输成本处于较低水平时，此时产业间的关联效应最强，经济规模较大地区的产业将产生一种自我持续扩张的现象，产业将会集聚在一个地区。也就是说，当一个地区的市场需求量够大，且运输成本足够低时，会吸引企业前来投资建厂，使得该地区的产业越来越大，促使越来越多的劳动力涌入该地区，加入地区的生产活动中去，这些劳动力又进一步扩大了市场需求量，在规模报酬递增效应的作用下，会不断吸引企业进驻，从而形成产业集聚，该地区发展成为中心地区。反之，当交通运输成本较高时，尽管有规模经济的存在，但高昂的运输成本阻止了企业进驻，产业布局呈现分散状态。

"中心-外围"模型的形成主要受到三种效应的影响，分别是本地市场效应、价格指数效应、市场拥挤效应。本地市场效应是指企业在市场规模较大的地区进行商品生产，然后将生产的商品销售到市场规模相对较小的地区的行为效果。价格指数效应则包含了生产和生活两类成本效应，对企业而言，企业聚集在某一个地区从事产品生产活动，由于生产资料更容易获取，因此产品的生产成本和运输成本也大大降低，企业能够获得的利润也就越高；对本地居民而言，可以用更低的价格买到同样的产品。市场拥挤效应也叫本地竞争效应，指的是在不完全竞争的市场上，企业的过度集中会使行业竞争加剧，最终企业会更偏好于选择在竞争者较少、竞争不太激烈的区域进行生产活动。

本地市场效应和价格指数效应能够降低企业的生产成本，从而产生了集聚力，而市场拥挤效应则带来扩散力。集聚力与扩散力之间的相互作用，引起了产业集聚现象的变化。这两种作用的大小关系取决于贸易成本，当贸易成本很高时，不同地区的企业之间交流成本也较高，相互往来的费用较高昂，为了减少贸易成本的支出，此时企业不会轻易搬迁，市场拥挤效应相对更强，此时扩散力较强；当一个地区的贸易成本有所下降时，会激励企业聚集在该地区从事经营活动，当贸易成本达到一定数值时，集聚力与扩散力达到均衡，企业集聚在该地区；而当贸易成本继续下降，低于一定的数值后，该地区因企业过于集聚，竞争过于激烈，而贸易成本也不再是企业的阻碍，会使一些企业向周边竞争较小的地区转移。

（四）新制度经济学相关理论

以科斯、诺斯为首的学者提出并完善了新制度经济学。这一理论将制度因素引入对经济增长的分析研究中，以产权理论、交易费用理论、制度变迁和制度创新理论为主要理论框架，以制度本身以及制度与经济发展之间的关系为研究对象。新制度经济学认为技术创新和制度创新才是社会经济长期增长的内在动因。

产权理论：在经济学中，产权是一种人与人之间的关系，是指由于物的存在以及关于对它们的使用所引起的人们之间相互认可的行为关系。产权可分为私有产权、公有产权、集体产权和国有产权等，私有产权完全属于个人，凭借个人意志自由支配对某个经济物品的使用权、占有权、收益权和转让权，具有排他性。公有产权是多个经济主体共同拥有某个物品或某个资源的权利，不排斥其他人对该物品的使用。集体产权则是归某个集体所有，由集体内的所有者行使相应权利。国有产权是指产权归国家所有，国家按照相关法律程序，对权利的使用进行分配。

科斯认为，清晰的产权界定是市场交易的前提。在市场中，当交易成本为零时，产权的最终配置或者对社会福利的分配，会自行在市场机制的作用下达到帕累托最优，不会受到产权初始配置的影响。而当交易成本为正时，不同的产权界定会产生不同的资源配置情况，因此为了达到最优的资源配置，需要对产权制度进行有意识的选择。

交易费用理论：交易是以财产权利为对象的人与人之间对自然物权利的出让和取得的关系，是经济活动的基本单位。科斯认为交易费用是

"利用价格机制的成本"，市场的运行本身需要成本，在市场中从事各种经济活动时，也会存在相对应的交易费用。

在现代产业体系的发展中，交易费用主要体现在四个方面。一是搜寻信息费用，不同产业发展所需要的市场环境不同，市场供给者为了获得不同类型消费者对产品的需求、当下的产业发展状况和市场运行情况等信息，都需要花费一定的成本。同时，建立一个产业组织，不同产业之间进行合作交流等都会产生相应的费用。

二是规定交易双方权利和责任的费用。农业、工业和服务业等不同行业的正常运行，不同行业之间的经济交流活动，新的市场经营机制的建立，产业间的协作，新的产业组织构建等，通常都需要许多市场主体之间合作完成，这些经济活动都需要遵守一定的规则，并且通过谈判和签订相关的契约等来规定交易双方的权利和义务，这时就产生了相应的契约成本。

三是决策、监督和执行费用。这些是指企业关于生产某种产品的决策、对产品质量的监督管理、保护自身的权利以及执行合约的对应条款等活动，产生的相应交易费用。

四是组织运行的费用。产业的有序运作，需要制定相应的决策、监督命令的执行、度量有关的生产绩效、在市场交易中进行代理活动和信息管理，以及技术创新、开展生产研发活动和无形产品与服务的技术转移等，这些活动产生的成本便是组织运行的费用。

制度变迁理论：新制度经济学认为，制度是一个特定群体内部确立并实施的行为规则，它能使人们根据已有的规则去行动，从而减少人际交往中可能出现的一些机会主义行为，使得个人的行为变得可以预见。因此，制度就是约束人们行为的一系列规章规则。制度不仅建立了社会经济活动中的激励机制，对经济主体的行为起到了一定的约束作用，有效的制度还能够向市场交易中的双方经济主体提供对称的信息，降低市场中可能出现的投机行为，有效降低交易成本。

制度变迁是指制度的替代、生产和改善过程，是制度随着时间和外在条件变化而不断调整改变的一系列过程。新制度经济学引入制度均衡与非均衡理论，以此解释制度变迁过程。

制度均衡是指在现有的制度条件下，市场上各类经济主体的各种需求都能够得到满足，没有改进现行制度的意愿，并且也无力改变现行的制度内容。当现行制度能够满足经济主体对制度的需求时，就达到了制度均衡的状态，也就是一种"帕累托最优"状态。在这种状态下，制度已经没有任何需要改进的地方，经济发展过程中的全部产品和资源已经实现了最优配置。与制度均衡状态相反，当现行制度与市场经济主体需求之间存在不一致时，现有的制度无法满足经济主体的需求，制度选择集合中出现了比现有制度净收益更大的制度和制度组合时，现有制度就会变得无效率，从而使制度出现非均衡的状态。因此，制度非均衡是经济主体在现有制度不能满足需求的情况下，准备改变而又尚未改变的制度状态。在这种状态下，市场上的一些资源和产品还能够通过重新分配，并且在不改变其他效用水平的情况下，提高一部分效用，此时的经济就未达到帕累托最优，此时称为"帕累托无效率"。从帕累托无效率到帕累托最优的过程，就是帕累托改进的过程，表现为制度的变迁过程。

二、现代化产业体系的内在逻辑

"现代化产业体系"是在新的时代背景下，洞察世界发展大势，结合中国具体国情，准确把握国家发展需求提出的，既符合世界范围内主要国家产业发展一般规律，同时也符合中国基本国情，与中国式现代化相辅相成。建设现代化产业体系不仅是中国式现代化理论体系的重要组成部分，同时也是实现中国式现代化的关键抓手。

（一）现代化产业体系的自身发展逻辑

从区域产业结构演进过程来看，产业发展由简单到复杂，从低级到高级的动态变化是其基本规律。为追求规模经济带来的外部经济性，资源、要素、企业等总是倾向于在一个产业发展条件好的区域集聚，从而推动形成新的产业部门或产业集聚区域。通过土地资源集中规划以及交通运输、水电和信息通信等基础设施以及财政金融、人才等层面的支持政策的统一集中供给或优惠价格供给，产业部门或企业获取要素资源的便利性与多样性得以提升和增加，进而极大削弱了企业获得要素资源的时间与空间限制，促进了生产要素在数量层面的持续积累与集聚，推动生产要素的合理化再配置和多元化产业格局的形成。在多元化产业格局的基础上，产业分工的拓展进一步降低了物流运输、基础设施建设、人才吸引乃至制度设计等方面的交易成本，不仅使企业之间的交易成本降低，也使企业与城市之间的交易成本降低，从而使企业之间、企业与城市之间的经济联系更加密切。伴随着这种日益密切的经济联系，以中心城市为枢纽，以次级城市为节点逐渐形成高度发达的分工协作网络体系，并为现代化产业体系进一步发展提供相应的承载空间，为现代化产业体系的持续发展创造良好外部条件，并使产业现代化发展同所在区域的整体发展紧密联系起来。

（二）现代化产业体系同区域经济发展的关系

一是产业体系的现代化发展是区域经济发展最为直接的动力，同时区域经济发展又直接推动了产业体系现代化发展动力要素的拓展。

一方面，产业体系的现代化发展通过涓滴机制和扩散机制实现要素投入产出比的增长，是区域经济增长最根本和最直接的力量来源，即"产业发展的经济效应"。由于涓滴机制的存在，产业体系现代化发展所带来的物质财富的增加一定程度上会自发地从富有群体向贫困群体流动。具体来说，产业体系的现代化发展能够有效地扩展经济活动，增加财政和税收收入，促进社会财富积累，为政府财政支出政策的制定和实施提供充足的资金支持。由于扩散效应的存在，产业体系现代化发展的涓滴效应会通过投资和技术过程的乘数机制而得到扩散，同时随着经济的增长，社会公共服务会逐渐得到普及，从而有利于缩小区域发展差距。

另一方面，在经济发展过程中，通过要素投入的拓面提质，厚植了产业现代化发展的动力基础。随着人们对经济增长与发展机制认识的加深，生态、制度等要素在经济发展中的地位和作用逐渐得到认可与重视。区域范围内的生态环境的环保宜居和制度建设的精细有效，通过协调整合个体利益和集体利益与社会利益、提升基层治理效能与降低要素成本等途径对区域经济发展发挥的巨大间接促进作用也日益显现出来并愈加被重视和应用。区域经济发展中在生态环境共建共治、体制机制改革等领域的持续发力，正是通过上述途径推动了产业现代化发展中要素投入的范围拓展、规模扩大与质量提升，从而使产业的现代化发展成为区域经济发展的本质体现和直接结果。

二是产业体系的现代化发展为缩小区域发展差距和城乡融合发展提供了持续动力。我国作为一个发展中的大国，国土空间广阔，区域分工复杂。在加快服务和融入新发展格局、积极推动高质量发展的背景下，缩小区域发展差距与促进城乡融合发展，都对产业体系的现代化发展提出了更高要求。缩小区域发展差距与城乡融合发展都以人民收入的持续稳定增长和基本公共服务质量的不断提升为基本目标，而这又都有赖于国家或地区商品和劳务生产能力的增长以及由此带来的给居民提供种类日益繁多的产品与服务的能力提升。缩小区域发展差距与城乡融合发展，归根结底都是要通过产业发展，实现产品和服务提供能力的持续增长，特别是通过现代化产业体系的构建，拓展和提升产品与服务提供的范围和质量，从而为区域经济社会发展提供充足的物质支撑。而这也就是产业现代化发展的本质含义。因此，产业体系现代化发展，为区域之间、城乡之间通过产业发展达到"区域协调发展""城乡基本公共服务均等化"等目标，进而促进生产生活条件全面改善、提高生产要素承载能力提供了持续动力。

（三）现代化产业体系同资源型地区转型发展的关系

一是构建现代化产业体系通过促进要素集聚与投入产出比提高，助推新产业、新模式、新业态的发展，成为资源型地区转型发展的核心动力。

当前，资源型地区在区域经济发展中的结构性、体制性、素质性矛盾不同程度上依然存在，发展不充分、不平衡、不协调问题依然突出。特别是，维持经济持续稳定增长的传统动能正在弱化，工业化中期以来高速扩张并拉动经济快速发展的传统产业，如采掘冶炼、机械化工等资源型地区典型的传统增长动能已不能较好地持续推动经济平稳增长。同时，在新一代科技革命和产业革命加速发展的大背景下，新技术、新产品、新业态、新模式快速涌现，经济增长新动能正处于从分散到聚合、从缓慢形成到快速成长的孕育期，这对我国区域产业结构、分工格局与价值链分布产生深刻影响。东部发达区域同中西部资源型欠发达区域在新兴产业发展方面处在大致相同的起跑线上。由于大数据、新能源等新技术具有强大的赋能能力，这些技术的广泛应用及其与其他产业的深度融合能够不断创新生产要素组织方式，推动资源型地区产业转型过程中持续衍生新环节、新链条、新商业模式，推动产业发展智能化、服务化、定制化、绿色化，在准确预测和匹配市场供需并极大满足多元化、个性化的产品或服务需求的同时，减少物料和能源消耗及污染物排放，从而极大提高产业的整体竞争力。因此，现代化产业体系的构建正在成为资源型区域发展中"换道超车"、不断加快转型的核心动力。

二是构建现代化产业体系，提升要素和产业承载能力与空间再配置合理性，成为服务和融入新发展格局的重要支撑。

在"双循环"新发展格局构建的过程中，特定区域的经济发展不可能在所有产业部门中都处于优势地位，某个区域在新发展格局中的地位与作用往往体现在地方特色产业集群上，即是否能够构建充分发挥区域比较优势、具有"智能化、绿色化、融合化"特征和符合"完整性、先进性、安全性"特征的现代产业体系。资源型地区在推动高质量发展的过程中，内部原有的低层次和低效率的传统产业形态将逐渐走向衰落，而此时高端装备制造业等传统产业中的先进产业和新材料等战略性新兴产业等产业形态不断发展，并逐渐成为新生的区域主导产业。产业空间格局的结构性变化必然引起要素配置的重组和经济活动的空间变化。这推动了符合产业跨行政区域实现"集聚-扩散"发展需要的各类产业园区、开发区、高新区、特色镇乃至城市群等新的产业空间组织形式应运而生并快速发展，同时也推动了作为产业体系具体承载形式的城市工业空间、服务业空间以及其他类型产业空间的调整和更新，并强化了产业发展过程中在整个区域内外广泛出现的前向和后向联结。具体而言，园区、特色镇、城市群等产业发展承载形式内部的不同企业通过产业链条的前向关联和后向关联，同上下游企业以及为企业提供各种服务的单位或部门形成了产业集群，并不断推动区域内部的产业分工空间体系的完善与产业扩散。同时，区域内部的交通网络、信息网络、市场网络甚至制度体系等物质和非物质性网络，也成为产业部门在区域内部扩散的优良介质，推动了物质流、资金流、技术流、人才流和信息流等要素流的交换与流动，优化了资源配置和产业布局。这种重组和联结，不仅是区域分工体系的调整与优化，也是区域之间的合作与交流过程，是资源型区域融入国内大循环发展格局，以区域协调促进转型发展的重要推动力。

第二章 山西构建现代化产业体系的基本情况与主要问题

现代化产业体系是现代化经济体系的产业子系统，也是中国式现代化理论体系的重要组成部分。现代化产业体系对培育新兴产业、打造产业竞争优势、实现各产业互动发展等具有重要支撑作用。发展现代化产业体系既是优化产业结构的战略任务，又是促进经济高质量发展的重要途径。近年来，山西省结合资源禀赋、产业基础、地理位置等，加快推进现代化产业体系构建，出台了一系列产业政策，产业发展环境不断完善，产业结构持续优化，产业创新能力日益增强。山西省构建现代化产业体系取得一定成绩的同时，还存在着产业结构层次不高、产业竞争力不强、要素投入不均衡等问题，产业创新能力还需进一步加强。

第一节　基本情况

一、政策体系逐步完善

现代产业体系这一概念由2007年党的十七大首次提出，其目的是转变经济发展模式，加快产业转型升级。2012年党的十八大再次重申这一内容，提出要构建现代产业发展新体系。2017年党的十九大对产业体系的建设提出了新要求，即建设实体经济、科技创新、现代金融、人力资源协同发展的产业体系。2022年党的二十大报告中指出要建设现代化产业体系，坚持把发展经济的着力点放在实体经济上，推进新型工业化，加快建设制造强国、质量强国、航天强国、交通强国、网络强国、数字中国。

山西省为更好地构建现代化产业体系出台了一系列政策，不断调整传统产业发展方式与方向，大力发展现代农业、战略性新兴产业等新兴产业，积极推进现代服务业发展，促进互联网与农业、工业、服务业等社会各领域的融合发展，加快实现由煤炭大省向以煤为基的现代产业大省跨越；推动数字经济高质量发展，完善不同产业发展的基础设施，营造有利于产业发展的社会环境，对特定领域产业给予适当补贴，打造特色产业集群，培育重点产业链，为加快构建现代化产业体系提供了强有力的政策保障。

表2-1　山西构建现代化产业体系的相关政策

时间	政策法规	相关内容
2009年5月	《山西省煤化工产业调整和振兴规划》	采用先进的大型煤气化和化工合成技术装备，改造提升化肥、乙炔化工等传统煤化工行业，培育壮大炼焦化产深加工、甲醇及其衍生物产业链，稳步发展醇醚燃料、合成油、煤制天然气等清洁能源和甲醇制烯烃等化工新材料，构建我省现代煤化工产业体系。
2010年12月	《山西省人民政府关于加快推进现代农业示范区建设的意见》	全面推行规模化种养、集约化经营、机械化生产、专业化分工、信息化管理，将示范区建设成山西品牌、全国一流的特色鲜明的现代农业示范样板区，引领全省现代高效农业的快速发展。
2011年7月	《关于加快培育和发展战略性新兴产业的意见》	以新能源、新材料、节能环保、高端装备制造、现代煤化工、生物、煤层气、新一代信息技术、新能源汽车产业为重点，推动战略性新兴产业快速健康发展，成为引领和带动转型跨越发展的重要力量。
2012年8月	《山西省现代农业发展规划（2012—2015年）的通知》	促进农业生产经营专业化、标准化、规模化、集约化，着力完善现代农业产业体系，提高农业现代化水平。
2012年12月	《山西省人民政府关于深化流通体制改革　加快流通产业发展的实施意见》	推进流通产业发展方式转变，切实提高流通效率，有效降低流通成本，全面提升山西省流通产业现代化水平。
2013年3月	《山西省服务业发展"十二五"规划》	突出文化旅游和现代物流两个"主引擎"，以建设中西部现代物流中心、生产性服务业大省和建设文化强省、旅游强省为"两翼"，带动生产性服务业及生活性服务业全面发展。
2013年5月	《山西省国家资源型经济转型综合配套改革试验实施方案（2013—2015年）》	全面构建现代产业体系，基本形成"以煤为基、多元发展"的现代产业体系。
2015年12月	《山西省人民政府关于积极推进"互联网+"行动的实施意见》	互联网创新成果与农业、工业、服务业等社会各领域的融合发展进一步深化，推动产业结构优化升级，加快实现由煤炭大省向以煤为基的现代产业大省跨越。
2016年5月	《山西省人民政府办公厅关于加快转变农业发展方式的实施意见》	着力构建现代农业产业体系、生产体系和经营体系，加快转变农业经营方式、生产方式、资源利用方式和管理方式，走特色鲜明、产出高效、产品安全、资源节约、环境友好的特色现代农业发展道路。

时间	政策法规	相关内容
2016年7月	《山西省"十三五"战略性新兴产业发展规划》	大力发展高端装备制造、新能源、新材料、节能环保、生物医药、煤层气、新一代信息技术产业、新能源汽车，稳妥发展现代煤化工。
2017年10月	《山西省人民政府办公厅关于现代物流发展的实施意见》	"完善一张网络，实现两个融合，完成三大突破"，把现代物流业打造成为山西省产业转型升级的催化剂、产业融合的黏合剂、经济腾飞的助推器。
2019年9月	《山西省人民政府关于印发山西省加快5G产业发展的实施意见和若干措施的通知》	加快部署建设5G基础网络。聚焦5G产业链关键环节，以示范工程和重大项目为先导，全方位推进5G融合应用。
2020年2月	《山西省人民政府关于加快推进农产品精深加工十大产业集群发展的意见》	打造酿品、饮品、乳品、主食糕品、肉制品、果品、功能食品、保健食品、化妆品、中医药品十个特色鲜明、结构合理、链条完整的农产品精深加工十大产业集群。
2021年4月	《山西省"十四五"14个战略性新兴产业规划》	做大、做强、做优14个标志性、引领性、牵引性产业集群，形成推动高质量转型发展的关键着力点，实现"弯道超车、换道领跑"，融入"双循环"新发展格局，打造全国重要的新兴产业研发制造基地。
2021年6月	《山西省"十四五"现代服务业发展规划》	培育优势产业，构筑现代物流业、科技服务业、现代金融业三大生产性服务业新支柱，提升金融对实体经济的支撑作用。
2022年4月	《山西省推进资源型地区高质量发展"十四五"实施方案》	提升产业含金量含新量含绿量，构建支撑高质量发展的现代产业体系，改造提升传统优势产业。发展壮大战略性新兴产业，推动服务业提质转型。优质高效发展特色农业，增强三次产业同步创新能力。
2022年7月	《山西省人民政府办公厅关于数字经济高质量发展的实施意见》	到2025年，全省数字经济发展进入"加速期"，数字经济核心产业增加值占地区生产总值比重达到5.4%，数字产业化和产业数字化迈入快速拓展期，数字化治理发展成效显著，数据价值化有序推进，数据作为关键生产要素的价值显现。
2022年7月	《山西省重点产业链及产业链链长工作机制实施方案》	培育10条重点产业链，实施7大专项行动，形成4项工作机制，注重补链、延链、建链、强链，夯实产业链基础，加速推进竞争力强、地域特色鲜明的本土产业链建设，加快构建具有山西特色的现代化产业体系。

二、发展环境日益改善

构建现代化产业体系离不开良好的发展环境，支撑山西构建现代化产业体系的发展环境包括市场化水平、企业营商环境、资本存量、人才储备等。

（一）市场化水平不断提高

市场化模式在现代经济发展中起到了重要的推动作用，为市场主体提供了更大的发展空间和机会，推动经济的繁荣和社会的进步。近年来，山西省市场化水平不断提高，《中国分省份市场化指数报告（2021）》中显示，2016—2019年，山西省市场化总指数由4.69增加到4.8，增加了0.11，在全国的排名由第24名上升到第23名，提升了1个位次；分项目来看，政府与市场的关系指数从5.53增加到6.15，增加了0.62，在全国的排名由第28名上升到第21名，提升了7个位次；非国有经济的发展指数从5.07增加到7.04，增加了1.97，在全国的排名由第23名上升到第22名，提升了1个位次；产品市场的发育程度指数从6.5减少到2.11，减少了4.39，在全国的排名由第23名下降到第24名，降低了1个位次；要素市场的发育程度指数从2.83增加到3.47，增加了0.64，在全国的排名由第14名下降到第20名，降低了6个位次；市场中介组织的发育和法治环境指数从3.54增加到5.24，增加了1.7，在全国的排名由第21名下降到第22名，降低了1个位次。

表2-2　2016—2019年山西省市场化总指数和分项指数得分及排名

指标	2016年		2017年		2018年		2019年	
	得分	排名	得分	排名	得分	排名	得分	排名
市场化总指数	4.69	24	5.07	24	5.14	24	4.8	23
政府与市场的关系	5.53	28	5.51	28	5.45	27	6.15	21
非国有经济的发展	5.07	23	6.59	22	6.75	21	7.04	22
产品市场的发育程度	6.5	23	6.5	23	6.5	23	2.11	24
要素市场的发育程度	2.83	14	3.12	18	3.21	17	3.47	20
市场中介组织的发育和法治环境	3.54	21	3.63	21	3.79	21	5.24	22

（二）企业营商环境逐步优化

营商环境是指市场主体在准入、生产经营、退出等过程中涉及的政务环境、市场环境、法治环境、人文环境等有关外部因素和条件的总和。良好的营商环境可以吸引更多的人才和资本，为企业提供源源不断的动力和活力，企业在发展过程中拥有更多的机遇和空间。山西省企业营商环境越来越好，根据《中国分省企业经营环境指数2020年报告》测算结果显示，2019年山西省企业营商环境总指数比2008年增加了0.6，增加了20.48%，山西省企业总体营商环境逐步优化；从各分项指数来看，8个分项指数得分均有所增加，其中得分增加幅度排在前三的分别为人力资源供应、金融服务和融资成本、企业经营的法治环境，分别增加了36.36%、29.39%、25.25%，政策公开、公平、公正得分增加幅度最小，增加了8.22%，说明山西省企业营商环境各方面均有所改善。

表2-3　2008—2019年山西省企业营商环境总指数及分项指数

指标	2008	2010	2012	2016	2019
企业营商环境总指数	2.93	2.96	2.94	3.33	3.53
政策公开、公平、公正	2.92	2.92	2.91	3.21	3.16
行政干预和政府廉洁效率	2.86	3.08	3.07	2.93	3.47
企业经营的法治环境	3.05	3.08	3.45	3.72	3.82
企业的税费负担	—	—	2.66	3.69	3.4
金融服务和融资成本	2.62	2.73	2.95	2.37	3.39
人力资源供应	2.75	2.78	2.83	3.50	3.75
基础设施条件	3.28	3.03	3.33	4.08	3.83
市场环境和中介服务	2.90	2.98	2.72	3.13	3.38

（三）资本存量稳步增加

金融机构存款余额反映一个地区对资金的吸附能力，能够直观地显示出这个地区的经济发展水平和经济总量，是衡量一个地区经济发展水平的重要指标。2008—2022年，山西省金融机构存款余额持续增加，由12766.72亿元增加到53279.59亿元，增加了317.3%，说明山西省资本存量不断增加。贷款余额则能直观地反映出一个地区的金融机构的资金投放量，一般来讲投放量越大说明金融对实体经济的支持也就越大。2008—2022年，山西省金融机构贷款余额同样持续增加，由5960.33亿元增加到37406.25亿元，增加了527.6%，增长幅度大于存款余额的增长幅度，说明山西省金融对实体经济的支持力度不断加大。同时，2008—2022年，山西省金融机构存贷比逐步增加，由2008年的46.69%增加到2021年的73.17%，2022年稍有下降，但总体保持增加趋势，存贷比的增加也同样说明金融机构对地方经济发展的支持力度不断增大。

表2-4　2008—2022年山西省金融机构存款和贷款余额

年份	存款合计（亿元）	贷款合计（亿元）	存贷比（%）
2008	12766.72	5960.33	46.69
2009	15698.47	7814.74	49.78
2010	18575.65	9634.32	51.87
2011	20920.43	11169.35	53.39
2012	24050.58	13106.21	54.49
2013	26105.35	14887.53	57.03
2014	26779.47	16432.75	61.36
2015	28346.10	18458.66	65.12
2016	30371.37	20228.58	66.60
2017	32480.55	22463.90	69.16
2018	34987.58	25057.04	71.62
2019	37870.57	27746.18	73.27
2020	42073.48	30373.45	72.19
2021	46352.98	33917.47	73.17
2022	53279.59	37406.25	70.21

（四）人才储备持续扩大

人才是社会发展的基础和动力，优质的人才储备，是推动社会经济发展的重要条件，也是产业可持续发展的重要保证。近年来，山西省人才储备不断扩大，2010—2022年，山西省普通、职业高等学校数量由65所增加到82所，增加了17所；普通、职业高等教育专任教师数由36492人增加到42613人，增加了16.8%；培养研究生的单位由12个增加到16个；研究生毕业人数由5929人增加到14127人，增加了138.3%；招生数由8074人增加到20201人，增加了150.2%；在校生由23555人增加到55730人，增加了136.6%；为山西省构建现代化产业体系提供了强有力的智力支撑。山西省各类专业技术人员不断增加，2010—2022年公有经济企事业单位中工程技术人员、农业技术人员、卫生技术人员及科学研究人员数量均有所增加，为山西省构建现代化产业体系提供了一定的技术保障。

表2-5　2010—2022年山西省普通、职业高等学校数及专任教师数

年份	普通、职业高等学校数（所）	普通、职业高等教育专任教师数（人）
2010	65	36492
2011	66	37527
2012	67	38124
2013	70	40764
2014	71	40317
2015	79	40406
2016	80	41301
2017	80	40971
2018	83	41910
2019	82	42798
2020	85	43642
2021	82	40205
2022	82	42613

表2-6　2010—2022年山西省研究生相关情况

年份	培养研究生的单位数（个）	毕业生数（人）	招生数（人）	在校生数（人）
2010	12	5929	8074	23555
2011	12	7330	8745	24790
2012	12	7771	9212	26098
2013	13	7754	9384	27473
2014	14	8492	9141	27962
2015	14	8795	9769	28668
2016	14	9118	10078	29299
2017	15	8983	12143	37870
2018	15	9593	12731	38638
2019	16	9978	14128	40811
2020	16	11850	17709	45612
2021	16	12285	18928	50254
2022	16	14127	20201	55730

表2-7　2010—2022年山西省公有经济企事业单位专业技术人员数

年份	工程技术人员（人）	农业技术人员（人）	卫生技术人员（人）	科学研究人员（人）
2010	148829	23269	119979	3652
2011	153618	23823	122011	3613
2012	162442	25613	126525	4930
2013	167161	25931	123205	4077
2014	177869	25313	124146	4442
2015	183053	23736	123148	4597
2016	192515	22836	126100	4500
2017	192731	22509	123226	4716
2018	194462	20775	120265	4239
2019	196425	17898	120712	4798
2020	187495	17541	113088	4475
2021	207029	15259	112964	8804
2022	204188	15518	108450	9209

三、产业结构不断优化

现代化产业体系的建设依托于现有的产业发展基础，山西省产业规模不断壮大、产业体系不断完善、产业门类不断丰富，产业结构也逐步优化。从三产比例来看，2007—2022年山西省第一产业比重基本保持不变，发展相对稳定；第二产业比重先下降后上升，2016年占比最低，随后缓慢上升，但总体保持下降趋势，由60.7%下降到54%，下降了6.7个百分点；第三产业比重先上升后下降，2016年占比最高，随后缓慢下降，但总体保持上升趋势，由34.2%增加到40.8%，增加了6.6个百分点。2007—2014年山西省产业结构形式表现为"二三一"，二产比重逐渐降低，三产比重逐渐上升；2015—2020年山西省形成了由第三产业拉动经济增长的典型的"三二一"的产业结构；2021年和2022年山西省产业结构虽然为"二三一"，但二产和三产所占比重相差并不大，产业结构相对比较优化。

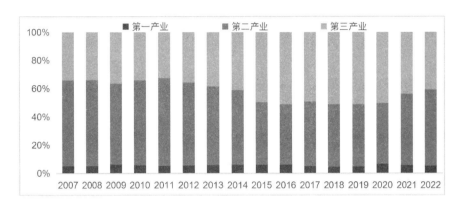

图2-1　2007—2022年山西省地区生产总值构成

（一）第一产业

山西省处黄土高原东翼，土壤贫瘠，境内山地丘陵约占 80%，2007—2022年山西省农林牧渔业总产值不断增加，由587.83亿元增加到2211.59亿元，增加了276.2%；在山西省第一产业内部，农业占据主导地位，其次是牧业，2007—2022年，农业产值占比由64.96%下降到58.26%，减少了6.7个百分点，但农业产值占比始终维持在55%以上；牧业产值占比由25.8%增加到27.84%，增加了2.04个百分点，牧业产值占比始终保持在24%以上；林业产值占比由4.15%增加到7.89%，增加了3.74个百分点；农林牧渔专业及辅助性活动产值占比由4.51%增加到5.6%，增加了1.09个百分点；渔业产值占比相对较低，没有超过1%。

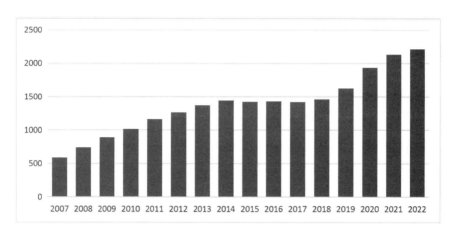

图2-2　2007—2022年山西省农林牧渔业总产值（亿元）

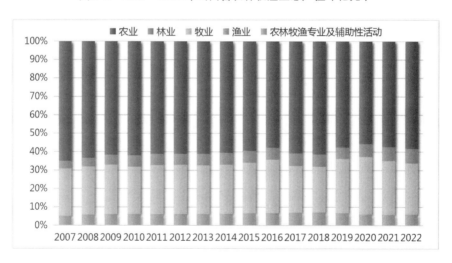

图2-3　2007—2022年山西省第一产业内部结构变化

农业现代化水平不断提高。2010—2022年，山西省年末有效灌溉面积增加，由1274.15千公顷增加到1450.96千公顷，增加了13.9%；农用化肥施用折纯量减少，由1103663吨减少到1034738吨，减少了6.2%；当年实际机耕地面积由2559.72千公顷增加到2808千公顷，增加了9.7%；当年机械播种面积占总播种面积的比例由58%增加到76.4%，增加了18.4个百分点；当年机械收获面积占总播种面积的比例由27.3%增加到60.1%，增加了32.8个百分点。

表2-8　2010—2022年山西省农业现代化情况

指标	2010年	2013年	2016年	2019年	2022年
农田水利情况					
年末有效灌溉面积（千公顷）	1274.15	1382.79	1487.21	1519.34	1450.96
机电排灌面积（千公顷）	961.90	1052.79	1141.20	1198.50	1199.93
灌溉机电井数量（眼）	81166	90801	92663	96161	90119
农用化肥情况					
农用化肥施用折纯量（吨）	1103663	1210196	1170719	1084085	1034738
1.氮　肥	400203	383819	315956	226104	184505
2.磷　肥	199996	186694	147966	102335	81740
3.钾　肥	85069	98695	103514	84600	73816
4.复合肥	418395	540988	603283	671046	694677
农业机械化情况					
1.当年实际机耕地面积（千公顷）	2559.72	2609.24	—	2630	2808
2.当年机械播种面积（千公顷）	2181.66	2516.57		2583	2760
占总播种面积（%）	58.0	66.5		73.3	76.4
3.当年机械收获面积（千公顷）	1026.62	1703.11		1911	2169
占总播种面积（%）	27.3	45.0	—	54.2	60.1

（二）第二产业

总体来说，第二产业在山西省产业结构中占有重要地位。2007—2022年，山西省第二产业增加值快速增加，由3602.31亿元增加到13840.85亿元，增加了284.2%；其中，工业增加值占比较大，变动趋势与第二产业保持一致，总体呈现增加趋势，由3350.94亿元增加到12758.60亿元；建筑业增加值持续增加，由251.46亿元增加到1093.31亿元。

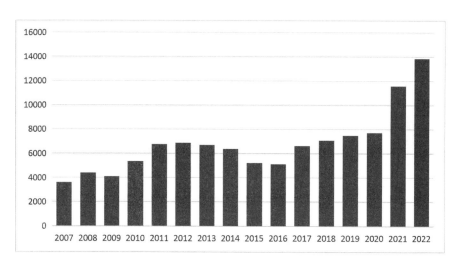

图2-4　2007—2022年山西省第二产业增加值（亿元）

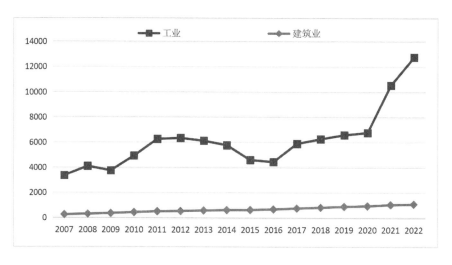

图2-5　2007—2022年山西省工业及建筑业增加值（亿元）

　　战略性新兴产业集聚效应显现。目前，全省开发区正在日益成为战略性新兴产业的主要集聚区，山西转型综合改革示范区聚力打造两大"双千亿"级标志性战略性新兴产业基地和9个百亿级优势特色产业集群，一批千亿级、百亿级新兴产业集群正在加速建设、崛起，2019年获得国家火炬网络信息安全特色产业基地和国家火炬煤机装备特色产业基地称号。通过龙头带动、全产业链牵引、特色集聚等方式，在重点产业、关键领域，一批引领性、带动性、代表性的产业集群初具雏形，培育打造了以整机制造为牵引，上下游拓展延伸的信创产业集群；以芯片设计制造体系为核心，产业链填平补强的太原—忻州半导体产业集群；以大运、吉利等企业为龙头，中小企业配套协作的新能源汽车产业集群；以晋城富士康相机模组、长治高科LED、潞安太阳能、晋能科技为代表的光电产业集群，以及涵盖轮轴、轮对、控制系统和机车制造等多领域的轨道交通装备产业集群。

（三）第三产业

第三产业通常可以衡量一个地区产业结构水平，随着经济的不断发展，山西省第三产业增加值持续增长，2007—2022年山西省第三产业增加值由2029.81亿元增加到10461.34亿元。从第三产业内部结构来看，山西省服务业仍然以传统服务业为主，2022年增加值前五名的行业分别为批发和零售业，公共管理、社会保障和社会组织业，金融业，交通运输、仓储和邮政业，房地产业。在现代服务业方面，山西已经确立了"晋阳金融城""清控科技服务集聚区""慧谷产业园电子商务集聚区""侯马市健康养老集聚区""山西穗华物流园现代物流集聚区"等多个覆盖现代专业交易市场、现代物流、电子商务、科技服务、现代金融等领域的省级现代服务业集聚区。

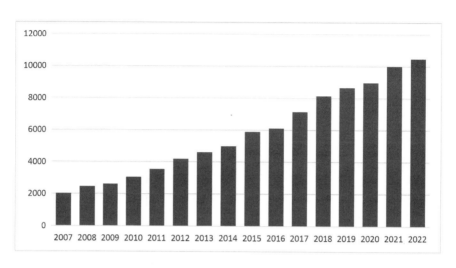

图2-6　2007—2022年山西省第三产业增加值（亿元）

表2-9　2020—2022年山西省服务业各行业增加值（亿元）和占比（%）

指标	2020年		2021年		2022年	
	增加值	占比	增加值	占比	增加值	占比
批发和零售业	1347.0	15.2	1608.9	16.2	1666.7	16.1
交通运输、仓储和邮政业	1048.9	11.8	1209.0	12.2	1198.5	11.6
住宿和餐饮业	178.6	2.0	219.1	2.2	213.8	2.1
信息传输、软件和信息技术服务业	459.8	5.2	498.0	5.0	548.6	5.3
金融业	1180.2	13.3	1269.6	12.8	1359.0	13.1
房地产业	1121.0	12.6	1211.7	12.2	1165.5	11.2
租赁和商务服务业	272.9	3.1	302.1	3.0	322.7	3.1
科学研究和技术服务业	263.5	3.0	296.6	3.0	323.3	3.1
水利、环境和公共设施管理业	103.0	1.2	106.9	1.1	104.2	1.0
居民服务、修理和其他服务业	166.5	1.9	187.9	1.9	178.8	1.7
教育	706.7	8.0	779.8	7.9	853.7	8.2
卫生和社会工作	594.5	6.7	671.8	6.8	762.7	7.4
文化、体育和娱乐业	60.8	0.7	71.2	0.7	69.9	0.7
公共管理、社会保障和社会组织	1386.4	15.6	1490.7	15.0	1607.9	15.5

四、创新能力持续增强

山西省区域创新能力日益提升，2017—2021年，全省研究与试验发展（R&D）人员由7.81万人增加到10.11万人，增加了29.45%；全省研究与试验发展（R&D）人员全时当量由4.77万人年增加到5.72万人年，增加了19.92%；全省研究与试验发展（R&D）经费由148.23亿元增加到251.89亿元，增加了69.93%；全省研究与试验发展经费投入强度由1.02%增加到1.12%，增加了9.8；全省每万人口有效专利拥有量由12.78件增加到31.34件，增加了145.23%，其中每万人口有效发明专利拥有量由3.33件增加到5.6件，增加了68.17%；全省技术合同登记成交金额由94.1亿元增加到134.5亿元，增加了42.93%。

表2-10 2017—2021年山西省区域创新能力相关指标

指标	2017年	2018年	2019年	2020年	2021年
研究与试验发展（R&D）人员（万人）	7.81	7.59	7.88	8.9	10.11
研究与试验发展（R&D）人员全时当量（万人年）	4.77	4.46	4.69	5.24	5.72
研究与试验发展（R&D）经费内部支出（亿元）	148.23	175.78	191.22	211.05	251.89
研究与试验发展经费投入强度（R&D/GDP比重）（%）	1.02	1.10	1.13	1.20	1.12
每万人口有效专利拥有量（件）	12.78	15.09	17.63	23.20	31.34
其中：每万人口有效发明专利拥有量（件）	3.33	3.71	4.09	4.72	5.60
技术合同登记成交金额（亿元）	94.1	151.1	109.80	45.00	134.5

（一）研发投入持续加大

随着创新驱动战略的深入实施和高质量转型发展的不断深化，山西省企业R&D投入呈现平稳增长的态势，企业R&D投入规模进一步扩大。2017—2021年，山西省企业R&D经费内部支出由124.3亿元增加到210.68亿元，增加了69.5%，占全社会R&D经费内部支出的比重一直保持在80%以上，企业研发主体地位不断巩固，成为山西省R&D投入的主要力量。

其中，规上工业企业R&D经费内部支出平稳增加，由112.23亿元增加到186.24亿元，增加了65.94%；R&D经费外部支出有所下降，由9.27亿元减少到8.14亿元，减少了12.19%；R&D经费投入强度（R&D经费支出与营业收入之比）除2020年达到0.7%，其余几年均为0.6%；R&D人员全时当量总体呈增加趋势，由3.2万人年增加到3.5万人年，增加了9.38%。2017—2021年，山西省规上工业企业中有研发机构的企业由364家增加到1385家，增加了280.5%，有R&D活动的企业数也不断增加，由468家增加到976家，数量翻了一倍，说明规上工业企业的创新投入不断增加，为山西产业创新发展注入了活力。

表2-11　2017—2021年山西省企业R&D经费内部支出情况

年份	企业R&D经费内部支出（亿元）	全社会R&D经费内部支出（亿元）	占比（%）
2017	124.30	148.23	83.85
2018	145.18	175.78	82.59
2019	156.67	191.22	81.93
2020	176.18	211.05	83.48
2021	210.68	251.89	83.64

表2-12　2017—2021年山西省规上工业企业R&D经费情况

年份	R&D经费内部支出（亿元）	R&D经费外部支出（亿元）	R&D经费支出与营业收入之比（%）	R&D人员全时当量（万人年）
2017	112.23	9.27	0.6	3.2
2018	131.25	10.98	0.6	2.7
2019	138.08	9.70	0.6	2.7
2020	156.18	11.24	0.7	3.3
2021	186.24	8.14	0.6	3.5

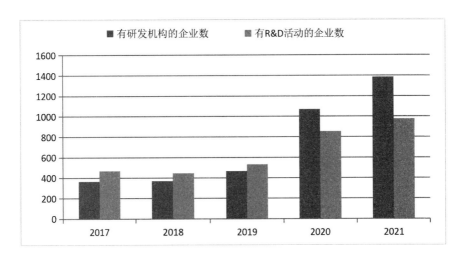

图2-7　2017—2021年山西省规上工业企业创新活动情况

（二）创新成果显著上升

山西省产业创新成果不断增加，以企业创新为例，企业创新的实现可以分为产品创新、工艺创新、组织创新和营销创新四种类型。山西省企业创新成果取得一定成效，2017—2021年，山西省实现创新的企业个数不断增加，由2353个增加到5044个，增加了114.4%；实现产品创新的企业个数由594个增加到1430个，增加了140.7%；实现工艺创新的企业个数由875个增加到2502个，增加了185.9%；实现组织创新的企业个数由1730个增加到3376个，增加了95.1%；实现营销创新的企业个数由1503个增加到2434个，增加了61.9%；同时实现四种创新的企业个数由294个增加到563个，增加了91.5%。专利是企业R&D活动的主要成果之一，山西省规上工业企业专利成果日益增加，2017—2021年，山西省规上工业企业专利申请数稳步增加，由4398件增加到10152件，增加了130.8%，其中发明专利的数量也在不断上升，由1632件增加到3664件，增加了124.5%；有效发明专利数由6567件增加到12336件，增加了87.8%。

表2-13　2017—2021年山西省企业实现创新情况　　单位：个

年份	实现创新的企业	实现产品创新的企业	实现工艺创新的企业	实现组织创新的企业	实现营销创新的企业	同时实现四种创新的企业
2017	2353	594	875	1730	1503	294
2018	2446	721	960	1835	1509	365
2019	3427	945	1334	2471	2048	435
2020	4034	1312	2055	2705	2143	557
2021	5044	1430	2502	3376	2434	563

表2-14　2017—2021年山西省规上工业企业专利情况　　单位：件

年份	专利申请数		有效发明专利数
		发明专利	
2017	4398	1632	6567
2018	5423	2416	7917
2019	6201	2543	8619
2020	8444	3059	10218
2021	10152	3664	12336

（三）创新合作不断加强

近年来，山西省企业间开展创新合作的力度不断加大。2017—2021年，山西省规上企业开展产品或工艺创新合作的企业数不断增加，由890个增加到3312个，增长了272.1%；创新合作企业占全部企业的比重由9.9%增加到20%，增长了10.1个百分点。2017—2020年，山西省规上企业开展产学研合作的企业数量呈上升趋势，由368个增加到806个，增加了119%；在创新合作企业中产学研合作企业占比有所下降，由62.2%下降到43.6%，减少了18.6个百分点；在产学研合作企业中，主要以共同完成科研项目的形式开展合作。

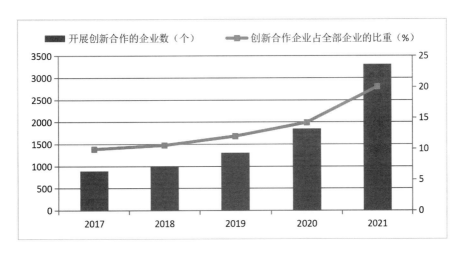

图2-8　2017—2021年山西省规上企业产品或工艺创新合作开展情况

表2-15　2017—2020年山西省规上企业产学研合作形式

年份	开展产学研合作的企业数（个）	在创新合作企业中产学研合作企业占比（%）	在产学研合作企业中，以下各列为主要合作形式的企业占比（%）				
			共同完成科研项目	在企业建立研发机构	在高等学校或研究机构中设立研发机构	聘用高等学校或研究机构人员到企业兼职	其他形式
2017	368	62.20	70.90	26.10	9.20	24.50	27.20
2018	530	53.00	69.43	22.26	7.17	23.96	26.42
2019	599	45.70	72.80	23.70	7.20	25.40	23.70
2020	806	43.60	67.60	22.10	7.20	25.20	28.00

（四）创新平台逐步构建

近年来，山西省企业创新平台逐步构建，主要包括重点实验室、工程技术研究中心、企业技术中心、科技企业孵化器、众创空间等。其中重点实验室主要依托太原钢铁（集团）有限公司建立了先进不锈钢材料国家重点实验室，依托山西晋城无烟煤矿业集团有限责任公司建立了煤与煤层气共采国家重点实验室，依托太原重型机械集团有限公司建立了矿山采掘装备及智能制造国家重点实验室；工程技术研究中心主要依托潞安集团建立了国家煤基合成工程技术研究中心；共有34家国家级企业技术中心、374家省级企业技术中心；科技企业孵化器中有省级72家（含国家级16家）；省级众创空间共有275家（含国家备案众创空间49家），为产业创新提供了强有力的支撑平台。

第二节　主要问题

一、产业结构不合理

在发展早期，山西依赖于得天独厚的资源优势，以"能源""基地"作为发展基调，以能源、矿产等资源产业作为主导产业，涌现了一批以能源产业尤其是煤炭产业为主的优势产业，形成了独具特色的产业结构，2022年，山西省第二产业贡献率为62.3%，远高于第三产业的30.2%；第二产业对生产总值增长的拉动为2.7个百分点，同样高于第三产业。

表2-16　2010—2022年山西省三次产业贡献率

年份	第一产业	第二产业	第三产业
2010	3.0	79.6	17.5
2011	3.5	79.0	17.5
2012	3.7	67.0	29.4
2013	2.8	65.0	32.2
2014	5.0	40.8	54.1
2015	1.7	−25.3	123.5
2016	4.4	11.9	83.7
2017	2.6	37.1	60.3
2018	1.9	28.1	70.1
2019	2.0	41.4	56.6
2020	10.2	64.3	25.5
2021	5.7	56.3	38.0
2022	7.5	62.3	30.2

表2-17　2010—2022年山西省三次产业对生产总值增长的拉动

年份	第一产业	第二产业	第三产业
2010	0.3	8.6	1.9
2011	0.4	7.9	1.7
2012	0.3	6.2	2.7
2013	0.3	5.8	2.9
2014	0.2	2.0	2.7
2015	0.1	−0.8	3.7
2016	0.2	0.5	3.4
2017	0.2	2.5	4.1
2018	0.1	1.9	4.6
2019	0.1	2.5	3.5
2020	0.4	2.3	0.9
2021	0.5	5.2	3.5
2022	0.3	2.7	1.3

　　山西省产业结构的不合理主要表现为能源重工业污染大、资源消耗量大，并且产业发展形成"一煤独大"和"一企独大"，以 2022年为例，山西省大中型工业企业中采矿业占比为49.8%，而采矿业中煤炭开采和洗选业占比高达 97.2%。资源型产业的资产专用性强，沉淀成本高，将阻碍区域内其他产业的发展，挤压具有创新活力和较高附加价值的新兴产业与现代服务业的发展空间；另外，资源富足带来过多溢价收入，会导致经济对资源开发的依赖性更强，从而压制技术创新，严重限制山西的发展。此外，山西的轻重工业发展并不均衡，重工业无论在数量还是增速上都远高于轻工业，工业重型化也在进一步扩大，轻工业发展相对较为落后。2010—2022年，山西省重工业企业单位数由3503个增加到6712个，增加了91.6%；轻工业企业单位数由737个增加到976个，增加了32.4%，增长幅度远低于重工业。同时，轻重工业企业数量之间的差距还在进一步扩大。

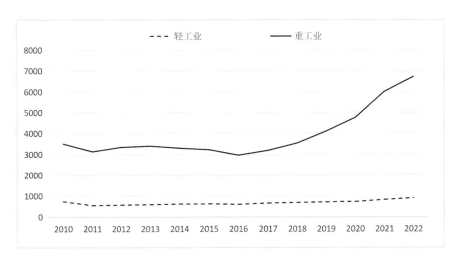

图2-9　2010—2022年山西省按轻重工业划分的工业企业单位数（个）

三次产业就业分配不合理。三次产业在优化的过程中，就业人员会进行流动。山西煤炭等资源型产业长期以来聚集了大量的就业人口，但这些产业已属于产能过剩产业。伴随着山西第三产业的快速发展和规模的不断扩大，新增了许多劳动力，尤其第二产业的部分劳动力被吸纳到第三产业。但山西第一产业仍聚集了大量就业人口，而第一产业增加值占比不足10%，三次产业就业分配存在明显不合理现象。以2022年为例，山西第一产业增加值占比仅为5.2%，就业人口比重高达24.8%；第二产业增加值占比为54.0%，就业人员占比为25.8%；第三产业增加值占比为40.8%，吸纳的就业人员占比为49.5%，说明山西的三次产业与其就业人员数存在一个不合理的比例关系。山西依靠自身的资源禀赋，开启了重工业的发展道路，但并没有起到转移劳动力的作用。配第—克拉克定律指出，人均国民收入水平逐步增高，劳动力会先从第一产业移向第二产业，随后移向第三产业。

表2-18 2010—2022年山西省三次产业增加值及就业人口占比

年份	第一产业		第二产业		第三产业	
	增加值占比（%）	就业人口占比（%）	增加值占比（%）	就业人口占比（%）	增加值占比（%）	就业人口占比（%）
2010	5.7	37.9	60.1	26.3	34.2	35.9
2011	5.4	35.8	62.0	28.0	32.6	36.2
2012	5.5	33.2	58.7	28.2	35.8	38.6
2013	5.8	31.9	55.8	28.9	38.4	39.2
2014	6.1	32.3	52.7	26.3	41.2	41.4
2015	6.1	30.1	44.1	25.6	49.8	44.3
2016	6.1	28.5	42.8	25.6	51.1	45.9
2017	5.0	27.6	45.8	25.3	49.2	47.1
2018	4.6	26.7	44.3	24.4	51.1	48.9
2019	4.9	26.2	44.0	24.1	51.1	49.7
2020	6.5	24.4	43.2	25.2	50.3	50.4
2021	5.6	23.4	50.6	25.5	43.8	51.1
2022	5.2	24.8	54.0	25.8	40.8	49.5

对比山西与全国的三次产业增加值占比及就业，发现并不均衡。以2022年为例，山西的三次产业产值构成与全国相比，第一产业增加值占比低于全国 2.1%，就业人员占比高于全国 0.7%；第二产业增加值占比比全国高14.1%，从业人员低于全国3.0%；第三产业增加值占比低于全国12%，但第三产业的从业人员高于全国2.4%。

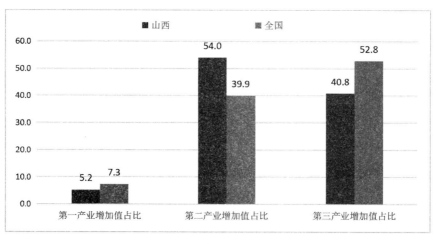

图2-10 2022年山西省和全国地区生产总值构成

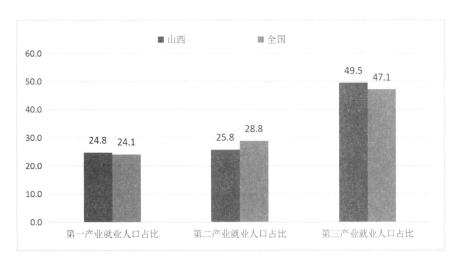

图2-11　2022年山西省和全国三次产业就业人员占比

　　产业结构层次不高。2022 年山西三次产业增加值占比为
5.2∶54.0∶40.8，全国三次产业增加值占比为7.3∶39.9∶52.8，通过对比
可得，山西省第二产业增加值占比相对偏高，第三产业提升空间很大。
在三次产业内部结构中，山西重型化特征显著，以2022年为例，重工业
企业单位数是轻工业的约6.9倍，营业收入是轻工业的约26.2倍，重工业
企业营业收入占比超过了95%，处于明显的主导地位。山西的工业结构
除了拥有重型化特征外还有低级化特征，其主要原因是山西采矿业占主
导地位，2022年山西采矿业资产占54%，营业收入仅占43.62%，却创造
了90.32%的利润，煤炭开采和洗选业作为采矿业的主要部分，2022年其
资产占到采矿业资产的95.55%。山西优势产业多集中于原材料行业，
并过多依赖煤炭行业，从而导致煤炭、电力等行业获得了大量的资金、
政策等资源投入。采矿业中煤炭开采和洗选业占主导，制造业中黑色金
属冶炼和压延加工业，石油、煤炭及其他燃料加工业占主导，电力、热
力、燃气及水生产和供应业中电力、热力生产和供应业占主导，山西当

前的主导产业仍然以这些传统工业部门为主，具有资源投入密集型的共同特征。

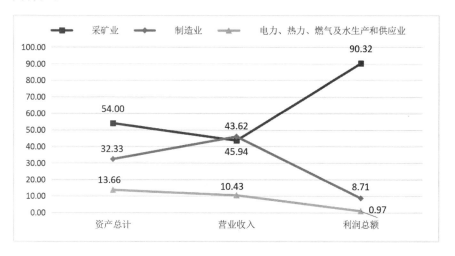

图2-12　2022年山西省工业分行业主要经济指标占比

二、产业竞争力不强

当前，山西省只有较少产业具备优势竞争力，且集中在煤炭行业。根据2023年《财富》杂志世界500强排行榜，中国企业上榜数量高达142家，但山西省仅占三个，分别是晋能控股集团有限公司（163），山西焦煤集团有限责任公司（359），潞安化工集团有限公司（468）；根据《2023年中国企业500强》，山西仅10家公司上榜，分别是晋能控股集团（48）、山西焦煤集团（96）、潞安化工集团（127）、山西建设投资集团（193）、华阳新材料科技集团（226）、山西鹏飞集团（244）、山西晋南钢铁集团（377）、山西晋城钢铁控股集团（408）、山西建邦集团（418）、山西交通控股集团（440）。可以看出，山西省的企业整体竞争实力偏弱，并且中国500强企业中山西上榜的10家企业中多为煤炭企业，表现出了"产业单一、一煤独大"的现象；根据《2023 年中国制造业企业500强》，山西仅有潞安化工（55）、山西鹏飞集团（119）、山西晋南钢铁集团（193）、山西晋城钢铁控股集团（209）、山西建邦（217）、高义钢铁（466）、山西亚鑫能源集团有限公司（477）7家企业上榜，可以看出上榜制造业企业中多数以钢铁企业为主；根据《2023年中国服务业企业500强》，山西仅4家企业上榜，分别是山西交通控股集团有限公司（147）、山西云时代（218）、山西大昌汽车（484）、山西美特好连锁超市股份有限公司（493），其中山西云时代是山西第一家大数据企业，担负着把山西构建为我国大数据产业集聚高地的责任，可以看出，山西服务业发展较为落后；根据《2023中国民营企业500强》，山西仅有8家企业上榜，分别为山西鹏飞集团有限公司（92）、山西晋南钢铁集团有限公司（179）、山西晋城钢铁控股集团有限公司（194）、山西建邦集团有限公司（198）、山西潞宝集团（263）、永泰能源集团股份有限公司（340）、南烨实业集团有限公司（344）、山西安泰控股集团有限公司（357）。由上述数据可以看出，山西优势行业多为资源投入型行业，不具备长期发展的竞争能力，并且山西新兴产业发展落后。

三、投资投入不均衡

资本投资随着经济的发展会不断提高，某种程度上能推动企业扩大再生产。获得较多资本投资的行业会获得较快发展，与之相反，吸引资本投资较少的行业则发展较慢，投资的多少在一定程度上影响着产业发展。2022年山西省全社会固定资产投资分行业投资额不均衡，山西房地产业成为所有行业中全社会固定资产投资最多的行业，固定资产投资占到全省投资总额的23.02%，领先于投资额较多的制造业等产业。第三产业中信息传输、软件和信息技术服务业，金融业，科学研究和技术服务业等新兴产业投资额占比均不超过1.5%，分别为1.44%，0.02%，0.5%。可以看出，山西省全社会固定资产投资最多的是第三产业，但第三产业中房地产业投资额占比较大，排名第二、第三的分别为交通运输、仓储和邮政业，水利、环境和公共设施管理业，这种投资结构会造成房地产业的快速发展，但其他产业的发展则相对缓慢。

表2-19 2020年山西分行业全社会固定资产投资情况

产业	行业	投资额（亿元）	占比（%）	
第一产业	农、林、牧、渔业	555.89	6.46	6.46
第二产业	采矿业	656.51	7.63	38.11
	制造业	1699.89	19.77	
	电力、热力、燃气及水生产和供应业	919.69	10.69	
	建筑业	1.56	0.02	
第三产业	批发和零售业	76.48	0.89	55.42
	交通运输、仓储和邮政业	997.59	11.60	
	住宿和餐饮业	48.15	0.56	
	信息传输、软件和信息技术服务业	123.99	1.44	
	金融业	1.71	0.02	
	房地产业	1979.27	23.02	
	租赁和商务服务业	119.23	1.39	
	科学研究和技术服务业	42.90	0.50	
	水利、环境和公共设施管理业	888.45	10.33	
	居民服务、修理和其他服务业	22.96	0.27	
	教育	148.04	1.72	
	卫生和社会工作	162.96	1.89	
	文化、体育和娱乐业	125.45	1.46	
	公共管理、社会保障和社会组织	28.99	0.34	

四、创新支撑力不足

山西省产业创新发展过程中，产业创新的研发活动不够活跃，创新投入水平及结构仍然存在不足，创新能力普遍较弱，成为制约山西省科技成果转化的重要瓶颈，一定程度上影响着山西省产业创新的进一步发展。

研发活动不够活跃。2021年，山西省开展创新活动的企业有5246

个，低于中部地区的其他省份，开展创新活动的企业占比为31.7%，低于中部地区的其他省份，也低于中部地区的平均水平（45.52%），同时低于全国平均水平（44.25%）。2021年，山西省有R&D活动的企业数为1100个，有研发机构的企业数为1496个，数量在中部地区排名最后；有R&D活动的企业占比为6.65%，较中部地区平均水平的20.74%低了14.09个百分点，较全国平均水平的18.99%低了12.34个百分点；有研发机构的企业占比为9.04%，较中部地区和全国平均水平的12.27%低了3.23个百分点。

表2-20　2021年全国及中部地区企业及开展创新活动企业的情况

地区	企业数量（个）	开展创新活动的企业	
		数量（个）	占比（%）
全国	978847	433152	44.25
中部地区	197774	90023	45.52
山西	16547	5246	31.70
安徽	35672	18453	51.73
江西	28950	12748	44.03
河南	46269	18343	39.64
湖北	34239	17151	50.09
湖南	36097	18100	50.14

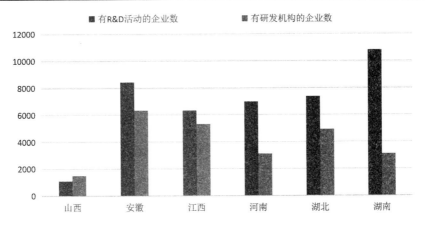

图2-13　2021年中部地区企业创新情况

研发投入强度仍较偏低。国际上普遍认为，研发经费投入强度在1%以内的企业难以生存，达到2%则勉强维持，达到5%以上才有竞争力。2021年，山西省规上工业企业R&D经费投入强度为0.6%，投入强度偏低。2021年，山西省企业R&D经费内部支出209亿元，远低于中部地区的其他省份，比中部地区排名第一的湖北低了697亿元，比中部地区的平均水平681亿元低了472亿元，仅占中部地区的5.1%。

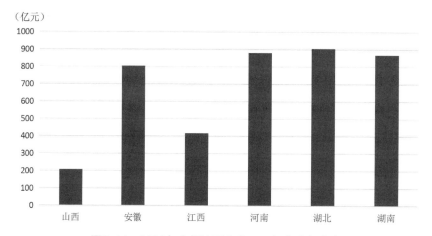

（亿元）

图2-14　2021年中部地区企业R&D经费内部支出

研发人员数量仍待提高。2021年，山西省全部企业R&D人员有68544人，R&D人员折合全时当量有38899人年，其中研究人员有10884，低于中部地区其他省份，研究人员折合全时当量占比为27.98%，在中部地区中最低，较中部地区平均水平的31.57%低了3.59个百分点，较全国平均水平的31.17%低了3.19个百分点。2021年，山西省规上工业企业研发机构人员总数及博士和硕士人数均低于中部地区其他省份，2017—2021年，山西省规上工业企业研发机构中博士和硕士占比不断下降，从14.11%减少到8.67%，减少了5.44个百分点，高学历人才比例仍然较低。

表2-21 2021年中部地区全部企业R&D人员情况

地区	R&D人员（人）	R&D人员折合全时当量（人年）	
			研究人员
山西	68544	38899	10884
安徽	273431	188895	56722
江西	149469	103994	26827
河南	281954	191944	58192
湖北	274242	186180	64555
湖南	252799	171050	60965

表2-22 2021年中部地区规上工业企业研发机构人员

地区	机构数（个）	机构人员（人）	
			博士和硕士
山西	1413	63210	5481
安徽	7114	172136	20481
江西	5270	128937	7515
河南	3302	111469	15107
湖北	5013	153690	22283
湖南	3087	90179	16825

创新结构水平仍需优化。从行业大类看，2021年规模以上工业企业R&D人员全时当量排在前五的行业分别为煤炭开采和洗选业，黑色金属冶炼和压延加工业，计算机、通信和其他电子设备制造业，石油、煤炭及其他燃料加工业，化学原料和化学制品制造业；R&D经费排在前五的行业分别为黑色金属冶炼和压延加工业，煤炭开采和洗选业，石油、煤炭及其他燃料加工业，专用设备制造业，其他制造业，创新投入主要集中在与煤炭相关的行业，其他行业创新投入相对较低，创新结构需进一步优化。

表2-23   2021年山西按行业分规模以上工业企业R&D活动情况

行业	R&D人员全时当量（人年）	R&D经费（万元）
总计	35468	1862448.3
采矿业	8223	353200.9
煤炭开采和洗选业	7952	330526
石油和天然气开采业	155	13531.7
黑色金属矿采选业	64	7337.4
有色金属矿采选业	33	365.8
非金属矿采选业	19	1440
制造业	26634	1494715.3
农副食品加工业	124	2772.5
食品制造业	186	4056.5
酒、饮料和精制茶制造业	27	1454.9
烟草制品业	20	293.3
纺织业	94	1588.3
纺织服装、服饰业	9	309.5
家具制造业	10	507.5
造纸和纸制品业	57	5173.7
印刷和记录媒介复制业	0	223.7
文教、工美、体育和娱乐用品制造业	64	656.3
石油、煤炭及其他燃料加工业	2067	96015.2
化学原料和化学制品制造业	1986	63198.1
医药制造业	1152	38721.6
橡胶和塑料制品业	175	7519.7
非金属矿物制品业	1315	54996.9
黑色金属冶炼和压延加工业	5937	696410
有色金属冶炼和压延加工业	555	51272.5
金属制品业	1366	39213.2
通用设备制造业	658	39143.2

（续表）

行业	R&D人员全时当量 （人年）	R&D经费 （万元）
专用设备制造业	1773	88303.3
汽车制造业	835	30263.2
铁路、船舶、航空航天和其他运输设备制造业	1079	55208.7
电气机械和器材制造业	1270	71982.8
计算机、通信和其他电子设备制造业	4851	64854.4
仪器仪表制造业	161	3555.4
其他制造业	803	74499.3
废弃资源综合利用	30	1084.8
金属制品、机械和设备修理业	30	1436.8
电力、热力、燃气及水生产和供应业	612	14532.1
电力、热力生产和供应业	502	12048.5
燃气生产和供应业	80	2055.2
水的生产和供应业	30	428.4

创新平台亟待优化完善。山西省企业创新平台活跃度不高，由于缺乏稳定的支撑保障力度，在经费使用、人才引进、基本建设等方面给予支持不足，导致不少企业创新平台未能实质性开展有效的研发活动，创新能力受到严重制约。同时，山西企业创新平台的建设主体较为分散，彼此之间的联系紧密度不高，合作不强，缺乏一个能够引领带动的创新组织主体，带领各类创新平台围绕重点产业链需求打通上中下游，实现产学研协同共进。此外，企业创新平台的开放性不足，封闭低效问题一定程度制约了科研水平的提高。

第三章 山西构建现代化产业体系的发展重点与路径选择

　　习近平总书记指出，现代化产业体系是现代化国家的物质技术基础，建设以实体经济为支撑的现代化产业体系是实现经济现代化的重要标志。贯彻落实习近平总书记重要讲话、主要指示精神，加快建设服务国家全局、体现山西特色的现代化产业体系，需要立足山西省情实际，发挥我省比较优势，突出发展重点，把实体经济作为构建现代化产业体系的根基，推动制造业振兴升级，持续深化能源革命综合改革，推动文旅康养产业融合发展，推动农业"特""优"发展，推动服务业提质增效，推动数字经济发展壮大，统筹做好优势产业改造提升、新兴产业发展壮大、未来产业布局培育三大任务，为中国式现代化提供强大核心动力。

第一节 发展重点

一、全力推动制造业振兴升级

工业是立国之本，制造业是强国之基。现代化的工业是现代化产业体系最重要的基础和核心。深刻认识、准确把握新型工业化的时代要求，把发展经济着力点放在实体经济上，把制造业振兴升级作为产业转型的主攻方向，坚持以科技变革为引领，以高质量发展为主线，以高端化、智能化、绿色化、融合化为方向，以可持续发展为内在要求，用好产业链链长制、特色专业镇等有效抓手，推动我省产业结构不断优化升级，加快构建体现山西特色优势的现代化制造业体系。

持续推动传统优势产业转型升级。传统制造业是我省制造业的主体，是现代化产业体系的基底。围绕我省焦化、钢铁、有色、建材等传统优势产业转型升级，主动适应和引领新一轮科技革命和产业变革，聚焦低端供给过剩和高端供给不足并存的问题，坚持先立后破、有保有压，进一步优化政策支持，推动传统制造业优势领域锻长板，推进强链延链补链，提高产业链供应链韧性和安全水平。实施制造业技术改造升级工程，加快设备更新、工艺升级、数字赋能、管理创新，推进重点行业节能降碳和绿色转型，加快产品迭代升级，增加高端产品供给，推动供给和需求良性互动，促进传统制造业深耕细分领域，孵化新技术、开拓新赛道、培育新产业，提升发展质量和效益，加快实现高质量发展。

加快推进新兴产业融合集群发展。新兴产业是引领未来发展的新支柱，具有基础性、先导性、战略性、渗透性、复杂多样性、技术密集性等特征。聚焦我省高端装备制造、新能源、新材料、新能源汽车、节能环保、现代医药和大健康、电子信息、通用航空、废弃资源综合利用等优势产业做大做强，坚持稳中求进，以进促稳，聚焦主体融合、要素融合、产业链互动和产业生态繁荣等，加强全产业链攻关、全要素支持、全生态发展，在谋划发展战略、集聚高端要素、优化市场环境、培育产业生态等方面持续发力，做强高端装备制造、新材料、节能环保等千亿产业，做大节能与新能源汽车、现代医药和大健康、现代煤化工等百亿产业，打造一批标志性战略性新兴产业集群，力争实现国家先进制造业集群"零"的突破。围绕产业链部署创新链，引导支持企业发展新技术、新工艺、新装备、新产品，持续推动科技创新、制度创新，促进创新链与产业链的共融和产业链上下游协同发展。推动消费品工业增品种、提品质、创品牌，促进汾酒、老陈醋等传统手工艺传承发展，鼓励玻璃、陶瓷、纺织等行业开展个性化定制和柔性生产，支持医药产业创新药研发、仿制药开展一致性评价，分级打造我省消费名品方阵。加强产业链供应链开放合作，充分发挥龙头企业链主优势、平台效应和示范引领带动作用，借助技术突破、模式创新催生新产业新业态，促进产业链价值链利益相关方的交互赋能、耦合发展，实现技术、市场与政策供给的紧密耦合，打造一批战略性新兴产业融合集群发展高地，提升产业链供应链的竞争力和安全性。

积极推进未来产业前瞻布局发展。面向国家重大需求和战略必争领域，围绕未来制造、未来信息、未来材料、未来能源、未来空间、未来健康六大重点方向，以前沿技术突破引领未来产业发展，以传统产业的高端化升级和前沿技术的产业化落地为主线，推动高速飞车、绿色氢能、量子信息、前沿材料、人工智能、碳基芯片、生物技术等具有山西特色优势的产业加快发展突破。主动参与全球未来产业分工和合作，深度融入全球创新网络，遵循科技创新及产业发展规律，加强前瞻谋划、政策引导，探索打造未来产业瞭望站，利用人工智能、先进计算等技术精准识别和培育高潜能未来产业。发挥前沿技术增量器作用，瞄准高端、智能和绿色等方向，加快传统产业转型升级，为建设现代化产业体系提供新动力。强化政府投资对全社会投资的引导带动，对前沿技术、颠覆性技术进行多路径探索，构建"技术创新—前瞻识别—成果转化"的未来产业培育链条，推动建立一批省级未来产业先导区，支持各市围绕禀赋优势、着眼未来发展，前瞻谋划布局一批未来产业，加快培育形成新质生产力。

二、深入推进能源革命综合改革试点

能源是经济社会发展的基础和动力，加快构建现代能源体系，需要彻底扭转"煤老大"思维，顺应能源原材料产业需求量陆续到达峰值、能源重心西移和制造业优化升级的趋势，坚持深入落实"四个革命、一个合作"能源安全新战略，发挥我省在推进全国能源革命中的示范引领作用，深入推动"五大基地"建设，加快能源绿色低碳发展，努力在提高能源供给体系质量效益、构建清洁低碳用能模式、推进能源科技创新、深化能源体制改革、扩大能源对外开放等方面取得突破，着力打造全国能源革命综合改革试点先行区，切实扛牢维护国家能源安全重大责任。

强化国家能源安全保障。全方位提升能源安全保障能力，增强能源系统平稳运行能力。科学合理规划煤炭产能，发挥煤炭的主体能源作用，做好煤炭稳产稳供，加强产能和产品储备建设。保持煤炭产能滚动接续、合理充裕，加快先进产能煤矿核增，持续提升我省煤炭先进产能占比，推进正常建设煤矿施工转产，分类处置长期停建缓建煤矿。支持煤炭企业增扩资源储量，延长矿井服务年限。健全安全风险分级管控和隐患排查治理双重预防工作机制，守住煤炭安全生产底线，不断提升我省煤炭增产保供和可持续发展能力。科学规划煤炭储备项目，完善煤炭产销储运体系，推进煤炭企业精益化管理。防范化解非传统安全风险，强化网络安全关键技术研究。

深入推进"五大基地"建设。全面实施《山西能源革命综合改革试点"五大基地"建设规划（2023—2027年）》。加快建设煤炭绿色开发利用基地，抓好煤炭清洁高效利用，鼓励企业因地制宜探索绿色开采技术路线，建设不同类型的绿色开采示范煤矿，深入推进新建煤矿井下矸石智能分选系统和不可利用矸石全部返井试点示范，在具备条件的煤矿探索开展井下选煤厂试点示范工程建设。持续加大非常规天然气勘探开发力度，深化煤层气体制机制改革，推动非常规天然气基地建设提速提质，加快推进晋城、吕梁非常规天然气示范基地建设。巩固提升电力外送基地比较优势，加快煤电机组"三改联动"，推进跨省跨区输电通道建设，合理安排应急调峰储备电源。稳步推进现代煤化工示范基地建设，探索形成"分质分级、能化结合、集成联产"新型煤炭利用"山西经验"，稳妥建设晋北煤制油气战略基地，持续推进打造利用工业尾气生产燃料乙醇试点。全力打造世界一流的煤基科技成果转化基地，用好怀柔实验室山西研究院和中国科学院山西煤化所等"国家队"，培育省内高校和企业等"山西队"，加强能源领域基础研究和关键共性技术攻关，打造辐射全国、面向全球的能源科技创新策源地和重要的科技成果转化平台。

促进新能源和清洁能源多元发展。实施可再生能源替代行动，健全以绿电消费为导向的市场机制，坚持集中式和分布式并举，统筹风光资源开发和国土空间约束，加快建设一批大型风电光伏基地，重点推进晋北采煤沉陷区大型风电光伏基地建设。有序发展抽水蓄能，加快浑源、垣曲抽水蓄能电站建设，因地制宜规划建设中小型抽水蓄能电站。积极构建新型电力系统。规划建设以大型风电光伏基地为基础、以其周边清洁高效先进节能的煤电为支撑、以稳定安全可靠的特高压输变电线路为载体的新能源供给消纳体系。开展新能源微电网和主动配电网建设，加快分布式新能源发展。积极发展新型储能，加快推动"源网荷储"一体化和多能互补，积极推进存量"风光火储一体化"。推进氢能全产业链发展，加快建设国家级甲醇经济示范区，有序利用地热资源。稳步发展城镇生活垃圾焚烧发电，推进临汾、长治等市生物质能资源综合利用项目试点建设。推进繁峙、代县等光热取暖试点建设。多管齐下补强系统调节能力短板，优化电网调度运行方式，加快推动电力系统向适应大规模高比例新能源方向演进。

推动能源产业"五个一体化"融合发展。推动煤炭和煤电一体化、煤电和新能源一体化，鼓励通过企业战略重组、交叉持股、长期协议、混合所有制改革等方式实施煤炭和煤电、煤电和新能源一体化建设运营，推进煤炭、煤电、新能源企业结成利益共享、风险共担的利益共同体。推动煤炭和煤化工一体化，围绕煤制高端化学品、煤制高端碳材料等领域，加强煤转化关键核心技术研发和推广应用，推动煤炭由燃料向原料、材料、终端产品转变。推动煤炭产业和数字技术一体化，加快5G、物联网、人工智能、大数据、工业互联网等新一代信息技术在煤炭产业推广应用，推进煤矿智能化改造。推动煤炭产业和降碳技术一体化，加快煤炭资源绿色低碳技术研发及应用，支持煤电全流程技术升级，积极布局碳捕集利用与封存（CCUS）等前沿新技术和关键技术攻关。

深化能源领域改革开放。坚持维护开放条件下的能源安全，深入践行人类命运共同体理念，开创我国能源对外合作新局面。持续强化"三中心一论坛"平台服务功能和影响力，巩固建设中国太原煤炭交易中心、山西焦煤焦炭国际交易中心等，推动形成山西煤炭统一交易市场，提升山西电力交易中心服务能力，加快构建现代电力市场体系。高起点办好太原能源低碳发展论坛，突出"国家级、国际性、专业化"特色，打造国家主场外交平台，与国内外深度开展产能合作和能源合作。实施能源领域国有企业改革深化行动，强化省属国有企业原创性引领性科技攻关，推动国有企业加强重要能源、矿产资源勘探开发和增储上产。用活用好能源转型发展基金，逐步理顺基金管理运行机制，支持与地级市政府或其他主体合作设立子基金。加强与北京绿色交易所等相关专业机构合作，支持自愿减排项目通过交易取得经济效益。

三、着力提升文旅康养融合发展水平

文旅产业是山西省第三产业的先导产业，是全省重点培育和扶持的七大优势产业之一。把文化旅游业打造成我省的战略性支柱产业，需要坚持全域旅游理念，推进全域旅游示范区建设，启动建设文化旅游融合试验先行示范区，以文塑旅、以旅彰文，推动文化和旅游融合发展，举全省之力锻造黄河长城太行三大旅游新品牌，有效整合资源，深挖文化底蕴，建设新时代文化强省和国际知名文化旅游目的地，打响"华夏古文明、山西好风光"旅游品牌，形成全域旅游新格局。

深化文化旅游管理体制改革。通过体制机制改革助推山西文化旅游产业高质量发展。深化龙头景区改革，进一步推进云冈石窟、五台山、平遥古城、关公故里文化旅游景区理顺管理体制、经营机制，探索建立政府做"生态"、景区做"平台"、市场做"业态"的开发运营管理体系，打造国际知名文化旅游目的地。培育做大一批文旅龙头劲旅，实施文旅康养市场主体倍增行动，发挥山西文旅集团龙头和领军作用，支持省文旅集团重塑产业布局，推动文旅集团非主业、非优势业务和低效无效资产处置，增强资本实力，做强文旅主业。推动山西文博集团重组改革，打造全国一流现代文博产业旗舰劲旅。培育一批区域性的旗舰企业，做大企业规模、延长产业链条、降低运营成本、提高综合收益。加大对旗舰企业资源整合、研发创新、科技赋能、人才引进、金融服务等方面的扶持力度，打造一批行业影响力和竞争力强、具有示范性带动性的龙头企业、骨干企业。

打造旅游景区品牌矩阵。实施龙头景区梯次打造行动，打造一批旅游热点门户，支持太原打造省域文旅综合集散中心，更好发挥龙头带动作用；支持大同打造对接京津冀旅游协同发展桥头堡，打造古建石窟艺术文化、民族融合文化、避暑度假文化等文旅品牌；支持运城打造晋陕豫黄河"金三角"旅游中心城市，建设体验华夏根祖文化、忠义文化的旅游胜地，以热点门户辐射带动周边区域向综合化、片区化、一体化方向发展。改造提升一批重点景区，对标国内外同类型头部景区，打造洪洞大槐树、皇城相府、太行山大峡谷、壶口瀑布、晋祠天龙山、云丘山、王莽岭、雁门关—广武、芦芽山、碛口古镇、恒山、娘子关—固关、八路军太行纪念馆—黄崖洞、乔家大院、王家大院、鹳雀楼—普救寺、陶寺遗址—丁村、偏关老牛湾等重点景区，梯次推动晋祠天龙山、关公故里、恒山、永和乾坤湾等创建5A级旅游景区。

推动文旅深度融合发展，把扩大内需和深化供给侧结构性改革有机结合起来，努力开创文旅产业高质量发展新局面。精心培育一批"文旅+"新业态，发展夜间经济，依托公共图书馆、文化馆、博物馆延长开放时间，打造一批融合艺术展览、文化沙龙、轻食餐饮服务的"城市书房""文化驿站"。鼓励市县改建、新建特色园区、特色艺术街区，打造一批夜间文化和旅游消费集聚区。着力发展研学旅游，开发古建文化、地质文化、晋商文化、红色文化等专项科考旅游线路。推动文物活化利用，优化完善云端山西文物数字博物馆，推出"国宝中的山西"主题游径和"红色印记""匠心古建""长城文化""晋商之魂"等精品线路。依托历史文化名镇名村、历史街区、博物馆、历史人文类景区，培育文物研学基地，推动标志性专题博物馆建设。推动文旅产业数字化发展，深入推进数智赋能，鼓励文旅行业数字企业发展，开展文旅数字化、智慧化技术、场景开发和推广应用。加快文旅产业数字化转型，打造智慧景区、智慧康养社区、数字博物馆、数字展览馆等沉浸式数字化体验场景。强化文旅产业信息化支撑能力建设，推动各市建设文旅公共服务信息平台。

创新文旅康养发展新模式。积极发展休闲旅游，开展文旅产业赋能城市更新行动，打造一批国家级旅游休闲城市和街区，持续深化太原晋源区、大同浑源县、朔州右玉县、忻州忻府区和五台山等10县（市、区）文旅康养集聚区及50个文旅康养示范区创建单位建设。打造黄河晋陕峡谷风光带，成为区域级休闲度假旅游目的地。依托太行锡崖沟、云中河、云竹湖等创建国家级旅游度假区，培育提升一批省级旅游度假区。大力发展乡村旅游，学习践行"千万工程"经验，开展文化产业赋能乡村振兴试点，培育一批乡村旅游重点村镇、旅游民宿，打造以晋城为重点的晋东南乡村旅游带。支持各地打造乡村旅游节庆活动，不断丰富乡村休闲旅游场景。有序发展红色旅游，打造武乡红色旅游融合发展示范区，重点培育兴县、左权、右玉等成为全国知名红色旅游目的地和红色旅游创新发展基地。编制晋冀豫、晋绥和晋察冀革命文物保护利用片区整体规划，分主题创建、公布革命游径，让革命精神具象化、革命文物"活起来"。转型发展工业旅游，依托大型工厂、工业遗产，择优建设工业遗址公园、文化产业园区，支持汾酒集团、太化集团等打造一批观光工厂。创新发展低空旅游，依托全省建成通用机场、航空飞行营地等通航基础设施，与周边旅游资源协调发展，建设一批航空休闲旅游示范项目。打造体育旅游精品，培育"跟着赛事去旅行"品牌项目，开展品牌赛事进景区活动，提升运城圣天湖、晋中云竹湖国家体育旅游基地品质，推动临汾云丘山、代县雁门关等创建国家体育旅游示范基地，培育一批体育旅游精品线路。发展冰雪经济，积极创建国家级滑雪旅游度假地。积极构建全省域大康养产业格局，实施文旅康养多元业态融合行动，立足资源特色，开发特色医疗、温泉疗养、中医药养生、森林康养等多样化健康旅游产品，加快推动大同、忻州康养示范园区建设，打响"康养山西、夏养山西"品牌。发展生态旅游产品，推动森林康养基地、森林康养试点建设县（乡镇）、森林康养人家以及森林体验基地、森林养生基地、慢生活休闲体验区等建设，大力发展避暑休闲、温泉康养等旅居养老产品，推出一批特色生态旅游线路，研发推广森林、草原、山地、康养、研学、自驾等绿色旅游产品新谱系。

四、大力推动农业"特""优"发展

强国必先强农，农强方能国强。农业是社会主义现代化的根基，农业现代化是中国式现代化的关键。扎实推进我省农业现代化，需要坚持"特""优"发展战略，做好"土特产"文章，坚定守牢粮食安全底线，紧盯耕地和种子两大要害，因地制宜兴产业，科技赋能提效益，加强农业全产业链发展，加快推动一二三产业在农业农村融合发展，努力构建以先进农产品精深加工业为支撑的现代农业产业体系，力争在产业链创新能力、龙头企业竞争力、核心产品中高端市场占有率等方面达到国内先进水平。

更高水平保障国家粮食安全。守牢粮食安全底线，更加重视藏粮于地、藏粮于技，紧盯耕地和种子两大要害，提高农业综合生产能力，实施好新一轮粮食产能提升行动，巩固和提高粮食、重要农产品生产能力，确保国家粮食安全和重要农产品供给保障。扎实推进高标准农田建设，坚决落实最严格的耕地保护制度，抓好新增和恢复水浇地任务，充分挖掘盐碱地综合利用潜力，高质量建设有机旱作农业生产基地，稳步提升粮食生产能力。推动农业种质资源大省优势转化，实施种质资源保护利用、种业创新攻关、企业扶优、基地提升、市场净化五大行动，推动我省由种质资源大省向特色种业强省转变。加强农业种质资源库建设，选育一批高产优质品种。开展"育繁推一体化"种业创新平台建设，创建特色杂粮种质创新和分子育种国家重点实验室，实施农业生物育种"卡脖子"技术攻关，认定一批省级农作物制种基地县和良种繁育基地，打造一批省级制种基地县，选育一批具有重大影响的新品种。加快山西农谷建设，发挥农业科技的支撑作用。

深入发展设施农业。大力发展有机旱作农业，实施全国有机旱作农业特色品牌创建行动，深化落实有机旱作农业发展战略部省合作框架协议，完善有机旱作技术标准体系，推进有机旱作生产、科研、示范基地建设，深入挖掘"有机旱作·晋品"省域农业品牌内涵、品牌文化定位，构建区域品牌+企业品牌+产品品牌的"有机旱作·晋品"品牌矩阵，在全国叫响"山西特色、自然本色"省域农业品牌。大力发展设施蔬菜、设施水果，建设一批蔬菜集约化育苗基地、食用菌菌棒生产车间、果树育种苗木繁育基地。

做优做强五大平台。坚持农业高质量发展方针，充分发挥山西三大省级战略优势，重点打造运城苹果、绛县大樱桃等区域公用品牌，建设中粮平台科研、交易、农产品加工三大中心，提升北肉平台肉类进出口能力，加快推进东药材平台实体工程建设，打造全国特色优质畜产品供应基地，打造面向全国、服务京津冀的优质杂粮、优质畜产品、特色蔬菜供应基地，形成与京津冀协同发展的互动格局。实施农产品"三品一标"四大行动，稳步推进绿色、有机、地理标志农产品认证，创建一批国家级绿色优质农产品基地。

培育打造十大农业产业集群。大力发展农产品精深加工业，实施建设一批标准化原料基地、加工技术研发等项目，加快建设农业产业园区，打造特优农业全产业链，提高农产品加工转化率。重点实施产业集群三"十"三"百"行动，打造10条标志性产业链，培育10个领军企业方阵，建设10个省级产业研究院；布局推进100个标杆企业、100个标杆园区（基地）、100个标杆项目。着力培育形成酿品、饮品（山西药茶）、乳品、肉制品、果品5个千亿级（全产业链产值）产业集群，力争把农产品精深加工十大产业集群整体打造成为万亿级产业航母。加快畜牧业转型升级，落实生猪良种补贴政策，实施生猪调出大县奖励，做好生猪产能调控。推动肉牛肉羊增量提质，促进奶业持续健康发展，建设饲草加工收储基地，推进蛋鸡肉鸡标准化规模养殖场建设。

增强农业社会化服务能力。强化农业科技和装备支撑，培育新型经营主体，大力提升农机装备现代化水平，研发制造适宜先进的农业装备，推动良田、良种、良机、良法、良制等有机衔接，提高农作物耕种收综合机械化率，推动农机装备基本满足农业生产需求。大力提升农业社会化服务水平，全面推进粮食作物托管规模化发展，开展农业社会化服务试点示范，创新服务补贴机制，着力培育省级农业生产托管优质服务主体，推动县（市、区）建立集农资供应、技术推广、农机作业、仓储物流、农产品营销等功能于一体的农业综合服务中心。

五、全面推进服务业提质增效

服务业是现代化产业体系的重要组成部分，具有贯通经济活动，促进要素流动，助力创业创新的重要作用，是培育新动能的重要内容，是推进产业结构升级和经济社会发展的重要引擎。推动服务业高质量发展，需要以服务先进制造业发展和提升人民生活便利度为导向，构筑生产性服务业新支柱，抢占未来服务业新高地，培育生产性服务业新引擎，重塑生活性服务业新优势，着力提升现代服务业供给质量，构建支撑全省高质量高速度发展的现代服务产业体系。

引导生产性服务业向专业化和价值链高端延伸。以推动我省产业转型升级需求为导向，深化产业融合发展，加快信息技术向服务业各领域渗透，加快生产制造型向生产服务型转变，壮大生产性服务业，有力支撑实体经济发展。重点构筑三大生产性服务业新支柱，大力发展现代物流业，推动物流业降本增效提质，进一步完善物流设施网络，大力发展多式联运等先进运输组织方式，构建现代物流体系，打造现代物流强省。高质量发展科技服务业，壮大科技服务业主体，培育具有较强竞争力的科技服务机构和龙头企业，发展科技服务业新业态，发展工业设计与研发服务，加速推进科技成果转化服务，发展知识产权服务，构建覆盖科技创新全链条的科技服务体系。推动现代金融业发展，提升金融对实体经济的支撑作用，着力优化金融产业布局，完善金融组织体系，完善现代金融监管体系，打造良好金融生态。前瞻发展现代服务业，围绕信息服务业、高端商务服务业、会展业、节能环保服务业、通航服务业等重点优势领域，形成一批在全国有影响力的数字技术应用先导区，推动商务服务专业化、规模化、国际化，培育功能完善的高端商务服务中心。

促进生活性服务业向高品质和多样化升级。大力推动传统服务业转方式、增动力，重塑生活性服务业新优势，提升居民生活品质，满足人民群众日益增长的美好生活需要。着力推动商贸服务业转型升级，优化商贸服务结构，促进线上线下深度融合，发展多元业态，推动商贸服务体系重构、功能提升，积极培育消费热点。提升家庭服务业水平，健全城乡居民家庭服务体系，推动家庭服务市场多层次、多领域、多样化发展，全面提升我省家庭服务业的供给规模和服务质量，增加家庭服务有效供给。大力发展体育服务业，坚持市场驱动，扩大体育产品供给，做强体育产业，丰富体育业态，促进体育消费。优化教育培训业发展，依托社会力量兴办各类教育资源，立足服务山西转型发展，完善教育培训体系，大力发展职业教育，优化人才培养模式，提升教育培训服务品质，构建完善教育服务大产业链条。着力发展托育服务业，扩大普惠托育服务有效供给，健全托育服务的政策法规体系和标准规范体系，建成形式多样、管理规范、服务优质、覆盖城乡的婴幼儿照护服务体系。促进房地产业健康发展，坚持"房住不炒"的定位，落实城市主体责任，因城施策，培育住房消费，不断改善人民群众住房条件和居住环境，促进房地产市场与经济社会协调发展。

加强服务业集群集聚示范发展。以改革创新为根本动力，以深化供给侧结构性改革为主线，深入实施六大工程，推动服务业高质量发展，提升全省服务业发展核心竞争力。大力培育市场主体，加强服务业企业引育力度，加快培育服务业旗舰企业，辐射带动服务业产业集群发展壮大。促进服务业集聚拓展，持续打造现代服务业集聚示范区，打造一批特色鲜明的服务业集群品牌，提升集聚区服务能力和服务功能。推进现代服务业集聚区提档升级，进一步完善集聚区配套服务功能，做大做强主导产业，持续增强集聚区综合承载功能。推动服务业数字化升级，促进大中小企业融通发展，构建服务业数字化产业链生态。实施数字赋能行动，鼓励重点企业率先创新突破，加速数字化、网络化、智能化转型。推进服务业融合发展，顺应消费升级和产业升级，推动先进制造业与现代服务业深度融合，促进服务业与农业渗透融合，鼓励服务业内部深度融合，促进服务业业态创新和功能完善，支持服务业多业态融合发展。搭建服务业创新发展平台载体，建设一批检验检测、认证认可等专业性公共服务平台和集创业孵化、信息查询、研究开发等多功能于一体的综合性公共服务平台，促进企业平台化发展，深化服务业高水平对外开放，培育引进有竞争力的平台企业，构建适应平台经济发展的现代服务体系。

六、做强做优做大数字经济

发展数字经济是把握新一轮科技革命和产业变革新机遇的战略选择，是当前重组全球要素资源、重塑全球经济结构、改变全球竞争格局的关键力量。不断做强做优做大我省数字经济，需要以数字技术与实体经济深度融合为主线，围绕建设数字山西，加快推进数字产业化、产业数字化、数据价值化、治理数字化，完善数字经济治理体系，培育新产业新业态新模式。

大力推动数字产业化发展。提升数字核心产业竞争力，聚焦半导体、光伏、新型化学电池、光机电、智能终端等数字核心产业，培育引进数字产品研发制造、数字技术服务等领军企业，建设数字经济产业园区，推进数字产业成链集群发展。实施产业链强链补链行动，加强面向多元化应用场景的技术融合和产品创新，提升产业链关键环节竞争力，完善5G、集成电路、新能源汽车、人工智能、工业互联网等重点产业供应链体系。深化新一代信息技术集成创新和融合应用，加快平台化、定制化、轻量化服务模式创新，打造新兴数字产业新优势。协同推进信息技术软硬件产品产业化、规模化应用，推动软件产业做大做强，提升关键软硬件技术创新和供给能力。增强关键技术创新能力，以数字技术与各领域融合应用为导向，推动行业企业、平台企业和数字技术服务企业跨界创新，加快创新技术的工程化、产业化。鼓励发展多元新型创新主体，打造多元化参与、网络化协同、市场化运作的创新生态体系。

加力推进产业数字化升级。聚焦企业数字化转型升级和重点产业数字化转型，全方位全链条推进制造业、能源、服务业、农业等产业数字化改造。立足不同产业特点和差异化需求，推动传统产业全方位、全链条数字化转型，提高全要素生产率。纵深推进工业数字化转型，加快推动研发设计、生产制造、经营管理、市场服务等全生命周期数字化转型，深入实施智能制造工程，培育推广个性化定制、网络化协同等新模式。加快推进5G+智慧矿山、"源网荷储"一体化智慧电网平台建设，打造一批智能生产线、数字化车间、智能工厂试点示范。大力提升农业数字化水平，创新发展智慧农业，提升农业生产、加工、销售、物流等各环节数字化水平。拓展服务业领域"智能+"融合应用，大力发展数字商务，全面加快商贸、物流、金融等服务业数字化转型，鼓励发展网络货运、新零售、跨境电商等新场景新业态，加快发展数字贸易和线上会展服务，优化管理体系和服务模式，提高服务业的品质与效益。

加快建设信息网络基础设施。建设高速泛在、天地一体、云网融合、智能敏捷、绿色低碳、安全可控的智能化综合性数字信息基础设施。加快推动5G网络、千兆光纤网络、移动物联网等数字基础设施建设。有序推进骨干网扩容，协同推进千兆光纤网络和5G网络基础设施建设，推动5G商用部署和规模应用，前瞻布局第六代移动通信（6G）网络技术储备，加大6G技术研发支持力度，积极参与推动6G国际标准化工作。积极稳妥推进空间信息基础设施演进升级，加快布局卫星通信网络等，推动卫星互联网建设。提高物联网在工业制造、农业生产、公共服务、应急管理等领域的覆盖水平，增强固移融合、宽窄结合的物联接入能力。加快打造算力强省，推动数据中心协同发展，推动算力基础强基、算力产业强链、算力应用强效，打通"煤—电—算—产"价值倍增传导链，积极融入国家"东数西算"工程。

积极拓展数字融合应用新场景。分级分类推动智慧城市建设，加快城市数据整合共享和业务协同，持续提升公共服务数字化水平。大力提高"互联网+政务服务"效能，持续提升政务服务数字化、智能化水平，实现利企便民高频服务事项"一网通办"。推动政务服务线上线下整体联动、全流程在线、向基层深度拓展，打造主动式、多层次创新服务场景，提升服务便利化、共享化水平。聚焦公共卫生、社会安全、应急管理等领域，深化数字技术应用，实现重大突发公共事件的快速响应和联动处置。推动社会服务数字化均衡普惠发展，加快推动文化教育、医疗健康、会展旅游、体育健身等领域公共服务资源数字化供给和网络化服务，促进优质资源共享复用。运用新型数字技术，强化就业、养老、儿童福利、托育、家政等民生领域供需对接，进一步优化资源配置。促进社会服务和数字平台深度融合，探索多领域跨界合作，推动医养结合、文教结合、体医结合、文旅融合。推动数字城乡融合发展，统筹推动新型智慧城市和数字乡村建设，加快城市智能设施向乡村延伸覆盖，协同优化城乡公共服务。打造智慧共享的新型数字生活，打造智能楼宇、智能停车场、智能充电桩、智能垃圾箱等公共设施。创新发展"云生活"服务，拓展社交、购物、娱乐、展览等领域的应用，促进生活消费品质升级。

促进数据要素价值加快释放。完善数据资源管理服务体系，加快千兆城市建设，实施算力基础强基工程、算力产业强链工程，融入全国一体化算力体系。实施数智强晋示范工程，推动5G和标识解析应用在实体经济中贯通推广。推动智慧城市数字底座、产业链工业互联网、医疗影像、气象数据服务等行业云平台建设。创建国家电子商务示范基地和示范企业。发展壮大山西数据流量谷，建设"数据要素×"试点。探索推进公共数据确权授权。开展国家数据知识产权试点。健全完善数字经济治理体系，完善数据要素地方法规和政策，健全数据要素市场化配置机制，构建全省统一的数据交易平台。完善多元共治新格局，建立完善政府、平台、企业、行业组织和社会公众多元参与、有效协同的数字经济治理新格局，形成治理合力，维护公平有效市场。

第二节　路径选择

一、用好重点产业链、专业镇、开发区抓手

深入实施产业链"链长制",坚持有效市场和有为政府相结合,完善"链长制"工作机制,有效集成产业链关键要素,全力推行"政府+链主+园区"招商、"重大项目+链长+属地"共建、"链主+链核+专精特新"企业梯度培育、"链长牵头单位+园区"锻造、"产业链+专家"智库建设、"产业链+链主企业+产业基金"等运作模式,构建产业链上下游、大中小企业紧密配套、协同发展的产业链生态。建立产业链储备库,充分发挥现有16条省级重点产业链和37家"链主"企业示范引领作用,梯次推动重点产业链扩规。强化重点产业链精准性政策支撑,优化完善产业链激励政策,完善"链主"企业认定、评价和动态调整机制,依托"链主"企业、"链核"企业,促进产业链上下游供需对接、协作配套,推进延链补链强链升链。

梯次培育打造特色专业镇,围绕提标扩面、赋能增效,持续加大政策支持和工作推动力度,加快推动特色专业镇集聚成势、发展壮大。加快培育发展一批特色产业集聚度高、专业化分工协作程度高、产业辐射带动能力强、品牌优势突出、就业富民拉动效应明显的专业镇,锻造县域经济长板优势,促进市场主体倍增,推动专业镇抱团发展,加快把山

西特色专业镇打造成新的特色制造产业和消费品工业集聚区。完善细化特色专业镇遴选认定标准，健全特色专业镇总体规划和特色产业规划，构建全面覆盖、梯次培育的特色专业镇发展格局。加快完善研发设计、检验检测、电商物流、会展交易等公共服务平台，举办好特色专业镇投资贸易博览会，更好满足特色专业镇高质量发展的共性需求。鼓励特色专业镇建设数字化转型应用体验中心，加快发展智能制造，推进智能化、绿色化、服务化发展。强化特色专业镇考核激励和动态管理，持续提升特色专业镇高质量发展水平。

着力打造开发区升级版，充分发挥我省开发区转型发展主阵地、主战场、主引擎作用，支持开发区提档升级，支持经济基础好、发展潜力大、发展规划完备的省级开发区升级为国家级开发区。支持符合条件的开发区创建国家高新技术产业化基地、国家新型工业化产业示范基地。强化山西转型综合改革示范区引领作用，申报创建国家制造业高质量发展试验区。滚动开展"三个一批"活动，全面推行开发区项目招商、开工、建设、投产清单化管理，推动更多洽谈项目早落地、签约项目早开工、开工项目早投产、建成项目早达效。提高开发区服务质效，深化"承诺制+标准地+全代办"改革，推行前期手续实行"全承诺"、项目建设实施"全代建"、精细服务做好"全包联"的"三全"服务模式。不断优化开发区空间布局，规范推进开发区设立、扩区、调区和升级工作，积极鼓励支持开发区探索新的合作模式，建立"飞地园区"，建立健全利益共享机制。推动向开发区放权赋能，建立开发区赋权事项清单管理和动态调整机制，理顺开发区审管衔接机制，加强对赋权事项的事中事后监管，推动开发区按单行权、依单履责，实现开发区"区内事、区内办"。

二、推进协同创新、数智赋能、绿色转型

提升政产学研协同创新水平，建立与高校科研院所的对接机制，统筹产业园区、平台公司、链主企业等创新主体，加强与北京中关村科技园、北京怀柔综合性国家科学中心等高水平科创中心，清华大学、中国科学院、中国工程院等高校科研院所，中国电子科技集团、中国钢研科技集团等科技型企业的战略合作和对接沟通，建立健全长效对接机制。建立省市协同共享的创新资源库和技术需求库，同步收集我省产业共性技术需求和重点企业关键技术需求，强化科技创新成果源头供给。构建"政府+高校科研院所+中试中心+企业+开发区"五位一体的创新成果招商模式，提高科技成果招商质效。推动创新成果产业化承接，鼓励各市县依托现有开发区、专业镇等平台载体，采取"一区多园""园中园"等方式，建设与中试基地相配套的产业园，建设创新成果产业化承接基地。打造科技成果转化高地，建立成体系的中试基地，鼓励具备条件的市县先行先试建设创新成果产业化承接基地，健全以市场为导向的科技成果产业化体系。

全面推进数智赋能创新发展，加快完善工业互联网平台体系，推动数字科技赋能千行百业，推动企业"上云上平台"。加快商贸、物流、金融、公共服务等领域数字化转型，全面推广细分行业的数字化转型方案，培育发展一批数字化解决方案服务商和数字设备供应商，发掘并展示智能制造、智慧城市（社区）、智慧零售、智慧教育、智慧交通、智慧医疗、智慧体育等场景的数字化升级解决方案，为更多企业数字化转型提供参考。加强标准引领和专业服务，分行业领域推广智能制造。提升工业设计等生产性服务业水平，促进"两业融合"发展。

深入推进生产生活绿色转型，全面实施《山西省碳达峰实施方

案》，把碳达峰、碳中和纳入全省生态文明建设整体布局和经济社会发展全局，立足我省能源资源禀赋，坚持"系统推进、节约优先、双轮驱动、内外畅通、防范风险"的总方针，先立后破，通盘谋划，统筹发展和减排，统筹省内排放和能源输出，统筹传统能源和新能源，有计划分步骤实施山西碳达峰十大行动，推广低碳零碳负碳技术，加快重点行业节能降碳改造，推行清洁生产，促进降碳、减污、扩绿、增长协同推进，促进资源高效利用和绿色低碳发展，加快实现生产生活方式绿色变革。

三、推进大中小企业融通发展

推动市场主体加快实现倍增，坚持个转企、小升规、规改股、股上市的梯次培育路径，以规模以上企业和小微企业数量倍增为目标，实施微观主体培育工程，大力推进国有企业改革、民营经济改革示范、大众创新、万众创业和招商引资工作。通过国有企业改革打造一批，加快推进国有企业混合所有制改革，促进优质资产向前瞻性、战略性、中高端、优势产业集中，打造云时代、文旅集团、交控集团、大地集团等旗舰企业、行业劲旅。通过民营经济发展改革示范培育一批，大力支持民营经济发展，全面实施并不断完善市场准入负面清单制度，破除歧视性限制和各种隐性障碍，促进交通、市政、环保、养老、医疗等领域向民营企业开放。落实保护产权政策，推进各类民营企业扶持政策落实落地。着力破除个转企、小升规、规改股、股上市过程中存在的体制机制障碍。通过大众创业万众创新孵化一批，推进国家级双创示范基地、专业化众创空间、星创天地、企业孵化器、创业园区等载体建设，大力培育发展各类市场主体。通过创新招商引资引进一批，突出产业链招商，开展专题、定向、定点开展小分队招商和精准招商活动，实施晋商晋才回乡创业创新工程，引进一批关联产业和重大项目。

提升大中小企业融通发展水平，积极推动构建大中小企业融通发展的产业创新生态，推动龙头企业通过增资扩股、兼并重组等形式打造产业旗舰，培育一批百亿级龙头企业。构建创新型中小企业、"专精特新"企业、"小巨人"企业、制造业单项冠军等优质潜力企业梯次培育体系。聚焦重点行业领域，依托龙头骨干企业对供应链的引领带动，创新融通发展模式，围绕供应链协同发展、创新能力共享、大数据驱动、产业生态共建等，构建行之有效的融通发展模式。鼓励大企业面向中小企业提供资金、人才等支持，依托生产要素共享，创新资源开放，带动包括中小企业在内的产业链创新能力实质性提升。

四、实施增品种、提品质、创品牌战略

着力增品种优化市场供给，以满足人民日益增长的美好生活需要为根本目的，提升消费品供给水平，围绕健康、医疗、养老、育幼、家居等民生需求，大力发展"互联网+消费品"，加快绿色、智慧、创新产品开发，打通生产端和消费端数据链路，发展个性化定制和柔性生产，推动供需高效对接和精准交付，培育形成一批新品、精品、名品，不断满足消费者多层次、个性化、高品质消费需求。着力发展工业新产品，聚焦产业高质量转型与高端化发展，加快推动新产品推陈出新，坚持"轻重并举""软硬结合"，着力打通生产、分配、流通、消费各环节，推动供需在更高水平上实现良性循环，实现产业链供应链锻长板补短板，推动一批山西产品进入到国内大循环中高端、关键环，促进以战略性新兴产业产品为代表、先进制造业产品为支撑的"山西制造"在全国的引领示范作用和影响力大幅提升。推进消费品领域工业设计中心、创意设计集聚区建设，促进工业互联网与消费互联网互联互通，加快培育个性化定制企业和公共服务平台，以数字化研发设计促进产品迭代更新，以

自主创新创造引领消费升级。

着力提品质引领消费升级，坚持扩大内需这个战略基点，着力提升供给体系对国内需求的适配性，形成需求牵引供给、供给创造需求的更高水平动态平衡。培育发展首店经济，支持引入国际、国内一线品牌在我省开设全球首店、中国（内地）首店、华北首店、山西首店，支持商业综合体和街区运营管理机构引进一线品牌开设首店，支持国际国内品牌在晋举办具有国际、国内较大影响力的新品首发、首秀活动，打造新品集聚地。促进老字号创新发展，优化壮大老字号队伍，推动建设老字号特色街区、集中展示区，引导特色产品和服务集聚，推动建设老字号品牌博物馆、文化技艺展示馆和消费体验馆，开展产品技术创新，创新营销模式，营造消费场景、提升消费体验。以数字化变革助力品质升级，聚焦服装家纺、家电家居、食品医药等民生关注重点行业，以数字化改造推动企业提质增效，加快建设质量追溯体系，强化智慧供应链管理，实现产业链协同发展。充分利用现代信息技术，培育壮大消费新业态、新场景、新模式，推动实现品质变革和智能升级。

着力创品牌提升产品竞争力，坚定不移推进质量强省建设，实施品牌提升工程，推广品牌管理体系标准，推动品牌评价市场化，讲好山西品牌故事，做优做强区域公用品牌，构建国内领先、国际一流的"山西精品"公用品牌建设体系，推动品牌兴晋取得重大突破，以优质品牌驱动竞争力升级。建立"山西精品"公用品牌制度体系，规范标准制定、认证实施、机构管理、标志使用和监督管理。引导"山西精品"公用品牌主体培育，以行业龙头骨干企业、"专精特新"中小企业为主体，促进企业加大质量提升、品牌培育和市场开拓力度，梯次培育一批"山西精品"品牌企业，形成更多的国际国内先进品牌。构建"山西精品"公用品牌标准体系，实施"山西精品"管理标准，充分发挥标准引领作用，助推我省农业、制造业、文化旅游业等领域高质量和高端化发展。推进我省品牌人才队伍建设，构建品牌建设专业人才评价体系，为我省品牌建设领域输送一批高素质产业技术人员。加强"山西精品"公用品牌监管服务，进一步提升"山西精品"的公信力和影响力，提升我省优质企业核心竞争力。

五、增强各类要素资源支撑保障能力

强化资金投入保障，加大财税支持力度，围绕优势产业发展需求整合财政资金，聚焦关键领域发力，支持数字化转型智能化升级、产业集群融合发展、企业做优做大做强、产业技术创新、重大产业项目提能增效、重点园区集聚产业等。重构政府产业基金引导体系，打造高效的产业发展基金集群。用好用足研发费用加计扣除等税收优惠政策。优化金融产品服务供给，完善财政金融互动政策，支持制造业企业中长期贷款，推动"科技—产业—金融"良性循环，推广知识产权证券化、科技创新公司发行债券等新型融资模式，引导金融机构创新直达实体经济的产品和服务。完善多层次资本市场，深入实施上市行动计划，提高企业直接融资比重，支持私募股权基金、创业投资基金发展。

强化重大项目用地保障，纵深推进"标准地"改革，推动省级及以上工业类开发区全部以"标准地"形式出让工业用地。推进"标准地"向开发区外扩围、向生产性服务业项目扩展、向"标准化厂房"延伸。拓宽补充耕地来源，用好国家继续实施用地计划指标增存挂钩、简化用地预审阶段审查内容等政策，加大省级补充耕地指标统筹力度，扎实推进低效园地、残次林地、土地综合整治，增强占补平衡能力，保障重大项目建设用地需求。创新用地供应方式，健全工业用地长期租赁、先租后让、弹性年期出让等多元供应体系，支持工业企业选择适宜的用地方式。健全产业用地多主体多方式供地制度，探索增加混合产业用地供给，加大批而未供和闲置土地处置力度。

强化产业人才队伍建设，加大高技能人才培养力度，深入推进"人人持证、技能山西"建设，加快构建以行业企业为主体、职业学校为基础、政府推动与社会支持相结合的高技能人才培养体系。健全公共职业技能培训体系，深化产教融合、校企合作，开展订单式培养、套餐制培训。强化技能导向的评价使用制度，引导企业建立健全基于岗位价值、能力素质和业绩贡献的技能人才薪酬分配制度。加强人力资源服务，完善省市县三级公共就业和人才服务机构设置，健全乡镇（街道）就业服务站服务功能。搭建各类用工主体和零工人员供需对接平台，实现公益性零工市场县县全覆盖。鼓励发展人力资源管理咨询、人才测评、薪酬设计等服务业态，加快培育一批人力资源服务企业。

促进各类要素合理流动高效集聚，推进要素资源高效配置，完善产业政策体系，打破思维定式和行为惯性，不断优化产业政策实施方式，增强政策的组合性、协同性、有效性，调动和激发各方面的积极性，增强工作的科学性、预见性、主动性、创造性，培育面向未来的产业生态。完善公平竞争制度，开展区域市场一体化建设，建立健全区域合作机制，全面清理歧视外资企业和外地企业、实行地方保护的各类优惠政策，加强地区间产业转移项目协调合作，建立重大问题协调解决机制，鼓励以优质的制度供给和制度创新吸引更多优质企业投资，推动产业合理布局、分工进一步优化。清理废除妨碍依法平等准入和退出的规定做法，持续清理招标采购领域违反统一市场建设的规定和做法，减少不正当市场干预。强化市场基础设施建设，推动市场基础设施互联互通，实施新型基础设施支撑的智能市场发展示范工程，引导平台企业健康发展，主动融入全国统一大市场建设，增强国内外大循环的动力和活力。

六、全面提升产业开放发展能级

全力推动营商环境持续优化，主动对表中央要求、对标先进地区、对接国际经贸规则、对照企业期盼，全面落实"五有"套餐，持续创优"三无""三可"营商环境。推进营商环境创新试点，加快推动"一照多址""一证多址""多规合一""多码融合""区块链+政务服务"等改革举措率先落地，支持综改示范区探索贸易便利化和审评审批制度联动改革，开展海关特殊监管区域外重点企业特殊监管创新试点。提升政务服务水平，发挥"承诺制+标准地+全代办"改革集成效应，创新"全代办"服务方式，推广应用"一项目一方案一清单"审批服务。按照"前台综合受理、后台分类审批、综合窗口出件"的模式，巩固深化"一枚印章管审批"改革，做到"一门式办理""一站式服务"。推动实现更多高频事项异地办理、跨省通办。做深做实"7×24小时不打烊"政务服务，推动企业群众高频政务服务事项就近办、自助办。提升综合监管水平，加快推进跨部门、跨区域、跨层级业务协同，加强事前审批和事中事后监管协同联动。积极开展"互联网+监管"，提高智慧监管能力。

提升招商引资质量水平，实施长板招商精准招商，改革招商体制机制，着力打造一支懂招商、会招商、招好商的专业化招商队伍，探索实施招商雇员制、专员制等更加灵活的用人机制和薪酬制度。打造招商平台，强化开发区主载体作用，创新产业孵化器、"园中园"等方式，招引项目落地、带动产业转型。提升跨境电商综试区、国家进口贸易促进创新示范区、综合保税区等开放平台功能。培育壮大外贸经营主体，因地制宜发展加工贸易和服务贸易经营主体。创新招商方式，精心打造目标企业库、项目管理库、机构联络库和招商图谱、招商地图，综合运用产业链招商、科技成果转化招商、基金招商等12种招商方式，提高招商引资质效。

扩大高水平对外开放，大力发展外向型经济，形成多极市场承载格局。全面加强省际产业板块合作，深度融入京津冀协同发展，建立并推动我省与京津冀的新型战略合作关系，加强清洁能源开发利用合作，积极承接京津冀地区新材料、节能环保、高新技术等疏解产业。深度融入环渤海经济圈，充分利用环渤海区域合作市长联席会议制度，促进建立地区间统一完善的市场经济体系。强化与中部省份协同发展。加快晋陕豫黄河金三角区域协调发展试验区建设，探索跨省交界地区合作发展新路径，合力打造全国省际交界地区协作发展试验区。全面拓展新的产业发展空间，更高水平"引进来"，推进与欧美、日本、韩国、新加坡等发达国家和港台地区在新一代信息技术、生物医药、航空制造、新能源新材料等高新技术领域合作。积极吸引省外高端资源入晋，鼓励外来资本以参股、并购、融资租赁、政府和社会资本合作（PPP）等多种方式参与市政建设、社会事业、国有企业改组改造等，推动各类资本相互融合、优势互补。更高水平"走出去"，对接"一带一路"建设，主动融入中蒙俄经济走廊、新亚欧大陆桥经济走廊、中国—中亚—西亚经济走廊和海上战略支点等建设，深化我省与沿线国家产业、产能合作，培育优势互补、错位发展的国际国内合作竞争新优势。推动规则、规制、管理等制度型开放，以建设国家进口贸易促进创新示范区、跨境电子商务综合试验区为牵引，不断提升制度型开放水平。大力复制推广全国自贸区经验成果，加快推进贸易投资便利化改革创新。

第四章　山西构建现代化产业体系的
关键抓手与保障措施

　　建设现代化产业体系是一项庞大的系统工程，但其本质是要实现传统产业形态和新兴产业形态的产业创新，因此，加快传统的产业增长政策让位于产业创新政策便是必然之举。只有构建起支持现代化产业发展的政策供给，对涉及传统产业、先进制造业、未来产业、现代服务业等产业政策进行分类化正常引导，并从统筹组织、营商环境、能源资源、现代化基础设施体系、要素市场化配置改革等方面入手，形成进一步强化现代化产业体系建设的政策保障体系，引导优质要素资源不断向现代化产业体系聚集，才能真正激发出产业创新的活力，实现经济发展的"动力转换"。

第一节　山西构建现代化产业体系的关键抓手

一、分类优化产业政策

发挥产业政策的引导作用，利用产业支持政策、产业管理政策、产业发展政策等，引导生产要素向现代化产业集中。现代化产业体系不仅要包括高技术产业和战略性新兴产业的培育壮大，更要强调传统优势产业的改造升级，尤其是制造业的高端化、绿色化、数字化转型。

（一）优化传统产业焕新升级的支持政策

现代化产业体系要求对传统产业生产方式和技术经济范式进行彻底的革新，以形成先进、高效的产业模式和组织运行系统。为促进传统优势产业向高端跃升，应重点围绕煤炭、钢铁、化工等传统产业领域，组织实施重点技术改造项目，加大重大技术改造项目支持力度，细化企业技术改造项目扶持政策，适当降低企业技术改造补助的项目投资门槛，以优化投资结构带动产业结构调整。支持企业引入高端技术和先进水平生产线，推动传统产业加快关键工序、核心设备更新改造，提高装备高端化水平。支持以数字技术赋能传统产业转型升级，选取重点行业龙头企业开展智能制造新模式试点示范，引进培育一批智能制造一体化服务企业、系统集成方案和解决方案供应商，搭建专业服务机构，着力提升智能制造水平。

（二）优化先进制造业做强做优的支持政策

建设现代化产业体系应加强先进制造业招引培育，对重大制造业项目、生物医药产业项目和集成电路产业的引进和落地等方面，对设备投入、研发、租金补贴等进行补助。聚焦先进制造业优质项目招引，对总部加速落地、院士专家顶尖人才项目等方面，给予人才安家、企业上市、外资项目引进等补助。提质扩能先进制造业，对打造先进制造业集群、打造雁阵式企业梯队、扩大设备投资、开发新产品、园区和企业集群化发展等方面，给予专精特新企业认定、工业设备投资等补助。优化先进制造业投资环境，组织发布省重大工业项目清单，进一步完善先进制造业集群培育项目库，研究制定设备购置与更新改造贷款贴息、化工（危化品）企业高风险老旧装置更新改造等政策措施。

（三）构建培育未来产业竞争新优势的政策体系

积极构建培育以新兴产业为主导产业的政策环境，对成长性好、带动作用强的新兴产业在财税政策支持、金融政策引导、创新成果转化等方面给予差异化、针对性强的政策支持。发挥产业基金引导带动作用，引导创业投资和股权投资向高端装备制造领域以及未来产业倾斜，选择重点企业作为突破口进行投入带动。加快制定未来产业培育行动计划，优先发展储氢储能、智慧能源、碳材料、通用航空和现代中药等引领产业方向的未来产业，集聚高水平人才和团队，以应用场景牵引未来产业成长，建设未来产业试验区，推动在个别产业细分领域实现突破。探索完善未来产业生态培育，以重大创新项目建设牵引要素集聚、产业配套，培育更有活力、创造力和竞争力的科技创新主体。支持打造未来产业典型应用场景，聚焦应用范围广、带动能力强的典型未来技术，推动应用场景创新与迭代示范，加快探索可复制、可推广的商业模式。

（四）创新发展现代服务业的支持政策

支持现代服务业头部企业做大做强，对生产性服务业向专业化和价值链高端延伸、"商贸发展新势力"业态、文旅融合高质量发展等方面，给予服务业限下转限上、现代物流业、商贸企业贡献度、旅游市场拓展、会展场地租赁等方面的资助。对服务业重点项目建设、楼宇经济打造、新兴金融产业发展、高端商贸产业发展、文旅融合发展等方面，给予项目投资、星级楼宇、总部引进等方面的补助。推动现代服务业与先进制造业、现代农业深度融合和协同发展。推动发展服务型制造业，鼓励有能力的工业企业重点围绕提高研发创新和系统集成能力，发展市场调研、产品设计、技术开发、工程总包和系统控制等业务。鼓励建立专业化、开放型的工业设计企业和工业设计服务中心，促进工业企业与工业设计企业合作。鼓励发展数字化服务型制造，引导企业优化供应链管理、推动网络化制造、发展柔性化生产、延伸价值链服务，促进制造业与服务业融合。建设一批制造服务业集聚示范区，推动制造业链条延伸和价值增值。支持高端农业装备研制推广，提升农机装备智能化、服务化水平，加快赋能现代农业发展。

二、打造链式产业集群

围绕高端化、智能化、绿色化，引进、培育一批具有产业生态主导力的优质企业，吸引集聚一批产业链上下游关键配套企业，打造一批重点关键产业园区，形成一批产业规模大、技术实力强、龙头企业支撑有力、产业链优势环节突出、具有全球影响力的优势产业集群。

（一）培育招引高能级"链主"企业

聚焦山西十大重点产业链，培育招引高能级"链主"企业，牵引带动创新链、产业链、资金链、人才链融合发展。支持"链主"企业提升产业带动力，对"链主"企业投资建设的科技创新平台、行业性公用平台、供应链服务平台、工业互联网平台、人才交流交往平台等，实行提级服务，加大政策、资源、要素倾斜支持力度。支持招引高能级"链主"企业，鼓励企业来晋投资科技研发、总部结算、品牌营销、资产管理等功能性项目。对亩均投资大、实收资本高、创新带动强、人才吸引多的重大产业化项目，按"一事一议"原则给予支持，由"链长"组织专班全力保障服务。

（二）加强高水平产业集群培育

聚焦高端装备制造、新材料、节能环保、节能与新能源汽车、现代医药和大健康等重点领域，全面实施战略性新兴产业集群发展工程。加强产业协同和技术合作，支持高端装备制造等产业联盟发展，推动企业在协同创新、协作配套、市场开拓等方面优化资源配置，提升产业链整体竞争力。以"产业补链强链"为重点，夯实现代化产业体系的项目支撑，对重大制造业项目、轨道交通项目的引进和落地等给予设备投入、研发费用、租金补贴等方面的补助。以提升产业链韧性为目标，支持重点产业集群公共服务平台建设，促进产业集群和集聚区特色化发展。

（三）增强园区专业支撑服务功能

支持产业园区推进智慧化建管、促进绿色化发展、提升专业化能力，增强对产业的支撑服务功能。支持提升产业园区专业化能力，鼓励引入市场化机制壮大专业化招商引资队伍，采用政府购买方式为入驻企业提供专业化产业服务，支持产业园区管理机构探索市场化专业化运行、企业化管理。支持推进智慧化建管，适度超前布局建设新一代通信网络、新能源汽车充电桩、分布式能源、边缘计算节点等新型基础设施，打造一体化智慧园区管理平台，按产业园区年度投资额的一定比例给予一次性补助，对评定为省级智慧园区的产业园区进行一次性奖励。

支持促进绿色化发展，鼓励产业园区开展第三方减污降碳环境综合治理，对符合要求的，按照年度合同金额的一定比例给予财政补贴。加大对集中供能、零碳交通、零碳建筑等零碳示范项目的支持力度，对已建成投运的项目可纳入支持范围。打造一批绿色低碳示范园区，获评国家级绿色园区、省级绿色园区的，分别给予奖励。

三、构建以产业需求为导向的创新体系

产业创新是产业现代化的核心，应充分挖掘科技创新潜力，通过政策支持推动创新能级提升、创新主体活力激发、创新成果加速转化，推动产业迈向高端。

（一）充分发挥企业的创新主体作用

创新性企业的发展是中国实现产业体系现代化、实现产业结构和产业体系全面升级的基础"细胞"。应加强引导和支持，促进创新要素向企业集聚，增强企业自主创新能力和产业核心竞争力。发挥龙头骨干企业的引领作用，创建一批省级、国家级制造业创新中心，实现重点领域省级制造业创新中心全覆盖，支持和引导创新中心集中资源攻关突破一批共性技术。健全促进国企创新的激励制度，对在创新中作出重要贡献的技术人员、工人实施股权和分红权激励。围绕产业的基础技术与关键装备短板，鼓励企业"出题"，建立"卡脖子"技术清单和攻关方向遴选动态调整机制，以"赛马制"支持揭榜单位承担攻关项目，支持有条件的企业加大自主创新研发投入，提升产业链自主可控水平。

（二）建设高能级创新载体

建设现代化产业体系需要各类创新平台的支撑，当前应重点支持建设技术创新中心、产业创新中心、制造业创新中心、工程研究中心、工程技术研究中心，组建一批高水平新型研发机构。支持新型科创平台

建设，鼓励企业、高校院所等以股权为纽带，吸纳上下游企业、科技服务及投资机构，联合建设、运营中试研发等科创平台，面向产业链开展概念验证、中试熟化、小批量生产等服务，省级财政按政策给予一定资金支持。支持企业通过自建、联合高校院所共建等方式建设工程技术研究中心、产学研联合实验室等新型研发机构。支持重点产业园区对接国家实验室、重大科技基础设施等重大创新平台。对成功创建国家产业创新中心、国家制造业创新中心、国家技术创新中心、国家工程研究中心的，积极帮助争取国家补助，按照现行政策取高原则进行地方配套。鼓励科创平台开放共享，面向产业链开放共享重大科研基础设施和大型科研仪器，将检验检测、高性能算力等服务纳入科技创新券支持范围，给予平台资金奖励，对购买服务的企业给予财政补贴。

（三）推动产业技术创新转化

坚持需求牵引、技术推动双向发力，推行"揭榜挂帅""赛马制"等模式，围绕产业图谱编制创新图谱，布局实施一批重大科技专项。强化政产学研协同，建立科技成果转化基金，吸引创投机构、社会资本建立子基金，推动各类原创成果本地转化和产业化。支持企业联合高校院所、产业链上下游组建创新联合体，针对重点产业技术需求，开展关键核心技术攻关和成果转化。加大对科技成果孵化的投入，加快建立多层次金融支持体系，满足科技成果转化在各阶段的资金需求，形成有利于创新成果产业化的市场环境。设立科技型中小微企业信贷风险补偿专项资金，推动科技型中小企业统贷平台、股权交易中心等平台业务创新，引导金融机构加大科技信贷投放规模。加大国资国企创新转化激励力度，鼓励实施成果转化项目跟投、虚拟股权和收益分红等激励。强化重大创新平台引领，支持平台取得的科技成果向产业链转移转化，给予财政资金支持。聚焦重点产业链，培育一批技术转移机构、技术经纪人，对新引进或新认定的国家级技术转移机构给予补助。

四、增强人才供给支撑

实行人才引领发展战略，组织实施人才培育引进计划，完善创新人才培育支持政策，夯实人才基础支撑，培育壮大优秀企业家人才队伍、科技人才队伍、产业工人队伍和三晋工匠队伍。

（一）加大人才引进培养力度

面向现代化产业体系建设需要，加强人才的精准引进和全方位培养，提高人才与产业的匹配度和协同度。从资金投入、政策投入、社会环境打造等入手，加强高端人才、专业技术人才、经营管理人才和技能人才的引育，改善人才待遇、提升薪酬水平，充分释放各类人才的创新活力。强化产业技能人才培养，对高校及职业（技工）院校聚焦重点产业链新开设学科（专业）的，给予财政补贴，与重点产业链"链主"企业、重点配套企业合作设立产业学院等进行人才培养的，给予财政补贴。人才计划向支持优势产业发展倾斜，建立产业人才需求库、目标人才库。实施重点领域人才专项，培育壮大青年创新人才、卓越工程师、三晋工匠等人才队伍。优化外籍高层次人才服务管理措施，完善科技人才评价体系。

（二）强化产业领军人才支持

深入实施重大人才计划，引进培养造就一批战略科学家、一流科技领军人才、高水平创新团队和青年科技人才。加大对产业领军人才、领军型团队的支持力度，对领军型创新创业团队培育、高层次人才和大学生创业创新、科研平台和工作站建设等方面，给予人才创业项目、房租、贷款和市场化引才等方面的奖励。将人才评审权赋予重点产业链"链主"企业等市场主体，"链主"企业可直接推荐人才入选，按规定给予入选人才资金资助、人才安居、子女入园入学、交流培训等综合支持。加快建设海外人才飞地，吸引全球高端人才，探索外籍高层次人才来晋便利政策，提升人才引育用留综合服务水平。

（三）加强人才开发与产业发展深度对接

健全完善政府和企业联动引才机制，提升政府的跨界协同能力，打造有利于创新人才聚集和成长的政策环境、评价体系，释放人才创新活力。优化全省职业教育结构，加大复合型人才培养力度，大力弘扬优秀企业家精神、创新精神、劳模精神和工匠精神。探索产业与教育深度融合新路径，建立产教融合发展政策体系，促进教育、产业、科技、人才政策协同联动。推动高等教育内涵式高质量发展，推进"双一流"建设，建设高水平研究型大学，提升应用型高校办学水平。发挥高校、科研院所主阵地作用，聚焦产业发展趋势和方向，设置一批新的学科专业。深化职业教育供给侧结构性改革，构建现代职业教育和技能培训体系，统筹职业教育、高等教育、继续教育协同创新，鼓励院校企业联合建设一批实习实训基地，提升职普融通、产教融合、科教融汇水平。优化职业教育院校布局，支持建设区域职业教育中心。

五、财金互动赋能产业发展

强化财政支持，完善财政税收金融互动政策，建立由财政资金撬动、社会资金参与、企业投入为主的投融资机制，引导资本流向创新高地，支持龙头企业转型升级，做大做强。

（一）强化财政引导支持

加大财政资金引导力度，围绕优势产业整合财政资金，聚焦关键领域发力，支持数字化转型智能化升级、产业韧链强群融合发展、企业做强做优做大、产业技术创新、重大产业项目提能增效、重点园区集聚产业等。用好用足研发费用加计扣除等税收优惠政策。发挥产业基金对做强主导产业、做大新兴产业、捕捉未来产业的重要作用，推动直接融资、间接融资服务重点产业链发展。重构政府产业基金引导体系，省级层面设立现代化产业体系建设专项资金，壮大省级政府引导基金规模，分设各重点产业专享子基金，打造千亿级母子基金集群。建立企业全生命周期产业基金服务体系，设立天使投资引导基金，开展"投新、投早、投小、投硬"。聚焦重点产业链组建专业化子基金，可适当放宽出资期限、杠杆要求，建立超额收益分档让利机制并滚动投资。优化基金评价体系和尽职免责机制，支持省属国有企业投资基金根据产业细分领域、投资企业阶段、投资规模等，探索差异化设置风险容忍度。

（二）提升现代金融服务实体经济发展的效能

加快构建与现代化产业体系相匹配的金融服务体系，完善贷款风险补偿、担保补贴等政策，提高制造业贷款比重，大力发展多层次资本市场和产业保险。鼓励金融机构创新制造业中长期融资产品和服务，支持制造业企业中长期贷款，不断提高制造业贷款比重。支持创新型企业利用多层次资本市场融资，推广知识产权证券化、科技创新公司发行债券等新型融资模式，推动"科技—产业—金融"良性循环。支持金融机构优化间接融资，引导省域内金融机构开发专属信贷产品，探索供应链整体授信、主动授信、随借随还等贷款模式，鼓励采取专项贷款、无缝续贷、调整还款安排等方式，减轻企业现金流压力。

（三）支持企业上市直接融资

深入实施上市行动计划，提高企业直接融资比重，支持私募股权基金、创业投资基金发展。健全推进全省企业上市专项工作机制、拟上市企业历史沿革等相关事项审查确认机制，形成多部门协同培育格局，畅通企业上市渠道。对进入山西省上市后备企业资源库的企业，按照已完成股份制改造、已完成证监会辅导备案等不同阶段给予梯度支持。

六、支持数字经济赋能提质

数字经济与实体经济的深度融合是新一轮科技革命和产业变革下的必然趋势，也是当前建设现代化产业体系的核心内容之一。培育壮大数字经济，推动数实融合、数智赋能，促进数字经济与实体经济深度融合。

（一）支持企业数字化智能化改造

鼓励企业开展数字化车间、智能工厂建设，采取"揭榜挂帅"方式支持企业开展重大示范，按照项目投资额的一定比例给予补助，对入选国家级智能制造试点示范项目的企业给予奖励。推动企业数字化转型升级，对提升企业竞争力、建设智能制造体系、加快软件信息产业发展等方面，给予数字经济企业分档、软件公共服务平台建设投入等方面的补助。

（二）支持建设工业互联网平台

推进工业互联网平台建设，提升平台设备接入、应用开发等支撑能力，对入选国家级工业互联网的企业给予奖励。推动工业APP向平台集聚，促进产业链创新资源、产能资源的集成整合和优化配置。鼓励中小企业将核心业务和生产设备向云上迁移，按照上云星级给予补助。

（三）拓展数字融合应用新场景

大力推动企业、科研院所和市属国有企业等联合打造数字融合应用场景，拓展市场空间。支持打造数字融合应用场景，鼓励企业、政府和科研院所联合打造"0—1"的早期验证场景加速原始突破，打造"1—100"的中试试验场景加速产业孵化，打造"100—100万"的产品推广场景加速市场验证，经重点产业链牵头部门认定为优秀场景的，给予财政资助。

第二节　山西构建现代化产业体系的保障措施

一、加强现代化产业体系的统筹推进

加强党的全面领导，把建设现代化产业体系纳入各级党委和政府重要议事日程，建立省委省政府领导、职能部门负责的协调推进机制，健全县（市）"一把手"抓产业发展工作机制，以"清单制+责任制"推进目标任务落实。加强产业布局省级统筹，准确把握地区和产业定位，制定全省产业布局方案，突出特色错位、主配协同发展，引导资源要素向优势产业、优势项目、优势区域集中，促进各市和产业园区主导产业合理布局。建立定期分析研判和专题研究制度。强化省级统筹和专业化招商，制定地区定位和产业定位情况名录以及省级关于扶持产业发展的政策清单，在组织招商引资时依据地区定位和产业定位组织项目对接，强化政策导向作用，提高资源利用效率，坚持"有所为，有所不为"，推动产业向优势区域集中。建立完善协调机制，省级统筹谋划推进重大项目建设，开展重大产业政策出台会审和动态评估，着力提高产业政策协同性。完善协同治理机制，加强政府与企业、协会、智库等多方联动，从横向层面构建更加畅通的部门协调机制，形成产业发展推进合力；从纵向层面加强各级政府部门在产业培育过程中的工作联动，形成上下一致、同向同力的格局。坚持统筹发展与安全，建立定期分析研判和专题研究制度，严密防范化解各类重大风险，以新安全格局保障新发展格局。

二、持续优化市场化国际化营商环境

持续优化营商环境，对标市场化、法治化、国际化一流营商环境，着力打造智能高效的政务环境，提高政务服务便捷度和满意度。开展营商环境大提升专项行动，深入推进"放管服"改革，加快构建亲清新型政商关系。建设统一开放的市场环境，进一步放宽市场准入，落实全国统一的市场准入负面清单制度，各类市场主体均可平等进入负面清单以外的行业、领域和业务。持续破除市场准入壁垒，对照国家负面清单，全面清理违规设立的准入许可和准入环节的隐性门槛，提升市场准入政策透明度和负面清单使用便捷性。完善与市场准入负面清单制度相适应的准入、审批、激励惩戒机制，研究制定市场准入效能评估指标体系。全面深化企业投资项目承诺制改革，推行"承诺制＋并联审批""承诺制＋标准地"等"承诺制＋"改革。持续深化"一枚印章管审批""证照分离""一业一证"等改革，推动更多事项"一件事一次办"。呼应企业现实诉求，切实降低企业税费成本、物流成本、融资成本以及制度性交易成本，下大力气打破区域间要素流动壁垒，打破行政区划的界限，加快建立统一开放、竞争有序的市场体系，促进各类要素在产业内和产业间的合理流动和高效集聚。构建高效的企业服务体系，深入企业实施"一对一"精准服务，协调解决企业实际问题，为民营企业搭建产需、技术、产融等对接平台。简化优化政务服务流程，推动"互联网＋政务服务"，加快"数字工信"建设，尽快实现资金申请和涉企审批服务"一网通办"、各类惠企政策"一键直达"，完善金融助企"白名单"制度，强化人才、金融、资金等要素支撑。

三、强化重点产业能源资源保障

加强电力、能源的供应保障，优化电力需求管理和有序用电方案，推进科学用能、节约用能，增强产业发展电力支撑能力。用好水电消纳产业支持政策，加强县域电网改造，确保电网承载能力适度超前经济社会发展需求。建设燃气调峰电站、抽水蓄能电站、分布式能源站等，多能互补增强极端情况下电网安全韧性。强化用能保障，支持重点用能企业和工业园区建立分布式能源保障机制，增强企业用能保障稳定性。创新产业项目供地方式，优化园区调区扩区。加强企业用能用水保障，优先保障重大产业项目环境容量、能耗指标需求。强化用地保障，坚持"凡用地、先挖潜"，在符合国土空间规划和严格耕地保护的前提下，健全产业用地多主体多方式供地制度，探索增加混合产业用地供给，加大批而未供和闲置土地处置力度。建立重点支持类产业项目用地计划指标省级统筹保障机制，全面推行新增工业用地"标准地"供应，建立用地用矿审批"绿色通道"机制。支持高能级项目，探索加大新型产业用地、混合产业用地供给力度，满足产业融合发展需求。支持国有企业运用不动产投资信托基金等工具转型运营标准厂房、专业楼宇等载体，推动资源资产化、资本化、证券化，形成载体资源良性滚动开发运营模式。

四、完善现代化基础设施网络

现代化产业体系需要现代化基础设施体系作为保障。为此，应以提升基础设施供给能力和服务水平为目标，按照适度超前的原则，统筹谋划一批推动经济社会高质量发展的战略性、基础性、前瞻性重大工程，通过加强要素保障、加大财政支持、优化金融服务、引导社会投资等措施，构建快速、高效、智能、安全、绿色的现代基础设施网络。大力发展货运航空、货运铁路，加快建设"智慧高速"，推进国家物流枢纽节点城市建设，构建现代综合交通运输体系。强化电力基础设施建设，以华北、华中等受电地区为重点，布局推进一批特高压及外送通道重点电网工程。提升新能源消纳和存储能力，加快推进"新能源+储能"试点，推动储能在可再生能源消纳、分布式发电、能源互联网等领域示范应用。完善水网架构规划，推动大水网及骨干配套工程建设，实施中部引黄与汾河连通工程，完善太原都市区供水体系，开工建设大水网"第二横"滹沱河联通工程、小浪底引黄灌区及城镇供水工程，提升水资源供给保障能力。适度超前布局新型基础设施，谋划实施信息、融合、创新三类基础设施重大项目。强化与"一带一路"沿线国家和地区基础设施互联互通，促进中欧（中亚）班列实现双向常态化运营，开通到京唐港、天津港、连云港、青岛港等主要港口的常态化铁水联运班列，打造区域性航空枢纽。

五、深化要素市场化配置改革

在产业发展环境方面，应强化有利于提高资源配置效率、有利于调动全社会积极性的关键举措，逐步优化产业高质量发展的市场竞争环境。应着力破除阻碍要素自由流动的体制机制障碍，深化经济区与行政区适度分离改革，以省内共建园区、飞地园区为重点，构建统计分算机制，完善财税利益分享机制。深化"亩均论英雄"评价，推进国家级、省级开发区集成授权改革试点。持续深化科技体制改革攻坚，开展科技创新体集群改革，全面推进职务科技成果权属混合所有制改革。深化数据要素市场化配置改革，推进数据要素创新应用，促进数据价值化。扩大要素市场化配置范围，加快农村集体经营性建设用地入市制度建设，全面推开农村土地征收制度改革，落实城乡建设用地增减挂钩政策，实施年度建设用地总量调控制度，坚持"土地要素跟着项目走"原则，在符合国土空间规划和严格落实耕地保护的前提下，新增建设用地年度计划指标向重大项目、重点工业集中区倾斜。严格实施新增工业用地出让"标准地"制度，健全生产要素由市场评价贡献、按贡献决定报酬的机制。完善要素市场价格异常波动调节机制。实现要素价格市场决定、流动自主有序、配置高效公平，为建设高标准市场体系、建设现代化产业体系打下坚实制度基础。

专题一　山西推动制造业振兴升级的路径选择与政策建议

　　制造业是国家经济命脉所系，是立国之本、兴国之器、强国之基。党的二十大报告指出，"坚持把发展经济的着力点放在实体经济上，推进新型工业化，加快建设制造强国"。2023年12月，山西召开新型工业化推进大会暨制造业振兴升级大会，省委、省政府就深入贯彻落实习近平总书记关于新型工业化的重要论述和全国新型工业化推进大会精神，加快推进新型工业化、推动制造业振兴升级做出安排部署，为扎实推进中国式现代化山西实践提供有力支撑。推动制造业振兴升级，谱写建设制造强国山西篇章，是我省贯彻国家制造强国战略，推进新型工业化的实际行动，加快推动制造业高质量发展，培育新动能，发展新质生产力，是加快破解我省经济发展过多依赖煤炭产业的问题，实现产业转型的内在需要。

　　近年来，山西先后出台《山西省制造业高质量发展指导意见》《山西省加快推进新型工业化行动方案（2024—2030年）》等政策措施，全省在推动制造业高质量发展方面取得了明显成效。但也要看到，与国内先进省份相比，制造业发展仍面临着规模和总体水平偏低、自主创新能力偏弱、发展动力不足、效率不高、产业链集聚性协同性不强等问题。

下一步，要从技术创新、制度创新、信息化和服务化四条路径入手，加快推进以高端化、绿色化、智能化、融合化为特征的制造业高质量发展步伐，加快形成多业支撑的产业格局，更好更快推动全面转型发展。

一、相关理论

（一）制造业概念及其分类

"制造业"这一概念最早可追溯到萨伊（1803年）在《政治经济学概论》中的阐释，即"当这类劳动用于分割、组合或改造天然产物并使其满足我们的各种需要时，我们称其为制造业（manufacturing industry）"。按照国家对国民经济行业的分类，工业包括国民经济行业分类表中BCD三个门类，即采矿业、制造业和电力、热力、燃气及水生产和供应业。第二产业包括工业和建筑业，制造业是工业的一部分，属于第二产业。具体而言，制造业是指对农副产品和采掘品进行加工和再加工，以及对零部件进行装配的工业部门的统称。

1.制造业细分行业类别

制造业细分的行业众多，涉及生活和工业等诸多方面。根据2017年国家公布的《国民经济行业分类（GB/T 4754—2017）》，制造业可以分为以下31个小类，具体行业类别如表1-1所示。

表1-1 制造业细分行业类别

序号	类别	序号	类别
1	农副食品加工业	17	橡胶和塑料制品业
2	食品制造业	18	非金属矿物制品业
3	酒、饮料和精制茶制造业	19	黑色金属冶炼和压延加工业
4	烟草制品业	20	有色金属冶炼和压延加工业
5	纺织业	21	金属制品业
6	纺织服装、服饰业	22	通用设备制造业
7	皮革、毛皮、羽毛及其制品和制鞋业	23	专用设备制造业
8	木材加工和木、竹、藤、棕、草制品业	24	汽车制造业

续表

序号	类别	序号	类别
9	家具制造业	25	铁路、船舶、航空航天和其他运输设备制造业
10	造纸和纸制品业	26	电气机械和器材制造业
11	印刷和记录媒介复制业	27	计算机、通信和其他电子设备制造业
12	文教、工美、体育和娱乐用品制造业	28	仪器仪表制造业
13	石油、煤炭及其他燃料加工业	29	其他制造业
14	化学原料和化学制品制造业	30	废弃资源综合利用业
15	医药制造业	31	金属制品、机械和设备修理业
16	化学纤维制造业		

2.制造业结构分类

从研究和应用的需要出发，学术界从不同角度对制造业内部结构进行过不同分类，这些分类在不同时期不同研究领域得到了积极而广泛的应用，产生着较为深远的影响。

按生产要素密集度划分，可分为劳动密集型、资本密集型、技术（知识）密集型产业。如农副食品加工、食品制造、纺织、服装等制造业属于劳动密集型产业；钢铁、机械、造纸、化工等制造业属于资本密集型产业；航天、计算机、通信和其他电子设备等制造业属于技术（知识）密集型产业。

按提供生活消费品和生产资料用品划分，可分为轻工业和重工业。轻工业指主要提供生活消费品和制作手工工具的工业。如食品制造、饮料制造、烟草加工、纺织、缝纫、皮革和毛皮制作、化学药品制造、造纸以及印刷等工业。重工业是指为国民经济各部门提供物质技术基础的主要生产资料的工业。制造业中的石油、化工、机械等部门都属于重工业。需要指出的是，从2013年下半年起，国家统计局在相关数据发布中不再使用轻、重工业分类，而以采矿业、制造业、电力热力燃气及水生产和供应业分类代替。变化的主要原因是原有轻重工业划分对过去经济基础薄弱时期优先发展重工业的经济发展方针具有重要的监测作用，但是随着我国产业格局的变化，由于工业产业结构的复杂性，各种新产品层出不穷，轻、重工业的划分已难以对工业行业进行科学清晰的界定。

按技术先进程度（R&D投入强度）划分，可分为高技术制造业和传统制造业。高技术产业（制造业）是指国民经济行业中R&D投入强度相对高的制造业行业，按照当前国家统计局的划分，医药制造，航空、航天器及设备制造，电子及通信设备制造，计算机及办公设备制造，医疗仪器设备及仪器仪表制造，信息化学品制造等六大类属于高技术产业（制造业）。因此，其余的可视为传统制造业。当然，传统产业不一定永远都是低技术产业，可以通过技术更新改造，用高技术革新传统产业；而且高技术也是相对概念，现在的高新技术将来也可能成为落后技术，因此现在的某产业是高技术产业，将来可能就不是高技术产业。

除了上述的分类，还有很多其他分类，如马克思的两大部类分类法、霍夫曼的产业分类法、生产流程分类法等。制造业的分类或结构的变化不仅是一种外在表现形式的变动，其背后实质是一国或地区要素禀赋、科学技术、市场结构等诸多因素综合决定的结果。从这个意义上讲，任何行业分类都具有一定的局限性，这就需要根据经济社会发展情况进行适时调整和完善，更好地服务于产业研究和产业管理。

（二）工业化阶段理论

人类社会发展的历史表明，工业化是传统农业社会向现代工业社会转变的过程，也是社会经济发展不可逾越的阶段。尽管不同学者对工业化有着不同的理解和定义，但工业化通常被认为是经济的持续发展使农业收入在国民收入中的比重和农业人口在总人口中的比重逐渐下降，而以工业为中心的非农业部门所占比重逐渐上升的过程。

1.霍夫曼工业化阶段理论

德国经济学家霍夫曼对工业化进程中工业结构的演变进行了开创性研究，他根据近20个国家工业化的时间序列数据，分析了制造业中消费资料工业和资本资料工业的比例关系，也称为霍夫曼比例，即：

霍夫曼比例=消费资料工业的净产值/资本资料工业的净产值

霍夫曼以该比例为指标，将工业化过程分为四个阶段（见表1-2），在第一阶段消费品工业在整个制造业中居于压倒性优势地位，其净产值平均为资本品工业的4~6倍。第二阶段消费品工业趋于削弱，资本品工业发展很快。第三阶段两类工业品比例大致相当。第四阶段资本品工业增长迅速，超过了消费品工业的产值。简单说，随着工业化的发展，消费品工业与资本品工业的净产值的比例是逐步下降的，这个规律被称为霍夫曼定理。后来一些学者循着霍夫曼的足迹进一步研究，发现霍夫曼比例的下降幅度是递减的，在工业化达到一定程度后，重工业的比重大体处于一个稳定状态。应当说霍夫曼比例是符合产业发展规律的，特别是在工业化前期，但是该理论也存在明显的缺陷，例如，该理论容易导致"优先发展重工业是工业化的必然要求"这一偏颇思想，而且随着社会发展和技术进步，轻工业与重工业之间的划分已经难以适用于现代社会制造业产品的区分。

表1-2　工业化阶段的霍夫曼比例

工业化阶段	霍夫曼比例	演变规律
第一阶段（工业化初期）	5（±1）	消费资料工业占主导地位
第二阶段（重化工业阶段）	2.5（±1）	资本资料工业上升很快
第三阶段（深加工化阶段）	1（±0.5）	消费品工业与资本品工业规模大致相当
第四阶段（技术集约化阶段）	1以下	资本资料工业占主导地位

2.钱纳里工业化阶段理论

钱纳里基于101个国家及地区的经济结构转变数据，运用多国模型、一般均衡模型等，以人均GDP为主要根据，将工业化进程划分为三个大阶段、六个时期（如表1-3）。其中，第一时期为第一阶段，即初级产品生产阶段，也叫准工业化阶段。第二至第四时期为工业化阶段，依次可分为工业化的初期、中期和后期。第五、第六时期为工业化的第三阶段，即发达经济阶段，也叫后工业化阶段。钱纳里的工业化理论显示，在工业化的不同阶段，不同部门进行结构转变，其对经济增长影响的结果不相同，处于准工业化及工业化阶段的国家和地区与后工业化国家和地区的经济增长在实质上具有很大的区别。

表1-3　钱纳里的工业化划分阶段标准

时期	人均国内生产总值变动范围（美元）				发展阶段
	1964年	1970年	1982年	1996年	
1	100—200	140—280	364—728	620—1240	初级产品生产阶段
2	200—400	280—560	728—1456	1240—2480	
3	400—800	560—1120	1456—2912	2480—4960	工业化阶段
4	800—1500	1120—2100	2912—5460	4960—9300	
5	1500—2400	2100—3360	5460—8736	9300—14880	发达经济阶段
6	2400—3600	3360—5040	8736—13104	14880—22320	

3.罗斯托工业化阶段理论

1960年，美国经济学家罗斯托在其著作《经济增长的阶段》中，以主导产业、制造结构和人类的追求目标为标准，通过部门总量分析方法，对一些发达国家的工业化过程进行了分析，并提出了传统社会阶段、起飞准备阶段、起飞阶段、成熟阶段、高额消费阶段等五个阶段的观点。在1971年他又补充增加了一个阶段：追求生活质量阶段。他认为，每个阶段的主导产业（群）处于不断转换之中（见表1-4），并呈现相应特点。

表1-4　罗斯托的工业化发展阶段

发展阶段	主要特征	主导产业（群）
传统社会阶段	不存在现代科学技术，生产力水平低下	手工制造业
起飞准备阶段	占人口75%以上的劳动力转移到工业、交通、商业和服务业，投资率的提高明显超过人口增长水平	食品、砖瓦
起飞阶段	相当于工业革命时期，投资率在国民收入中所占比率由5%增加到10%以上，有一种或几种经济主导部门带动国民经济增长	纺织、钢铁、电力
成熟阶段	投资率达到10%—20%，经济结构也发生了变化，一系列现代技术有效地应用于大部分资源	钢铁、机械、化工
高额消费阶段	工业高度发达，主导部门已经转移到耐用消费品和服务业部门	汽车、航空、耐用消费品
追求生活质量阶段	提高生活质量的产业成为主导部门，包括教育、保健、医疗、社会福利、文娱、旅游等部门	教育、文化、卫生、住宅、旅游、社会福利

4.我国的工业化阶段理论

我国学者陈佳贵、黄慧群等在国外学者研究成果的基础上，按照经济发展水平、产业结构、工业结构、空间结构和就业结构的发展变化将工业化分为了前工业化、工业化初期、工业化中期、工业化后期和后工业化五个时期，并将工业化的初、中、后三个时期看作工业化实现阶段（见表1-5），这一研究成果成为国内研究工业化进程的主要依据。

表1-5　工业化不同阶段标志值

基本指标	前工业化阶段	工业化实现阶段			后工业化阶段
		工业化初期	工业化中期	工业化后期	
人均GDP（经济发展水平，美元） （1）1995年 （2）2005年 （3）2010年	610—1220 745—1490 827—1654	1220—2430 1490—2980 1654—3308	2430—4870 2980—5960 3308—6615	4870—9120 5960—11170 6615—12398	9120以上 11170以上 12398以上
三次产业产值结构（产业结构）	A>I	A>20%，A<I	A<20%，I>S	A<10%，I>S	A<10%，I<S

基本指标	前工业化阶段	工业化实现阶段			后工业化阶段
		工业化初期	工业化中期	工业化后期	
制造业增加值占总商品增加值比（工业结构）	20%以下	20%—40%	40%—50%	50%—60%	60%以上
人口城市化率（空间结构）	30%以下	30%—50%	50%—60%	60%—75%	75%以上
第一产业就业人员占比（就业结构）	60%以上	45%—60%	30%—45%	10%—30%	10%以下

注：A、I、S分别代表第一、第二和第三产业增加值在GDP中所占的比重。

（三）产业发展理论

产业融合是伴随技术进步而出现的一种新经济现象，这种现象到20世纪70年代才开始受到广泛关注。产业融合正逐渐成为产业发展的一种趋势，并深刻改变着传统产业，对产业组织、产业发展等产生着深远影响。

国内外很多学者围绕产业融合系列问题进行了深入研究，但由于研究的出发点和侧重点不同，学术界尚未有统一定义。从现有文献来看，主要有以下几类观点。

一是技术论。这类观点强调了技术革命对产业融合的重要作用。如，卢森伯格（1963）研究了美国机械设备业演化过程，认为当通用技术用于不同产业时，独立的、专业化的技术产业就出现了，而且他认为到19世纪中期，独立而专业化的机械设备业才开始出现。他把这一过程称为技术融合（Technological Convergence）。进入20世纪70年代后，随着信息技术的发展变化，很多学者认为产业融合是在技术融合、数字融合基础上出现的产业边界模糊化。尤弗亚（1997）把产业融合定义为"采用数字技术后原本各自独立的产品的整合"。周振华（2002）认为，产业融合是传统产业分立的边界趋于模糊的过程，特别是随着信息化技术的发展和应用，电信、广播和出版等行业边界首先出现了模糊与消失的融合现象。胡建绩（2008）则进一步拓展了技术范围，认为产业融合的技术基础不仅有数字化技术，还有纳米技术和生物技术，这些技术产业都会发生产业融合。

二是过程论。很多学者将产业融合看作是从技术融合到产品、业务的融合，再到市场融合，最后才到产业融合，是一个逐步实现的过程。如欧洲委员会（1997）"绿皮书"将产业融合定义为产业联盟与合并、技术网络平台和市场三个角度的融合。澳大利亚政府信息办公室（2000）在《融合报告》中将融合定义为"由数字化激活的服务部门的重构"。产业融合是由两个相互关联的过程来进行的，即来自需求的功能融合和来自供给的机构融合。植草益（2001）、马健（2002）等都认为技术革新和放松管制使得产业间壁垒逐渐降低，进而加强了产业企业间的竞争合作关系，进而导致了产业融合。林德（2005）进一步认为，融合是分离的市场间的一种汇合与合并，是跨市场和产业边界进入壁垒的消除。Gambardellla、Torrisi则以电子行业为例验证了技术融合不一定带来产品和市场融合的观点。

三是产业发展论。这类观点更多将产业融合看作产业间相互交叉、渗透，并逐步形成新产业的动态发展过程（厉无畏，2003）。具体而言，产业融合主要通过产业渗透、产业交叉和产业重组三种形式，使得产业之间传统边界模糊，实现产业部分融合和全面融合。

可见，产业融合是在产业边界清晰的前提下进行的，随着技术的进步，管制的放松以及管理的创新，产业之间的边界不断模糊，为产品和市场的融合提供了无限可能，以致出现产业部分或全面的融合，推进了产业发展。

（四）产业空间理论

1.产业扩散理论

佩鲁、缪尔达尔等学者的扩散效应理论。法国经济学家佩鲁在1950年提出了增长极概念，他在研究地区工业发展过程中发现，经济空间在成长过程中总是围绕增长极进行的，经济增长并非同时出现在所有地方，它以不同的强度首先出现在一些增长点或增长极上，然后通过不同渠道向外扩散。一个增长极的形成需要吸纳周围的生产要素，使其日益壮大，并使周围区域成为极化区域，当极化作用达到一定程度，会产生向周围地区的扩散作用，从而带动周围区域的经济增长。增长极的形成关键取决于推动型产业或主导产业的形成，而推动型产业的发展又通过支配效应、乘数效应、极化和分散效应等带动作用促进其他产业发展。其中，扩散效应是增长极的推动力通过一系列联动机制不断向周围发散的过程，其结果是以收入增加的形式对周围地区产生较大的区域乘数作用。增长极理论强调了区域内的产业关联，突出了推进型产业的创新能力，为区域经济增长提供了发展思路。

瑞典经济学家缪尔达尔于1957年提出了地理性二元经济理论，利用扩散效应和回流效应说明发达地区优先发展对其他落后地区的促进作用和不利影响。他认为地理性二元经济是不发达国家存在的经济发达区和经济落后地区并存的二元结构。经济发展的差异必然导致落后地区的生产要素向发达地区流动，使得发达地区经济增长更快，与落后地区差距更大，形成"回流效应"；但这种回流不是无节制的，因为到一定程度后，发达地区的生产成本会上升，外部经济效应变小，使得生产要素从发达地区流向落后地区，形成"扩散效应"。缪尔达尔认为，在动态的社会经济系统中，各种因素相互作用，形成累计性的循环发展趋势，各地区只有不断累积有利于发展的因素，才能形成具有累积性竞争优势，经济发展才能越来越快。也正是由于发达地区和落后地区累积的因素不同，导致了二者在发展中存在的差距，以致出现"马太效应"。

新经济地理学的产业扩散理论。克鲁格曼等学者在批判性吸收传统经济地理学相关理论基础上，提出新经济地理学意义上的产业扩散理论。该理论以国际专业化模型为基础，不以传统的生产要素流动，而以中间产品为纽带进行产业间的前后向联系。国际专业化模型的核心词语是中间产品、产业联系和贸易成本。国际专业化过程可以表述为：制造业作为中间产品的生产者和消费者双重身份，使得制造业规模比较大的地区通常可以提供多种类、低成本的中间产品，进而形成前向关联；相反，最终产业生产规模大的地区可以为中间产品提供巨大的市场，进而形成后向关联。产业关联的结果导致某些制造业部门或特定产业在有限的国家或地区进行集聚。如果这些国家或地区具有制造业自我强化的优势，随着贸易自由化程度的不断提高，贸易成本不断降低，再加上世界对制造业产品需求的扩大，使得大量制造业向该地区聚集，该地区的工资水平也进一步得以提升。这一过程的持续，不同地区间的工资差异变得越来越大，即生产成本增加，这使得一些企业无法支付很高的工资，便开始转向其他地区进行投资设厂，如此循环。可见，产业扩散可以被看成是企业大量从集中地外迁的行为，其机理在于中间产品和产业关联是产业扩散的内在条件，而贸易成本则是空间产业扩散的外在条件。

2.产业集聚理论

基于马歇尔产业区理论的集聚理论。马歇尔在《经济学原理》中提到了产业集聚现象，并将其称为"产业区"，他认为，外部经济在产业集聚中起着极其重要的作用，劳动力市场共享、专业化投入与服务、技术外溢三种力量决定了产业集聚的正外部性。他还强调了产业集聚区的三大特征，一是集聚区内企业之间存在合作关系的柔性化和动态化；二是集聚区内技术知识的外溢性，也就是新知识、新技术等在区内企业间传递快速；三是集聚区内社会文化的重要性，因为区内主体往往持有共同的或相似的价值观，造就了区内可持续发展的稳定因素。

基于韦伯工业区位理论的集聚理论。韦伯在《工业区位论》中系统提出了工业区位论，并着重从运输费用、劳动力费用和集聚（分散）效应等方面分析了工业区位选择原则。韦伯提出的集聚效应是指由于某些工业部门向特定地域集中所产生的使产品成本降低的效果。集聚效应的产生，一方面是由于工业生产规模的扩大以及企业间分工协作的加强而形成的内部集聚；另一方面是由于外部原因引起的集聚效应，如某企业选择了与其他企业相邻区位而得到了共同使用的公共设施、专业设备等，从而降低了生产经营成本。韦伯还用等费用线的方法确定集聚程度和集聚的最佳地点，研究认为工业企业选择的最佳区位是集聚节省的成本大于集聚增加的运费，因此实际支付运费最小的地点将成为工业集聚的地点。

基于波特竞争经济理论的集聚理论。波特在阐述其新竞争经济理论时讨论了产业集聚问题，提出了"集群"概念。他认为一国竞争力的核心是"产业集群"，所谓产业集群是指在某一特定领域中（通常以一个主导产业为核心），大量产业联系密切的企业以及相关支撑机构在空间上集聚，并形成强劲、持续竞争优势的现象。波特从产业集群促进微观企业竞争力、提高区域产业竞争优势的角度进行研究，对产业集群如何影响区域或国家竞争优势的机理作了阐述。在产业集群的形成机制方面，波特的竞争理论为创新促进产业集群的持续维持与增长提供了理论基础。

基于克鲁格曼新经济地理学理论的集聚理论。克鲁格曼用中心-外围模型（Core-periphery model）对产业集聚的形成机理进行了阐述。该模型假定存在垄断竞争的制造业部门和完全竞争的农业部门，这两个部门分别仅使用劳动力这一种资源，即工人和农民；各部门的要素供给量不变；农业部门无运输成本，规模报酬不变；制造业部门则存在"冰山成本"。经济演化可能会导致"中心–外围"格局，形成条件有三个，即运输成本足够低，制造业差异产品种类足够多，制造业份额足够大。中心–外围模型说明在运输成本这种外部冲击下，消费者和企业因为本地市场效应和生活成本效应而选择市场规模更大的区域，由于这种选择会有自我加强的结果，区域产业的差距会逐步扩大，直到市场拥挤效应产生的扩散力大于集聚力，区域产业的差距才会缩小。进一步地，克鲁格曼用图灵（Turing）方法将两地区的例子推广到多个地区与连续空间，中心–外围模型的结论仍有意义，集聚因素将使得在多个地区和连续空间中会产生数量更少、规模更大的集中。当然，中心–外围模式能够发生，也不意味着必然发生；即使发生，能否维持也是有条件的。这一理论也表明，有时单中心、多中心的地理都是稳定的。在已有制造业中心的基础上，如果能成功建设几个中心或次中心，对区域经济发展都有着重大意义。新经济地理学采用了很多理论模型来进行说明产业集聚问题，但模型考虑的变量有限，对复杂区域发展差别的解释力仍存在不足。

3.空间发展理论

近年来，以德斯米特和罗西–汉斯伯格等为主的一些学者，提出了空间动态化的研究方法，即空间发展理论，这一理论通过建立包括区域经济增长和区域经济结构在内的分析框架，从时空角度来解释空间经济问题，克服了新古典区域经济理论以及新经济地理学理论"能很好解释区域经济增长，但没有解释区域经济结构演进问题"的缺陷。

该理论有四个主要组成部分，也可以看作是该理论的假设条件。一是经济系统是由连续地点所组成，只包含制造业和服务业两个部门，生产投入要素为土地和劳动力，技术在这两个投入规模中不断得到回报。但由于给定地点的土地数量是固定的，因此在某个地点经历的实际技术规模报酬呈现递减趋势。这就构成了拥挤力（Congestion force）。二是由于地点，厂商在进行商品和服务交易时会存在冰山交易成本，一旦这些成本给定，两个部门（产业）市场会出现均衡，产品出清。劳动力可以自由流动，工人可以在每一个时期重新安置。因此，在给定的时间内，所有工人在平衡中获得公用效用水平（Common utility）。三是区位投资创新。每个地点可以决定向厂商征税，并可能利用部分收入进行技术投资。但一个地点的创新收益只持续一个时期，因为在随后的时期，土地和劳动力套利收益消失。在创新之前在一个地点工作的劳动力越多，下一阶段可以开发的潜在创新就越多，所以投资的动机就越大。该模型在创新中表现出区位规模效应，意味着更密集的区位创新更多。四是技术的空间溢出。每个地点可以通过靠近具有高技术水平的生产区位获得相应技术，而且无论是自己发明还是扩散得来的技术，每个区位上的厂商都会利用最好的技术进行生产。

二、基本情况

（一）山西制造业规模

经过长期发展，山西工业产值规模明显提高。工业增加值从2002年的991.4亿元上升到2022年的12758.6亿元。从图2-1中可以看出，从2002年到2011年山西工业增加值占全国的比重，总体呈现上涨趋势，2011年占比为3.2%，达到20年来的最高值；2012—2016年明显下滑，其中2015年下滑幅度最大，下降了约5个百分点，2016年占比仅为1.8%，为20年来最低；2017—2022年逐步恢复，其中2022年增长幅度最大，较上一年增长了约7个百分点，2022年占比为3.18%。

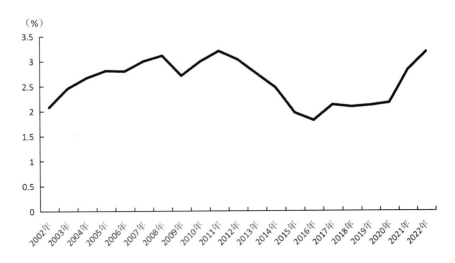

图2-1　2002—2022年山西工业增加值占全国工业增加值的比重
数据来源：国家统计年鉴

从图2-2可以看出，2002—2022年山西工业增加值占GDP比重阶段性明显。2002—2011年总体呈现增长趋势，从2002年的42.64%增长至2011年的57.38%，占据半壁江山，达到近20年的最大值；2012—2022年整体呈现稳中有降的趋势，从2012年的54.08%降低至2022年的49.76%，工业增加值占GDP比重的下滑具有一定的客观性和必然性，比如制造业中非制造环节的不断分离形成服务业、劳动年龄人口减少、供给侧结构性改革下供给端不断优化等。规模以上工业增加值增长变化趋势与工业增加值占GDP比重变化趋势大致相同，阶段性较为明显。2002—2015年总体呈现下降趋势，2003年达到20年来的最大增长率24.2%，2015年有正增长转为负增长；2016—2022年总体呈现增长趋势。

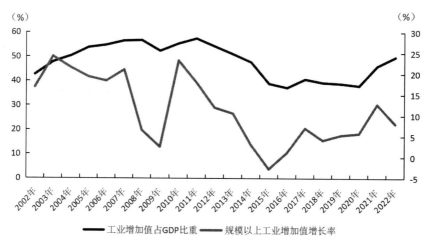

图2-2　2002—2022年山西工业增加值占GDP比重
数据来源：国家统计年鉴

　　根据《中国工业统计年鉴》数据显示，2021年山西规模以上工业企业单位数为6859个，营业收入为16475.07亿元，资产总计为18363.12亿元，占全国的比重分别约为1.6%、1.4%、1.7%（见表2-1）。但是山西工业规模在东部六省中处于最末位，占全国的比重也偏低。

表2-1　2021年全国及中部地区规模以上工业企业规模

地区	企业单位数（个）	营业收入（亿元）	资产总计（亿元）
全国	441517	1159893.30	1103777.87
山西	6859	16475.07	18363.12
河南	21679	51256.89	44499.14
安徽	19880	41018.24	41048.56
湖北	16792	47656.92	41326.58
湖南	19301	43408.68	28524.96
江西	15813	40328.50	27211.98

数据来源：中国工业统计年鉴

　　（二）山西制造业效益

　　从表2-2中的各项效益指标看，山西制造业盈利能力相对较弱。第一，山西营业收入利润率、人均营业收入高于全国平均水平，但每百元资产实现营业收入均低于全国平均水平。第二，山西规模以上工业企业的资产负债率高于全国，营业成本相对较高。第三，山西规模以上工业企业利润率低，亏损率高。2021年利润总额和亏损总额分别864.7亿元和246.05亿元，占全国的比重分别约为1.1%和3.2%。与东部六省相比，其盈利能力有限。

表2-2 2021年全国及中部地区规模以上工业企业效益情况

地区	营业收入利润率（%）	人均营业收入（万元/人）	每百元资产实现的营业收入（元）	资产负债率（%）	营业成本（亿元）	利润总额（亿元）	亏损企业亏损额（亿元）
全国	7.07	165.33	89.63	56.49	968857.73	79020.26	7674.39
山西	9.12	169.63	59.00	71.09	14338.94	864.7	246.05
河南	5.12	129.63	98.59	57.35	44415.04	2913.23	242.56
安徽	6.31	162.74	90.94	56.06	34809.93	2559.23	264.39
湖北	8.63	177.51	103.46	52.43	38606.72	4020.53	155.13
湖南	6.03	136.93	125.59	50.67	32271.88	2464.77	1035.17
江西	7.28	193.27	140.76	53.95	36176.21	3105.34	117.46

数据来源：中国工业统计年鉴

山西2021年工业制造业企业4080个，占到全省规模以上工业企业的60%左右，全年实现利润总额864.70亿元，其中亏损企业975个，亏损企业亏损总额246.05亿元。从制造业细分行业来看，黑色金属冶炼和压延加工业利润总额最高，2021年实现利润302.83亿元，约占到制造业总利润的35%；其次是石油、煤炭及其他燃料加工业，实现利润199.40亿元，占比约为23%；农副食品加工业，文教、工美、体育和娱乐用品制造业，化学原料和化学制品制造业，金属制品、机械和设备修理业等行业利润总额、营业收入利润率为负（见表2-3）。黑色金属冶炼和压延加工业和石油、煤炭及其他燃料加工业两大行业利润总额达到全年利润总额的58%，对其依赖性较强，但营业收入利润率较低，仅为6.30%、6.49%。食品制造业（6.27%），酒、饮料和精制茶制造业（27.54%），

烟草制品业（8.30%），纺织服装、服饰业（7.59%），皮革、毛皮、
羽毛及其制品和制鞋业（6.28%），石油、煤炭及其他燃料加工业
（6.49%），医药制造业（21.95%），橡胶和塑料制品业（5.91%），
黑色金属冶炼和压延加工业（6.30%），有色金属冶炼和压延加工业
（7.23%），铁路、船舶、航空航天和其他运输设备制造业（7.20%）和
仪器仪表制造业（5.76%）等12个制造业行业营业收入利润率超过制造业
平均营业收入利润率（5.25%），其中排名前三的分别是酒、饮料和精制
茶制造业（27.54%）、医药制造业（21.95%）、烟草制品业（8.30%）。

表2-3　2021年山西制造业分行业效益情况

序号	行业	企业数（个）	亏损企业（个）	利润总额（亿元）	亏损总额（亿元）	资产负债率（%）	营业收入利润率（%）
1	农副食品加工业	212	60	−1.65	5.98	67.87	−0.51
2	食品制造业	74	14	8.91	1.49	49.8	6.27
3	酒、饮料和精制茶制造业	59	18	60.13	1.20	48.46	27.54
4	烟草制品业	1	—	4.16	—	24.27	8.30
5	纺织业	23	10	0.12	0.55	59.16	0.39
6	纺织服装、服饰业	26	3	1.15	0.03	60.90	7.59
7	皮革、毛皮、羽毛及其制品和制鞋业	1	—	0.02	—	75.60	6.28
8	木材加工和木、竹、藤、棕、草制品业	15	7	0.03	0.07	76.31	0.48
9	家具制造业	6	—	0.09	—	43.55	2.72
10	造纸和纸制品业	37	10	0.39	0.64	60.53	0.70
11	印刷和记录媒介复制业	24	5	0.24	0.36	63.79	1.35
12	文教、工美、体育和娱乐用品制造业	11	3	−0.02	0.13	53.47	−0.19

续表

序号	行业	企业数（个）	亏损企业（个）	利润总额（亿元）	亏损总额（亿元）	资产负债率（%）	营业收入利润率（%）
13	石油、煤炭及其他燃料加工业	157	29	199.40	82.98	71.87	6.49
14	化学原料和化学制品制造业	369	76	−1.35	64.72	81.95	−0.12
15	医药制造业	113	26	55.32	3.17	44.46	21.95
16	化学纤维制造业	4	−	0.02	−	66.47	0.70
17	橡胶和塑料制品业	208	31	4.99	2.40	63.01	5.91
18	非金属矿物制品业	1087	322	40.99	17.54	71.78	4.27
19	黑色金属冶炼和压延加工业	155	44	302.83	14.74	62.37	6.30
20	有色金属冶炼和压延加工业	120	31	80.23	10.66	66.53	7.23
21	金属制品业	495	82	13.32	4.08	54.39	2.36
22	通用设备制造业	208	27	5.01	2.45	62.87	2.74
23	专用设备制造业	287	45	8.35	6.82	67.70	1.83
24	汽车制造业	57	32	8.96	7.36	69.14	2.17
25	铁路、船舶、航空航天和其他运输设备制造业	42	7	13.43	1.00	55.03	7.20
26	电气机械和器材制造业	147	32	3.35	5.35	66.34	1.38
27	计算机、通信和其他电子设备制造业	94	22	47.01	3.49	68.02	3.21
28	仪器仪表制造业	33	4	1.81	1.11	46.07	5.76
29	其他制造业	10	2	6.75	0.64	72.20	4.61
30	废弃资源综合利用业	72	26	1.92	4.56	86.01	0.40
31	金属制品、机械和设备修理业	43	7	−1.20	2.55	79.88	−2.81
总计		4080	975	864.70	246.05	67.16	5.25

数据来源：山西统计年鉴

（三）山西制造业所有权结构

长期以来，山西制造业一直以公有制为主体。随着社会主义市场经济体制的不断完善，制造业的产权结构逐步得以改善（见2-4），2021年山西国有资本占资本总额的比重为19.4%，而2012年时这一比例为26.5%；相应地，多元化的产权结构逐步显现出来。2021年，山西法人资本和个人资本大幅度增加，占比分别达到51.4%、22.6%，法人资本占比超过全国平均水平（见表2-5）。

即便如此，山西制造业的所有权结构还有很大改善空间。第一，山西制造业的外商资本与港澳台资本占资本总额比重偏低，2021年两项合计仅为5%，相比较于2012年，外商资本所占比例有所下降，港澳台资本所占比例基本持平。这表明近年来山西制造业对外商投资吸引力不大。第二，与中部其他省份相比，山西国有资本比重仍偏大。

表2-4 2012、2021年全国及中部地区制造业所有权结构比较

地区	国有资本（亿元）		港澳台资本（亿元）		外商资本（亿元）		资本总额（亿元）	
	2012	2021	2012	2021	2012	2021	2012	2021
全国	12903	22998	18248	13752	20178	23433	126444	217310
山西	432	616	37	77	93	95	1633	3174
河南	374	973	135	261	191	129	6318	9240
安徽	355	1064	138	228	246	432	3383	9175
湖北	873	1033	129	191	427	480	4076	8031
湖南	420	893	72	177	109	176	2858	6649
江西	217	600	244	195	208	217	2260	4938

数据来源：中国工业统计年鉴

表2-5 2021年全国及中部地区制造业所有权结构

地区	国有资本（亿元）	集体资本（亿元）	法人资本（亿元）	个人资本（亿元）	港澳台资本（亿元）	外商资本（亿元）	资本总额（亿元）
全国	22998	3519	102957	50786	13752	23433	217310
山西	616	35	1632	717	77	95	3174
河南	973	134	4580	3161	261	129	9240
安徽	1064	131	4067	3253	228	432	9175
湖北	1033	220	4367	1736	191	480	8031

续表

地区	国有资本（亿元）	集体资本（亿元）	法人资本（亿元）	个人资本（亿元）	港澳台资本（亿元）	外商资本（亿元）	资本总额（亿元）
湖南	893	93	3252	2044	177	176	6649
江西	600	99	2537	1290	195	217	4938

数据来源：中国工业统计年鉴

（四）山西制造业产业结构

山西工业体系较为健全，制造业各门类均有涉及，但任何一个国家和地区都不可能在所有制造门类处于世界优势地位，但是必须拥有一批具有较强影响力和反制力的优势产业。根据2017年国家公布的《国民经济行业分类》，山西依托能源优势，石油、煤炭及其他燃料加工业全国排名第四，占全国比重约为5.47%，但远低于前三名[山东（21.39%）、辽宁（11.96%）、广东（7.26%）]；黑色金属冶炼和压延加工业全国排名第六，占全国比重约为4.97%；其他制造业全国排名第八，占全国比重约为5.17%；废弃资源综合利用业全国排名第七，占全国比重约为5.01%；其余制造行业在全国均不具有竞争力（见表2-6）。山西在石油、煤炭及其他燃料加工业，黑色金属冶炼和压延加工业和废弃资源综合利用业等三大产业具有比较优势。

表2-6　2021年山西及全国制造业产业（营业收入）结构

序号	行业	山西（亿元）	全国（亿元）	占全国比重（%）	排名
1	农副食品加工业	327.44	55223.77	0.59	26
2	食品制造业	141.97	21619.56	0.66	27
3	酒、饮料和精制茶制造业	218.35	16207.45	1.35	19
4	烟草制品业	50.09	12144.32	0.41	26
5	纺织业	31.97	26548.78	0.12	21
6	纺织服装、服饰业	15.21	15291.55	0.10	23
7	皮革、毛皮、羽毛及其制品和制鞋业	0.26	11420.24	—	28

续表

序号	行业	山西（亿元）	全国（亿元）	占全国比重（%）	排名
8	木材加工和木、竹、藤、棕、草制品业	6.10	10249.02	0.06	26
9	家具制造业	3.28	8265.37	0.04	24
10	造纸和纸制品业	56.41	15141.58	0.37	24
11	印刷和记录媒介复制业	18.08	7737.72	0.23	22
12	文教、工美、体育和娱乐用品制造业	8.59	14772.80	0.06	22
13	石油、煤炭及其他燃料加工业	3070.45	56087.22	5.47	4
14	化学原料和化学制品制造业	1104.72	83541.60	1.32	20
15	医药制造业	252.01	29582.96	0.85	22
16	化学纤维制造业	3.09	10330.14	0.03	25
17	橡胶和塑料制品业	84.37	30309.31	0.28	22
18	非金属矿物制品业	959.62	68512.29	1.40	20
19	黑色金属冶炼和压延加工业	4807.87	96692.48	4.97	6
20	有色金属冶炼和压延加工业	1110.03	70256.57	1.58	20
21	金属制品业	564.33	49680.92	1.14	17
22	通用设备制造业	182.59	49383.87	0.37	21
23	专用设备制造业	455.33	37352.35	1.12	19
24	汽车制造业	412.31	87724.31	0.47	22
25	铁路、船舶、航空航天和其他运输设备制造业	186.44	18515.56	1.01	22
26	电气机械和器材制造业	242.63	86545.86	0.28	22
27	计算机、通信和其他电子设备制造业	242.63	147051.87	1.00	17
28	仪器仪表制造业	31.50	9748.99	0.32	21
29	其他制造业	146.57	2832.74	5.17	8
30	废弃资源综合利用业	476.70	9514.27	5.01	7
31	金属制品、机械和设备修理业	42.78	1607.84	2.66	13

数据来源：中国工业统计年鉴

从山西省内来看，黑色金属冶炼和压延加工业，石油、煤炭及其他燃料加工业，计算机、通信和其他电子设备制造业，有色金属冶炼和压延加工业，化学原料和化学制品制造业等五大产业营业收入超过1000亿元，占比分别达到29.18%、18.64%、8.89%、6.74%、6.71%。

按照制造业细分行业要素密集度划分，石油、煤炭及其他燃料加工业，化学原料和化学制品制造业，黑色金属冶炼和压延加工业和有色金属冶炼和压延加工业四大产业属于资本密集型产业；计算机、通信和其他电子设备制造业属于技术密集型产业。山西制造业营业收入主要集中于资本密集型产业，占比超过60%，资本密集型产业比例过高。

按照技术密集程度不同进行分类，石油、煤炭及其他燃料加工业，黑色金属冶炼和压延加工业和有色金属冶炼和压延加工业属于中低技术制造业；化学原料和化学制品制造业属于中高技术制造业；计算机、通信和其他电子设备制造业属于高技术制造业。山西制造业营业收入主要来源于中低技术制造业，占比超过55%，中低技术制造业比例过高。

（五）山西制造业技术创新环境

技术创新环境分析主要包括技术投入和技术基础两部分。技术投入反映了一个地区在人、财、物等方面对技术创新的投入情况，通过科研人员劳动强度、科研经费投入强度以及科研的组织机构予以体现。技术基础则是体现一个地区技术创新的基本能力，通过三种专利有效数来集中反映企业、高校以及科研机构的科技产出，用企业技术获取和技术改造反映企业对技术的应用能力。

技术投入选用三个指标来分析。一是R&D人员全时当量，这是国际上通用的用于比较科技人力投入的指标。从表2-7可以看出，2021年山西的R&D人员全时当量均低于全国平均值，在中部六省中排名最后。

表2-7　2021年全国及中部地区R&D人员全时当量

地区	R&D人员全时当量（人年）	其中：			
		研究人员（人年）	基础研究（人年）	应用研究（人年）	试验发展（人年）
全国平均	184398	77597	15223	22289	146886
山西	57228	26899	7755	11298	38176
安徽	235292	94302	17459	25311	192522
江西	124785	41440	7171	10420	107194
河南	222433	82126	7769	20944	193722
湖北	230668	102831	14099	34611	181958
湖南	209329	93781	14648	26498	168184

数据来源：中国科技统计年鉴

　　二是R&D经费投入强度，即R&D经费内部支出与地区生产总值之比，反映一个地区科学技术发展水平与经济发展的关系，体现一个地区对科学技术的投入力度。从图2-3中可以看出，2012—2021年山西R&D经费投入强度始终低于全国平均值，而且差距较大。在中部六省中始终低于安徽、湖北、湖南三省；2012—2015年高于江西，但2015年后低于河南，2014年江西超过山西，并且差距越来越大。

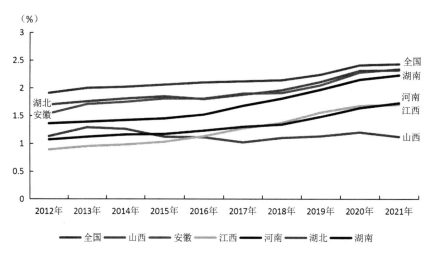

图2-3　全国及中部地区R&D经费投入强度

数据来源：中国科技统计年鉴

　　三是企业研发机构数，这是判断企业是否为创新导向的重要指标。从表2-8看出，山西有研发机构和R&D活动的企业数及占比均低于全国平均值。在中部六省中，山西有研发机构和R&D活动的企业数处于末位，且与中部其他省差距较大，但有研发机构企业数占比高于河南和湖南。

表2-8　2021年全国及中部地区规模以上工业企业研发机构情况

地区	企业数（个）	其中：			
		有研发机构的企业数（个）	占比（%）	有R&D活动的企业数（个）	占比（%）
全国平均	14242	3505	24.61	5459	38.33
山西	6859	1385	20.19	976	14.23
安徽	19880	6014	30.25	7982	40.15
江西	15813	5056	31.97	5986	37.85
河南	21679	2781	12.83	6091	28.10
湖北	16792	4531	26.98	6733	40.10
湖南	19301	2773	14.37	9999	51.81

　　数据来源：中国工业统计年鉴，中国科技统计年鉴

　　技术基础上选用两个指标来分析。一是有效专利数，所谓有效专利是经国家授权的专利，而且是个存量概念，是衡量科技产出的重要指标。从表2-9看，2021年山西拥有包括发明、实用新型和外观设计在内的专利有效数量总计为10.91万件，远低于全国平均水平，尤其是在外观设计方面，仅为全国平均水平的10%。在中部六省中处于末位，并且与其他省差距较大。

表2-9　2021年全国及中部地区三种专利有效数情况

地区	发明（件）	实用新型（件）	外观设计（件）	合计（件）
全国平均	89461	296472	79145	465078
山西	19474	81172	8445	109091
安徽	121732	328016	48454	498202
江西	23086	169438	64704	257228
河南	55749	337172	55321	448242
湖北	92920	305872	43689	442481
湖南	70114	190616	56357	317087

　　数据来源：中国科技统计年鉴

二是工业企业技术获取和技术改造的经费支出，这是反映一个企业技术对外依存度的重要指标。表2-10显示，山西规上工业企业技术获取和技术改造支出均低于全国平均水平，其中引入技术经费支出不及全国平均水平的10%，消化吸收经费支出仅为全国平均水平的4%左右。在中部六省中，仅消化吸收经费支出高于河南，其他各项经费支出均在六省中排名最后。

表2-10　2021年全国及中部地区规上工业企业技术获取和技术改造情况

地区	引入技术经费支出（万元）	消化吸收经费支出（万元）	购买境内技术经费支出（万元）	技术改造经费支出（万元）
全国平均	18631	26096	149772	1040076
山西	1802	937	8905	914069
安徽	22463	8631	165425	2643079
江西	13261	2171	57429	974141
河南	19879	834	41765	1277019
湖北	23405	6325	31826	1805338
湖南	58691	5058	250422	1357285

数据来源：中国科技统计年鉴

三、重要路径

（一）技术创新路径

技术创新是创新驱动的基础，是推动产业发展方式转变的主要动力。技术创新是产业演化的根本动力，其结果往往是在技术进步下，出现新产品或原产品升级，如果新产品或升级的原产品一旦被市场接受，形成商品化，就会促进新产业出现，或使原产品产业持续成长。

已有研究表明，供需变化是技术创新的重要动力，并影响着产业演化及制造业的转型升级。在技术创新的动力推进下，技术创新的扩散过程、时空效应和结构效应等作用形式，使得产业出现兴衰变化，也促进了产业不断转型升级（如图3-1所示）。

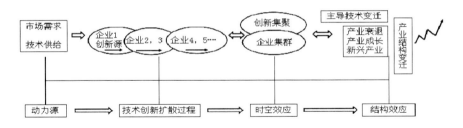

图3-1　技术创新对产业转型升级的作用机制
注：图中数字代表采用创新的企业编号

1.技术创新的扩散过程

所谓技术创新扩散是实现商品化的技术成果通过各种途径在经济社会系统的各种组织之间的传播，是技术创新成果的推广和应用，进而影响产业演化和经济发展。因此，技术创新扩散的作用，如霍尔（Hall，2004）所指出，"如果没有扩散，创新将几乎没有社会或经济影响"，其进一步指出，技术创新过程的本质"体现为在新技术传播过程中产生的学习、模仿和反馈效果，这使得原有创新得以提升"。

一般情况下，技术创新扩散过程如图3-1所示，有两层含义需要说明。一是最初的创新扩散源可能是由企业自身根据市场需求或科学发明来驱动的，但也有可能由大学或科研机构等驱动，直到有第一家企业采用。在创新许可推广的情况下，当有第二个或第三个采用者出现时，创新扩散数量便增加到2或3，这时已采用创新的企业已构成了扩散源的一分子，直接或间接影响着未采用创新的企业。以此类推，直至所有潜在采用者都变为创新采用者。

二是由于技术创新所形成的新产品是一种特殊商品，需要企业有一定的技术水平，而众多的企业由于技术差异会形成相应的技术势差。因此在技术创新扩散过程中，扩散源会沿着技术势差的缩小方向不断扩散。在图3-1中，扩散源或企业1所在的圆圈可以看作是技术最强的，也是技术势能最高的；企业2、3所在圆圈可以代表技术势能较高的企业或企业群体。这意味着扩散源往往会沿着技术梯度最小的方向进行传递，也就是说谁容易掌握新技术，谁的技术势差越小就能率先获得技术转移。以此类推，到企业4、5的技术等级圈，一直到企业n的技术等级圈，即技术创新的扩散会直到企业技术势差消失。

当然在创新动力机制的驱动下技术创新不会就此结束，市场的需求和科学技术的发展又会促进新的创新源出现，并不断按照特有的规律进行扩散和传递。

2.技术创新的时空效应

技术创新不是孤立的，在扩散过程中不仅通过时间传递到各个企业，而且在空间范畴内也容易出现集聚现象（如图3-1所示）。

经济学家曼斯菲尔德在1961年建立了技术创新经济模型，进一步阐释了新技术采用者与时间的逻辑关系。随着时间的推移，采用者会越来越多，因此，在某一时间采用新技术的企业比例上升，未采用新技术的企业比例下降。但是正由于未采用者会越来越少，采用者数量的增长速度会随着时间超过一定点后，出现递减趋势。这种技术扩散与时间的关系可以用S形曲线表示，也体现了创新的生命周期，即技术创新存在引进、成长、成熟和下降四个阶段。这种技术创新在产业间的周期性变化影响着产业（产品）的生命周期。

另外，熊彼特指出"创新甚至不是随机地均匀分布于整个经济系统，而倾向于集中于某些部门及其邻近部门"。企业创新的成功不仅取决于研发的投入，还依赖于影响创新的其他许多因素，如创新的特性、企业内部结构、企业间的关系及创新的合法保护等。

此外，空间因素也越来越引起学者们的重视。如马歇尔在其《经济学原理》中提出"外部经济"概念，即"因许多性质相似的小型企业集中在特定的地方——通常所说的工业地区分布——而获得"。后来，巴顿、弗里曼、克鲁格曼、波特等也提出类似观点，认为地理上的集中能给企业很大刺激去创新。Jaffe开创性地研究了知识溢出过程，他在1999年以美国、英国、法国、德国和日本五个国家的专利数据建立了知识流动模型，以考察知识溢出对创新的影响，结果显示，五个国家之间的知识流动受地理分布等因素影响，知识溢出具有本地化集中的特征，地理距离越远，越容易受阻。

创新活动在空间维度是不均衡的，存在集聚现象。这种集聚使得以专业化分工和协作为基础的同一产业或相关产业的企业集中在一定区域，随着时间的推移，通过地理位置的接近，企业之间以及企业与所在区域的政府、大学、研究机构、中介机构等之间相互作用，进而形成了创新要素的集聚以及产业的集群。然而产业集群并不是一个静态的实体，是一个动态演进的过程。一方面，"产业集群会产生集聚效应，促进人力资本流动、企业间的合作互动和企业衍生"，而且"知识技能在产业集群中的扩散作用也会导致产业集群创新优势发展"。另一方面，产业集群也在不断演化嬗变，也存在萌芽、成长、成熟、衰退、复苏等阶段变化。

3.技术创新的结构效应

在技术创新源的不断扩散、集聚过程中，将带来产业结构的变化，称为结构效应。在制造业的发展过程中，这种结构效应更为明显。例如，纵观世界技术革命与主导产业部门的变迁历史，主导产业的转变与发展经过了五个历史发展阶段。从中可以看出，随着技术的变革，主导产业由劳动密集型向资本密集型和知识技术密集型发展演变，而且现代技术的多种重大发明和突破使得主导产业与技术之间呈现多维平行交叉发展状态，而且创新速度的加快，也使得主导产业更替的周期也在不断缩短。

技术创新之所以能够对产业结构产生影响，主要在于：一是技术创新在提高社会分工和专业化的同时，促使了一些新产业的形成和老产业的加速衰退。二是技术创新促进了劳动生产率的提高，各个产业由于劳动生产率提升程度不一导致了各产业发展速度不同，技术进步快的产业，一旦形成规模经济，成本就会迅速下降，利润增加，进而引起资源的流入，使得这些产业持续扩展。三是在创新集聚和产业集群经济条件下，技术创新和技术进步又会加剧区域产业结构的优化升级。

技术创新通过技术源沿着技术势差不断向企业扩散，在时空范畴逐步形成一定的产业集群，产生集聚效应，并以此不断改善产业结构，在主要技术变革下形成主导产业和主导产业群，进而形成结构效应。

（二）制度创新路径

传统新古典经济学在构建经济模型时，"清晰界定的产权、完美信息和无摩擦进行交易都被当作暗含的假设"，忽视经济增长中的制度因素，把经济增长归因于资本、劳动等要素的变化和全要素生产率的增长。林毅夫对此进一步指出，对于研究"欠发达地区的众多经济问题以及理解历史的演进过程时，无摩擦交易、完美信息和清晰界定的产权等假设条件就显得格外不合适了"。事实上，忽视制度和制度变迁是不可能对经济增长和发展做出满意解释的，一些经济学家（如威廉姆森、舒尔茨、戴维斯、诺斯等）不断扩展新古典框架来分析制度的内生性问题，因此，制度因素在经济发展中的重要作用也越来越受到重视。

制造业转型升级是一个不断演进的过程，从制造业结构特征看，是由低附加值向高附加值，由低加工度向高加工度，由劳动密集型向资本密集型向知识密集型方向演进。制度创新对制造业转型升级存在直接影响和间接影响两个方面。所谓直接影响是指在技术不变的情况下某些制度的创新或改变，影响了制造业的生产效率；或是某些制度可能影响了技术创新，也影响了创新的其他因素，制度的影响范围比较大，这类的制度如产权制度、企业（组织）制度、产业制度和政策等。间接影响则主要指通过某些制度变化对技术创新能力直接产生作用，进而影响制造业发展，这类制度如专利制度、财政科技支出制度和创新政策等。

1.直接影响

从产权制度看，诺斯指出，"西方世界兴起的原因就在于发展一种有效率的经济组织。有效率的经济组织需要建立起制度化的设施，并确立财产所有权……使个人的收益率不断接近社会收益率"。诺斯在书中还驳斥了那种把近代欧洲经济增长原因归结为产业革命结果的传统观点，而认为产业革命不是近代欧洲经济增长的原因而是结果，真正决定性的原因是私有产权制度的确立。从我国制造业发展来看，在传统国有产权制度条件下国家虽然可以根据经济发展需要采取"关停并转"等强制性措施进行产业存量结构性调整，但由于没有建立一种生产要素的流动机制，不能从根本上解决结构刚化问题，进而使得产业结构严重不协调；而私有产权制度可能形成企业创新机制，也可能形成一个创新的市场结构，但私有产权制度下将会出现过度竞争，造成生产要素配置失效。党的十八届三中全会提出积极发展混合所有制经济，并强调国有资本、集体资本、非公有资本等交叉持股、相互融合的混合所有制经济是基本经济制度的重要实现形式，有利于国有资本放大功能、保值增值、提高竞争力，有利于各种所有制资本取长补短、相互促进、共同发展。

从企业制度看，主要涵盖企业治理机制、企业内部创新决策、企业家创新行为等。企业制度的核心问题是企业治理机制，企业制度与建立产业协调的自组织机制密切相关；产权结构集中度、股东身份都影响企业创新，从而影响产业创新。不同的企业治理机制会影响企业并购行为

（产业协调的微观行为）和创新行为（产业创新的微观行为）。

从产业制度与政策看，很多研究显示，产业演化与政府产业规制和政策有关，其影响有积极促进的，也有起阻碍作用的。林毅夫提出新结构经济学，并认为，在市场对资源配置起核心作用的基础上，政府应解决外部性问题和协调问题，帮助企业进行产业升级；政府在产业多样化和产业升级过程中的作用，应被限制在提供关于新产业的信息、协调和补偿信息外部性，以及改善硬件和软件基础设施等方面。

2.间接影响

从专利制度看，它对技术创新扩散具有激励作用，从而影响产业创新。诺斯认为，"付给数学家报酬和提供奖金是刺激其努力出成果的人为办法，而一项专为包括新思想、发明和创新在内的知识所有权而制定的法律则可以提供更为经常的刺激"。斋藤优研究认为，在专利制度下，如果没有专利制度，发明费用便收不回，发明活动将大大减少。但专利保护也是一把双刃剑，专利保护越有效，创新扩散的速度越慢。与专利制度密切相关的一项制度或政策是财政科技支出。研发投入被认为是专利成功的前提条件。

除了上述制度创新的直接影响和间接影响外，制度演化的路径依赖也深刻影响着制造业的转型升级。所谓制度依赖是指一个具有正反馈机制的体系，一旦在外部性偶然事件的影响下被系统所采纳，就会沿着一定的路径发展演进，而很难被其他潜在的甚至更优的体系所取代。诺斯指出，制度给人们带来的规模收益决定了制度变迁的方向，并可能呈现出两种不同的轨迹：当收益递增普遍发生时，制度变迁得到巩固、支持和强化，并沿着良性循环轨迹发展；当收益递增不能普遍发生时，制度变迁就朝着非绩效方向发展，最终锁定在某种无效状态。路径依赖有着客观的规律性，其运行机理可概括为给定条件、启动机制、形成状态、推出闭锁等方面的表现或过程。路径依赖的运行往往由偶然性事件、专用性成本、行为主体、制度、市场、政府、压力集团和意识形态等要素策动。因此，一旦制度"锁定"，想要退出次优的路径依赖就有一定难度。退出的条件取决于形成自我强化机制的各种因素的性质，即由路径产生递增收益是否具有可逆性和可转移性。如果收益递增的强化机制来自固定成本和学习效应，退出的难度就比较大，因为固定资产的专用性会带来很高的沉淀成本，而学习效应中的默示知识也不具有信息传递性，认知阻力也比较大。如果收益递增的强化机制来自系统的各种网络效应，如协作效应、适应性预期等，行为主体则只要加强信息交流，形成一致性行动，路径的替代就可能发生。因此，政府的干预和一致性行动十分重要。

（三）信息化路径

制造业的信息化发展是信息技术在制造业领域产生的一种通用技术（GPT）影响，也是产业基础能力的重要表现，体现着产业赋能的效果。

1.信息化对制造企业的效率提升机制

在市场经济发展过程中，作为市场竞争的主体，企业如何提高竞争力至关重要。对于制造企业而言，提高竞争力主要在于提升效率，即通过提高管理效率和生产效率，推进产品创新和品牌化，进而赢得更大市场空间。随着社会信息化进程的加快，信息化成为企业赋能、提升效率的"加速器"，更是企业数字化转型的基础。

信息化对制造企业的管理效应。企业管理模式自工业革命以来有两次突破性的变革，一次是以福特制流水线为代表的古典模式，一次是以丰田制精益管理为代表的经典模式。这两次企业管理模式的变革促使美国、日本成了制造业强国。当前，以互联网为核心的信息技术革命正在推动新一轮企业管理模式变革，企业组织结构逐渐由传统层级组织向网络组织转变，组织结构扁平化、管理分权化、经营网络化与虚拟化、设计个性化、生产柔性化等正成为新一轮企业管理模式改革的特点。

信息化背景下的管理组织变革带来了系列管理效应，如，更多组织代理人提供数据，网络与计算机支持信息加工，这可以解决更多的协调问题，进而减少组织成本；组织的数据共享与一体化手段，不仅可以缓解管理中存在的信息不对称，而且可以减少对下级管理的依赖，也有助于组织的一致性决策，实现内部结构的融合，促进组织学习。

信息化对制造企业的生产效应。当前我国已成为制造业生产大国，制造业增加值在世界比重位居首位。但是随着生产成本的持续上升，资源环境约束不断加强，劳动力、资本、土地等生产要素驱动能力不断减弱，制造业"由大变强"的转型升级发展受到影响，这也势必要求制造企业积极扩展发展空间。在这种情况下，信息技术的发展使得信息与数据转变为新生产要素成为可能。这是因为高速宽带的互联网促进了大规模数据终端的采集与集中，原本零散、异构、无价值的数据汇集在一起，使之具备了深度挖掘和价值利用的可能。通过对大数据的分析可以实现机器设备的智能运转和远程操控，为制造企业创新生产方式、优化生产流程、提升生产效能发挥重要作用。同时，通过电子商务平台汇聚的大量数据也会通过商家反馈到制造企业，便于其及时调整生产。

信息化对制造企业的创新效应。信息技术特别是互联网技术的迅猛发展对社会各行各业的创新行为提供了技术支持，成为创新的助推器。依托网络的信息化发展不仅给制造企业带来了组织创新，还带来了产品创新、技术创新以及商业模式创新等新的变化，形成了综合创新效应，扩展了产品与服务的增值空间，增强了品牌竞争力和市场成长性。

首先，互联网技术搭建了制造企业与用户对接平台，使得制造端和消费端距离拉近了，用户可以根据需要选择产品，企业也可以根据用户需求设计和生产产品。其次，网络经济可以倒逼企业进行技术创新，特别是对于通信、计算机类制造企业而言，如果缺乏自主知识产权的创新成果，他们不仅将支付高额的专利费，进而降低利润率，而且在日趋激烈的市场竞争环境中处于下风。因此，许多制造企业将产品创新、技术创新看成一种自觉行为，是一种企业可持续发展的必然举措。再次，信息化进程还有助于扩大制造企业产品营销渠道，比如跨境电子商务构建了多维、开放的外贸合作模式，能有效打破传统渠道壁垒，开辟了产品走出去的新途径；同时也使得国外消费者或厂家能及时全面了解我国的工业产品，甚至减少一些中间环节，这有助于我国进一步发挥"中国制造"的优势，向全球市场提供更物美价廉的产品，打造国际品牌，提高市场的成长性。

2.信息化对制造行业的效率提升机制

在信息化对制造企业产生微观影响的基础上，互联网等信息技术的发展还深刻影响着制造行业整体效率的变化，包括行业资源的优化配置，传统产业运行效率的提高和新兴产业的发展等。

信息化对制造业的资源配置效应。以互联网技术为代表的信息技术创新为资本、知识、劳动等生产要素提供了一个新的物理和虚拟环境，改变了传统资源信息的采集、传递和处理方式，使得资源在一定区域或全球范围内可以形成比之前（没有互联网时）更为有效的利用和配置状态。信息化对资源配置的这种时空影响存在集聚效应和扩散效应。制造业信息化带来的集聚效应主要体现在人力资本、技术创新和交易成本上。就人力资本而言，区域信息化水平的提升会优化区域人力资本结构，形成人力资本的"积化效应"，即使大量的外部人力资本逐渐向以信息化产业为主导的区域大中型城市集中，而且人力资本的集中也会为集聚区带来创新。同时，信息化的发展有助于制造企业技术创新。在制造业企业间信息交流的基础上为集聚区制造业企业整理和分析信息，向其提供更加专业化服务，优化资源配置，为制造业企业的技术升级提供强有力的支撑，这也必然会吸引外部制造企业进入集聚区。同样的道理，信息化的发展降低了企业之间的交易成本，显然，交易成本越低的区域越容易吸引企业进入。从扩散效应看，制造业信息化可以较容易地进行跨区域甚至全球性地扩张，可以实现远距离集团公司间的协调沟通，实现企业生产经营组织方式及要素的弹性配置。

信息化对传统制造业的进化效应。信息化以其创新性的方式改变着传统制造业，促进其运行效率的提高，进而获得较高质量的增长。首先，随着互联网等新一代信息技术的发展，特别是2015年以来，"互联网+"已上升到国家层面的战略计划，这就要求制造企业加强与互联网的融合，提升其数字化、网络化和智能化水平。在融合过程中，互联网思维改变着传统制造业，使得传统制造业不得不打破原来封闭的产业环境，将互联网作为一种新型的竞争手段来实现跨界经营，直面消费需求，追求产品的极致化与个性化。思维的转变也必将促进行业企业改变原有要素驱动或投资驱动的发展模式，进而转向创新驱动模式。其次，信息化（或互联网）为微观企业带来的管理效应、生产效应和创新效应，必然会给传统制造业带来规模经济和范围经济，进而促进整体产业效率的提高。再次，在互联网经济下，中小企业更容易借助信息技术手段，以虚拟企业或企业联盟的形式发展自己。其益处在于，一方面有助于企业间的跨界联合，甚至在资金、设备、技术、人才等要素上进行合理运作，形成集合效应；另一方面有助于加快市场培育，促进技术创新在产业内的扩散，进而实现较高的产业绩效。

信息化对新兴产业的催生效应。随着专业化和社会分工的发展，市场交易中的信息越来越多，这使得专门承担信息的收集、整理加工、传递等专门服务成为可能。20世纪80年代以来，信息企业数量、规模都达到一定程度，从而形成了信息产业。信息产业的发展使其也成为高技术产业的主导，同时，由于信息技术具有较强的渗透性和带动性，推动着系列新兴产业的发展。信息技术向各行业渗透过程中，通过分化、交叉和重组，不断催生出一些新兴产业。而且随着大量新兴产业的产生，产业系统的复杂性在增加，产业间的融合关系、协调关系也在不断增强，这将进一步促进产业结构的优化升级。

从企业角度可以看到信息化可以有效提升制造企业的生产效率和竞争力，并主要表现在提高制造企业的管理效应、生产效应和创新效应等方面；从行业角度可以看到，信息化对宏观制造业效率有着提升作用，并表现在资源配置效应、传统制造业的进化效应以及对新兴产业的催生效应上。

（四）服务化路径

提升制造业产业链水平，需要构建起完整的产业生态系统，促进产业间的协调发展，进而推动制造企业向服务制造转型。制造业服务化侧重将生产制造和生产服务两大部分的价值进行整合，甚至凸显生产服务价值增值地位，以达到制造价值增值、提高产业链条水平的目的。这种由制造业服务化导致制造业价值增值而形成的价值效应，分为产业价值的延伸效应、整合效应、创新效应。

1.产业价值延伸效应

波特在研究企业行为时，认为企业的价值创造过程主要由基本活动和支持性活动两部分构成，其中基本活动涵盖生产、营销、运输和售后服务等；支持性活动涵盖原材料供应、技术、人力资源和财务等，这些活动共同形成了企业的价值链体系。不仅一个企业存在内部价值链，而且企业和企业之间的价值链也相互关联，共处于一个由多价值链形成的价值体系中。随着专业分工与协作的不断深入，产品的复杂程度日益增强，产业的价值链条越来越长。相应地，产业价值体系的增值空间也围绕着生产制造环节和生产服务环节以及产前、产中和产后等阶段迅速扩张，由低附加值向高附加值环节不断延伸，进而促进产业的转型升级。

2.产业价值整合效应

按照全球产业链理论，要提高产业链的价值一方面需要提升价值环节的价值，另一方面还需要增强产业价值环节之间的关系，实现"无缝对接"。在制造业服务化背景下，通过产品整合和供应链整合能较好地处理好这两个方面的关系，以实现制造产业价值增值。

3.产业价值创新效应

从过程看，制造业服务化是一个对产业的服务化要素的引入、配置和产业重组的过程。这一过程的发生伴随着企业自身行为的创新，而这一过程的加剧则得益于知识经济的发展。制造业服务业化促进制造业知识生产与研发创新、促进制造业产出绩效创新、促进制造业生产网络协同创新。

四、政策建议

（一）实施创新驱动发展战略，增强发展新动能

1.打造技术服务平台，加速创新成果转化

建设重大关键技术产业化承接基地。按照"省级统筹—大同试点—全省推广"的总体思路，构建认定标准、管理办法、资金支持等政策体系建设重大关键技术产业化承接基地。打造全国科技成果转化和知识产权交易平台。借鉴浙江省杭州市"搭建科技成果交易转化与知识产权综合服务平台"先进做法，升级完善科技成果转化和知识产权交易平台，

为全球科技成果在晋交易、产业化提供技术评价、价值评估、成果拍卖、挂牌交易等"一站式"服务。实施产业技术基础公共服务能力提升计划。借鉴天津市、河南省"省级公共服务平台创建"的经验，出台产业技术基础公共服务平台建设管理办法，推动检验检测计量标准、产业信息、创新成果产业化等产业技术基础公共服务平台建设。完善首台套首批次保险补偿机制。出台我省首台（套）重大技术装备保险补偿机制管理办法和推广应用指导目录，修订重点新材料首批次应用示范指导目录，加大保险补偿支持力度。

2.做大做优龙头企业，强化企业创新作用

实施百千亿级龙头企业培育计划。借鉴河南省"制造业头雁企业培育"的做法，推动龙头企业通过增资扩股、兼并重组等形式，打造产业旗舰。加强高新技术企业队伍建设。借鉴安徽省合肥市"实施高新技术企业培育'一把手'工程"经验做法，建立高新技术企业培育库，实施省市县三级包干责任制，辅导库内企业申报高新技术企业。优化高新技术企业评审机制，提高企业入库数和通过率。深入实施企业技术创新优惠政策。落实好高新技术企业税收优惠、研发费用加计扣除等优惠政策。支持企业开展研发活动，对研发费用投入2000万元以上的省级及以上企业给予最高奖励500万元。发放科技创新券支持中小企业开展创新活动，扩大科技金融专项资金覆盖面。实施创新链融通计划。引导大企业向中小企业开放品牌、设计研发、仪器设备、试验场地等各类创新资源，共享产能资源。推动中小企业融入大企业创新体系，立足专长开展创新活动，助力大企业加快创新成果突破。

3.加大技术攻关投入，提高技术供给能力

实施重大创新平台攻坚专项。借鉴福建省"安排省级建设补助经费支持大科研平台建设"的做法，优先支持煤炭绿色低碳清洁利用国家实验室、先进不锈钢国家级制造业创新中心等重大科研平台建设。提高科技项目管理服务水平。有序推进创新攻关"揭榜挂帅""赛马"等机制，支持民营企业参与科技攻关。围绕关键核心技术、共性技术、"卡脖子"技术，建立产业管理部门与科技部门的联动机制，协同建立攻关任务榜单，引导创新联合体协同攻关。推动加大技术装备研发制造。聚焦国家战略需要和应用需求，围绕新能源汽车、煤机装备、轨道交通装备、工程机械等领域，建立重大技术装备产品和技术清单。坚持集成创新和基础提升并重，滚动实施具有战略突破意义的重大技术装备项目。深化重大技术装备军民融合发展。推动省内装备制造企业与重点军工企业组建联合体协同攻关，通过联合孵化、专利转让、技术入股和知识产权托管等方式，加快重大技术装备先进适用军用技术转为民用，拓宽民口企业参与军品研制渠道，每年逐步推动重大技术装备军民融合项目。

（二）实施新兴产业发展战略，抢占未来竞争制高点

1.优化战略性新兴产业电价机制，增强发展吸引力

优化完善企业准入制度。细化我省"两高"行业企业界限标准，制定符合我省实际的战略发展产业支持目录。综合考虑企业类型、政策享受期及战新电量享受比例等因素，实施备案企业分级分类审查。建立备案企业动态调整机制，将动态调整与企业产值增长、利税增加挂钩，实现战新备案企业"有进有出"。完善"一事一议"工作机制。对建设周期长、带动性强以及新投产的龙头示范企业，优化"一事一议"工作流程，保证好企业尽快享受优惠政策。

2.加大省级技改资金支持力度，发挥支撑作用

动态调整和增加预算指标。加强对制造强国、新型工业化等国家重大战略和我省"以制造业振兴为重点加快推进产业转型"中心任务的财力保障，增加省级技改资金预算，促进制造业特别是先进制造业转

型，注重精准性和可持续性，提前储备下一年度预算项目，根据年度产业转型重点项目动态确定年初预算安排，并根据省委、省政府关于制造业部署的核心任务进行年中调整。持续提高技改资金使用效能。激励企业技术改造提质，重点支持集聚集约增效、核心竞争力提升、技术创新牵引、数字化智能化改造、绿色低碳转型、企业增量提质等六大领域。创新增设新型工业化载体、重大技术装备攻关、企业营收增量等支持事项，优化调整试点示范、智能化升级、产业基础支撑突破等支持事项。坚持"扶优扶强、分档支持、激励增量"原则，重点扶持投资拉动性大、行业示范性强、产值贡献度高的项目。

3.精准开展招商引资，提升整体竞争力

打造高素质专业化招商队伍。探索实施招商雇员制、专员制等更加灵活的用人机制和薪酬制度，吸引具有较强影响力的头部企业及股权投资机构、知名智库、行业协会等高端人才加盟，对引荐、协助推进项目洽谈并最终落地的"招商大使"予以奖励。加强招商人员培训，支持招商人员赴创新资源富集地区挂职锻炼。实施开放平台招商。借鉴浙江"开放平台建设"和"飞地招商"的经验，探索异地孵化、飞地经济、伙伴园区等多种合作机制，成立山西-大湾区、山西-京津冀、山西-长三角等3个区域科技创新中心，招引高质量延链、补链、强链项目。充分发挥发展平台制度创新高地优势，提升跨境电商综试区、国家进口贸易促进创新示范区、综合保税区、经济开发区等开放平台功能，推动综改示范区RCEP国际投合作园区、长治开发区等承接东部地区产业转移园区建设。建立项目流转机制。鼓励各地共享符合全省产业发展导向但本地暂不具备落地条件的有效投资信息，由投促部门根据全省产业布局，精准推荐给相关市、县（市、区）。对项目成功跨区域流转并落地的首谈地，在招商引资年度工作或开发区考评中给予加分。聚焦外资开展专项招商。利用好中国国际投资贸易洽谈会、中国中部投资贸易博览会、德国汉诺威工业博览会等重大展会，建立与跨国公司常态化对接机制。将跨国公司的资金、技术、品牌优势与山西资源禀赋、产业基础及发展方向有效结合，围绕高端装备制造、半导体、现代医药等重点领域，组织开展"跨国公司山西行"等投资促进活动，促进产业链、供应链国际合作。开展资本招商。借鉴合肥"以投带引"和宁波"设立总规模500亿元的制造业高质量发展基金"的做法，设立制造业振兴专项基金，探索资本循环型政府招商引资模式，通过国有资本引领战略性新兴产业发展，推动重大项目落地。

4.培育做强战略性新兴产业，扩大产业规模

实施产业链能级提升专项行动。以链条化发展为方向，推动关键技术研发和新产品开发促进产业链向高端延伸提升。发布产业链关键共性技术清单，支持引导"链主""链上"企业牵头，对重点产业链关键共性技术进行联合攻关。围绕科技含量高、品牌附加值高、产业关联度高、市场占有率高等四个方向，打造产业链龙头产品，提高重点产业链在细分市场的占有率。实施产业规模提升专项行动。做大高端装备制造、新材料、节能环保等千亿产业，推动高铁动车组轮轴轮对、电传动系统等高端装备规模化应用，依托朔州低碳硅芯等产业园引进半导体光伏、锂电池负极材料等新材料项目落地，发展高效加热、节能动力、余热余压利用、智能化污水烟气处理等节能环保装备，推动基础雄厚的优势产业率先发展。做强节能与新能源汽车、现代医药和大健康、合成生物等百亿产业，重点发展氢燃料电池重卡、驱动电机及电控系统、生物基长链二元酸等产品，推动具有比较优势的潜力产业突破发展。实施融合集群发展专项行动。紧扣区域发展重大战略，推动工业类开发区、高新技术产业开发区、新型工业化产业示范基地等各类载体提档升级，重

点打造综改区数字经济产业集群、吕梁百万吨千亿级铝镁产业集群、晋中新能源汽车产业集群等产业集群，带动形成优势互补、错位发展的产业集群体系，打造千亿级新兴产业集群和标志性新兴产业集群。

（三）实施政策保障发展战略，增强竞争软实力

1.发挥财税政策作用，强化资金要素保障

多措并举破解项目融资难题。用足用好各级财政资金，建立财政金融联动机制，健全政银企常态化对接机制，支持政策性开发性金融机构提前介入项目前期工作，同步量身定做投融资方案，确保财政资金、产业基金、银行融资等及时到位。优化金融产品和服务供给。鼓励金融机构加大对制造业高质量发展支持力度，引导金融机构增加制造业中长期贷款、信用贷款，支持企业设备更新和技术改造，支持重点工程、重点项目建设。发展面向制造业的知识产权质押融资、绿色金融、供应链金融、投贷联动、融资租赁等业务，精准对接产业链、创新链融资需求。推动政府性融资担保体系建设，加强信用信息归集共享，发展中小微企业融资担保服务。完善多层次资本市场。加快推进高技术制造业企业、先进制造业企业上市、挂牌融资，提高直接融资比例。鼓励符合条件的制造业企业发行公司债、企业债、短期融资券等直接融资工具，拓宽融资渠道，降低融资成本。争取国家税收优惠政策。作为全国第一个以资源型经济转型为主题的国家级综合区，应争取国家给予我省特殊的照顾性税收优惠政策，特别是对鼓励类产业企业比照执行西部大开发企业所得税政策。优化涉税信息共享机制。推广环保、税务部门"建立信息共享机制"的做法，进一步打通涉税数据业务壁垒，强化部门间联合监测、协同调度，促进企业营收、利税、产能、产量等基本信息共享共用，提高数据共享的及时性、便捷性。

2.完善土地使用制度，强化土地要素保障

纵深推进"标准地"改革。省级及以上工业类开发区2023年全部以"标准地"形式出让工业用地；推进"标准地"向开发区外扩围、向生产性服务业项目扩展、向"标准化厂房"延伸；汇总全省各地"标准地"信息，打造"图上选地、图上监管"新模式。健全工业用地长期租赁、先租后让、弹性年期出让等多元供应体系，支持制造业企业选择适宜的用地方式。拓宽补充耕地来源。加大省级补充耕地指标统筹力度，扎实推进高标准农田建设，低效园地、残次林地、土地综合整治，增强占补平衡能力，保障制造业重大项目建设用地需求。争取国家用地支持。紧抓我省"三区三线"划定成果正式启用机遇，用好国家继续实施用地计划指标增存挂钩、产业用地"标准地"出让、简化用地预审阶段审查内容等政策，争取更多国家用地支持。

3.推进能评能耗替代，强化能耗要素保障

落实好分类节能审查政策。创新开展产业链节能审查工作试点。对产能饱和的"两高"项目，结合产能饱和程度、各市能耗控制目标完成情况等因素，区别实施能耗替代措施。对带动性强、能耗低、附加值高的项目，实施正面清单审批、先进性审批、标杆性审批等分类节能审查措施。完善能耗替代机制。充分运用企业关停、淘汰落后产能、压减过剩产能和省级统筹奖励等多种途径，明确"两高一低"项目能耗替代源种类及认定方式，为项目开展能耗替代奠定坚实基础。优化单位能耗产出效益综合评价。强化单位能耗产出效益评价结果运用，通过差别化用能等管控政策，倒逼重点用能企业对标先进水平实施节能技改，提高能源利用效率，为高质量项目腾出用能空间。

4.厘清环境治理改造方向，强化环境要素保障

加大对重点行业深度治理的资金支持。探索对实施超低排放改造

和深度治理的企业，落实税收优惠、重污染天气应急减排豁免管理等政策措施，对按期完成深度治理的企业进行资金奖励。探索开展新建项目碳排放总量控制试点。以现有"两高"项目为切入点试行，研究对企业关停转产、淘汰落后产能、压减过剩产能等产生的碳减排量进行集中收储，对新上项目碳排放进行总量控制，所需总量指标从收储碳减排量中予以解决，探索推动我省能耗"双控"逐步向碳排放总量和强度"双控"转变。推进重点行业节能降碳。强化我省重点行业碳排放数据质量管理，加强部门联动监管，逐步有序扩大覆盖范围，适时纳入建材、钢铁、有色、化工等重点排放行业。鼓励相关企业积极开展温室气体自愿减排，推动我省自愿减排项目的开发、核证业务有序发展，支持相关项目通过参与国家CCER交易等取得经济收益。制定实施企业碳排放控制管理体系建设和绩效评价地方标准，引导重点行业企业节能降碳提效。优化环境容量相关政策。推动排污总量指标向战略性新兴产业、低碳环保产业和重大项目等效益更好的领域和企业倾斜。拓展项目环评承诺制改革试点，豁免部分制造业项目环评审批手续。探索园区内同一类型小微企业项目打捆开展环评审批，单个项目不再重复开展环评。

5.创新人才战略，加大人才引育力度

提高人才引进精准度。建立全省工信领域高层次人才供需匹配机制，建立人才信息库和企业需求资料库，根据人才需求层次、急需程度、合作时限等，科学分类、精确匹配，引进重点产业急需人才。畅通省部人才需求对接渠道，建立省部引才用才对接机制。定期收集我省重点产业基础研究、技术攻关等领域的人才需求信息，并上报工信部，通过工信部"启明"计划引进紧缺人才。加大对人力资源服务业支持力度。借鉴江苏、湖北、江西、重庆等省市"对人力资源服务领军骨干企业和领军人才给予一次性资金奖励"的做法，加大对制造业领域人力资源服务企业的资金奖励，激励人力资源服务业向制造业倾斜。

（四）实施数智深度赋能战略，提升数字化水平

1.加强基础设施建设，深度推进两化融合

实施5G深度覆盖和规模应用计划。借鉴山东省"5G'百城万站'深度覆盖和'百企千例'规模应用"的做法，聚焦重点行业、重点领域清单化推进5G网络精准覆盖，加快5G基站建设，深入拓展5G+融合应用场景，培育5G+应用试点项目，打造具有示范推广意义的5G全连接工厂。实施工业互联网倍增专项。借鉴江苏省"支持龙头骨干企业打造综合型、特色型、专业型工业互联网平台赋能体系"的做法，打造在国内有影响力的综合型工业互联网平台，建设面向重点行业或区域的特色型平台，围绕特定工业场景和前沿信息技术建设专业型的企业级工业互联网平台，培育专业平台服务商。

2.实施智能制造试点，打造智能制造升级版

实施智能制造试点示范突破计划。借鉴江苏省、山东省"智能制造龙头企业引领带动，打造国家试点示范"的做法，加快培育建设100个智能工厂、智能车间和应用场景标杆项目，打造国家级智能制造优秀场景、示范工厂，"灯塔工厂"力争实现零的突破。打造太原国家智能制造先行区。引导太原基于产业特色、基础条件创建国家智能制造先行区，召开面向行业、区域的智能制造现场会，组织开展智能制造示范工厂深度行活动，形成具有区域特色和推广价值的智能制造发展路径。

3.抢抓国家战略机遇，建设集约绿色数据中心

优化数据中心布局。全面完成全国一体化算力网络国家枢纽节点（山西）主体建设任务，规划国家数据中心集群（大同）主要承载。淘汰低小散旧数据中心，关停并转不达标数据中心，引导企业将新建和扩建需求向数据中心集群（大同）迁移，大力发展集群内机架规模，提高

服务器上架率，增加全省在用标准机架数量，提升数据中心平均上架率。提高数据中心能效标准。制定覆盖数据中心能源效率、算力功耗比、可再生能源利用率等指标在内的数据中心综合评价标准，鼓励企业采用国家绿色数据中心技术产品目录，推动全省平均数据中心能源效率降低，提高可再生能源利用率和可再生能源使用率。

4.加快企业数字化转型，实现智能化生产

实施企业数字化转型专项计划。每年举办企业数字化转型宣贯大会，实施数字化转型重点项目，建立数字化转型新模式应用体验中心，创建行业型、综合型二级标识解析节点。建立中小企业数字化转型新模式。借鉴浙江省"抓初级数字工厂样本、开展'学样仿样推广法'试验"的做法，围绕重点细分行业，覆盖关键技术、工艺流程、核心装备的数字化项目，打造初级样本和示范，建设初级数字工厂样本，实现企业推广应用。

（五）实施消费品工业提升战略，增强特色产业竞争力

1.立足市场需求，增加升级产品品种

支持医药产业创新。强化对医药创新的资金支持，对创新药临床前研究、临床研究和获批上市，分阶段给予奖励。对仿制药通过一致性评价给予资金奖励。推动创新药研发和高端制药开展一致性评价。做深做精优势产品。借鉴福建省晋江市坚持"死磕一双鞋、走精一条路"的做法，深耕优势消费品细分领域，促进汾酒、老陈醋等传统手艺传承发展，鼓励玻璃、陶瓷、纺织等行业发展文化创意产品，引导造纸产业发展多元化产品，推动优势产品做深做精，打造品类齐全、内涵丰富、面向全球的消费品优势产业。发展定制化产品。借鉴广州市"财政资金支持规模化定制示范企业、平台、体验馆"的做法，鼓励行业龙头企业基于消费数据采集分析，开展个性化定制和柔性生产，认定并支持规模化

定制示范企业和平台的发展。

2.打造"一站式"服务，提高质量保障水平

实施消费品质量提升计划。借鉴浙江省"开展'千争创万导入'行动"的做法，实施消费品质量提升计划，设立省、市两级政府质量奖，支持重点向消费品领域倾斜。强化质量安全管理与风险控制，建设完善食品、药品质量安全追溯管理平台，争取质量合格率达到全国平均水平。打造"一站式"质量服务体系。借鉴广西柳州市"螺蛳粉产业园设立产业质量服务'一站式'平台拓展质量增值服务"的做法，加快建设质量基础设施"一站式"服务平台，建立计量、标准、认证认可、检验检测、质量管理等要素协同服务的流程与机制，构建"互联网+质量基础设施"服务生态，建设质量基础设施"一体化"服务站点。深入开展食品安全专项检查活动。借鉴沈阳市"安全隐患排查实现食品生产企业全覆盖"的做法，深入开展食品安全"守底线、查隐患、保安全"专项活动，综合采用明察暗访、整改回头看等形式，奖优罚劣认定食品安全优秀企业。

3.加强品牌建设，强化品牌培育服务

实施"山西精品"公用品牌建设专项。借鉴浙江省"开展'浙江制造'品牌宣传和推广活动"的做法，加速建设"山西精品"认证和管理服务体系，通过分类试点、逐步推进的方式，认证一批消费品产业优秀企业和优势产品，形成拥有自主知识产权、市场占有率高的消费品产品。大力发展会展经济。借鉴福建省"每年举办中国（福建）消费品全品采购交易会"的做法，提高杏花村酒文化博览会、玻璃器皿博览会等展会的影响力，通过传统媒体和新媒体协同的方式，向外界推介山西品牌产品，为生产企业拓展销售渠道。创建山西消费品工业品牌创新服务联盟。借鉴重庆市"组建消费品工业品牌创新服务联盟"的做法，依托

汾酒股份等龙头企业，吸纳赛迪等国家智库，阿里巴巴、抖音等知名平台，以及旅游集团、连锁超市等线下实体，组建山西消费品工业品牌创新服务联盟，建立完善政府与企业、企业与企业的沟通桥梁，构建数字营销"朋友圈"。

专题二　山西深入推进能源革命综合改革试点研究

党的二十大报告提出："深入推进能源革命，加强煤炭清洁高效利用，加大油气资源勘探开发和增储上产力度，加快规划建设新型能源体系，统筹水电开发和生态保护，积极安全有序发展核电，加强能源产供储销体系建设，确保能源安全。"这为推动我国能源产业高质量发展、增强能源安全保障能力指明了前进方向、提供了根本遵循。2023年是全面贯彻落实党的二十大精神的开局之年，也是山西纵深推进能源革命综合改革试点的关键之年。山西省能源工作会议提出，山西能源行业将以打造能源革命综合改革试点先行区为牵引，加快建设新型能源体系，为保障国家能源安全和稳定经济大盘作出新的更大贡献。

一、面临形势

当前，世界能源格局深刻调整，能源供应链安全问题凸显，国内能源供需总体平稳，新型能源体系建设步伐加快，能源行业面临着新的挑战。

（一）世界能源格局深刻调整，能源供应链安全问题凸显

从全球看，当前世界面临百年变局，大国博弈和地缘政治事件日趋

激烈，国际能源市场波动加大，世界经济增长放缓，各国普遍面临能源价格高企、供应链受阻、生活成本上升等难题，落实联合国2030年可持续发展议程面临严峻挑战。国际能源署《2023年电力市场报告》指出，2022年化石能源发电量增长缓慢（1%），且预计2023年、2024年将分别下降0.6%和1.2%。其中，石油发电量将出现大幅下降，燃煤发电量虽在2022年增长了1.5%，但预计未来两年也将呈现下降趋势。随着化石燃料发电进入结构性下降趋势，可再生能源将在2023年和2024年满足全球所有电力需求增量。世界能源理事会（WEC）2022年预测：能源安全已超越能源转型成为最受关注的议题，且业界对能源发展前景更加担忧，认为此次能源危机将持续数年，未来的能源市场将向更加分裂的方向发展。能源转型面临复杂前景，新能源大规模发展将冲击并逐渐改变传统世界能源格局全球能源市场竞争由能源资源之争转变为核心技术、关键矿产以及新能源产业链之争。

（二）国内能源供需总体平稳，新型能源体系建设步伐加快

中石油发布的《国内外油气行业发展报告》显示，2022年，我国能源行业多措并举保供稳价，能源供需保持总体平稳，能源结构转型加速，为经济恢复向好提供重要动能。党的二十大报告明确指出，加快规划建设新型能源体系，统筹水电开发和生态保护，积极安全有序发展核电，加强能源产供储销体系建设，确保能源安全。国家能源局局长章建华表示，"新型能源体系规划建设的有关工作正抓紧推进，由《'十四五'新型能源体系规划》等构成的'1+6'能源规划稳步实施，能源碳达峰方案等政策深入落实，后续还将研究出台有关新型能源体系的系列政策，进一步明确发展目标和任务举措。"建设新型能源体系是复杂的系统工程，涉及能源产业链上下游、各能源品种、各用能行业和领域。下一步，要深入推动《规划》实施，聚焦提升能源供应安全水

平、加快推动能源绿色转型、持续创新能源体制机制、开创能源国际合作新局面。

（三）我省能源保供重任在肩，绿色低碳转型加速推进

当前，我国加快构建新发展格局，能源发展步入了低碳转型的重要窗口期。山西要锚定"双碳"目标，立足能源资源禀赋，实现能源清洁低碳和安全高效。煤炭产业坚持增产稳供，不断加快煤炭绿色开发利用基地建设步伐，持续提高煤炭供给体系质量。煤电在发挥电力安全保障托底作用的同时，也将加快由传统主体性电源，向基础保障性和系统调节性电源并重转型。全省非常规天然气开发力度将不断增强，新能源将成为新型能源体系建设的重要引擎。风电光伏规模化、节约化开发以及抽水蓄能、新型储能建设将加快推进，到"十四五"末，全省新能源和清洁能源装机占比要达到50%，形成传统能源和新能源并重的能源发展新格局。

二、发展现状

山西深入贯彻落实习近平总书记"四个革命、一个合作"能源安全新战略，以"双碳"目标为牵引，改革创新，先行先试，扎实开展能源革命综合改革试点，推动能源产业转型发展成效显著。

（一）取得的成效

1.为能源保供作出新贡献

近年来，山西坚决扛起能源保供政治责任，煤炭产量连续三年全国第一，2021年、2022年连续两年增产1亿吨以上，为国家能源安全贡献山西力量。2022年，山西规模以上工业企业原煤产量13.07亿吨，同比增加1.13亿吨；2023年上半年全省累计原煤产量6.78亿吨，占全国累计产量的29.49%，同比增长5.2%；其中6月份产量实现了新的突破，达到1.22亿

吨以上的新高位。当前，山西大力推动赋存条件好、安全有保障、机械化水平高的生产煤矿加大先进产能建设力度，持续增加有效供给，截至2023年6月底，已建成46座智能化煤矿、1161个智能化采掘工作面，煤炭先进产能占比达80%。煤炭绿色开采持续推进，试点煤矿绿色开采技术达到国内领先水平。

2.非常规天然气产业迈出新步伐

山西是我国煤炭大省，同时拥有丰富的煤系非常规天然气（包括煤层气、致密砂岩气、页岩气）资源，预测总资源量约20万亿立方米，约占全国天然气预测资源总量的8%。2022年，全省推进"三气共采"试点建设，以提高资源开发效率，全年非常规天然气产量突破110亿立方米，同比增长16.86%，为天然气净输出省份，占全国天然气产量的5%，其中，煤层气产量为96.1亿立方米，约占全国同期煤层气产量的83.2%。2023年以来，山西坚持分区施策，推动大型气田规模化建设，加快建设鄂尔多斯盆地东缘煤系"三气"共探共采示范基地快速发展，持续推进非常规天然气增储上产，截至6月底，全省非常规天然气产量达到68.2亿立方米，同比增长5.7%，其中累计抽采煤层气52.4亿立方米，创历史同期煤层气产量新高。在输送通道建设上，2022年神木—安平煤层气管道工程全线贯通，外输京津冀管网通道持续优化，油气长输管道总里程达到9410公里，居全国前列。

3.电力行业取得新成效

近年来，山西电力行业不断提质增效，生产能力持续提升。煤电在大力淘汰落后机组的基础上，有序推进"三改联动"改造。目前全省40%以上煤电机组已完成改造，现役煤电机组全部达到了燃气级排放标准。山西的发电装机容量、发电量与外送电量均创历史新高，新能源装机容量比重也较上年提高。在装机容量上，2022年全省发电装机容量

1.2080亿千瓦，同比增长6.5%，位居全国第八位。其中火电装机容量稳中有升，达到0.7842亿千瓦，同比增长4.1%，居全国第五位；新能源装机占比提高，占到总装机容量的34.0%，同比大幅提高。2023年上半年，电力装机持续稳定增长，截至6月底，全省电力装机达1.2432亿千瓦。其中火电装机0.7886亿千瓦，占比63.43%，煤电装机结构持续优化，煤电机组"三改联动"累计完成0.4792亿千瓦。风、光、水、储等清洁能源高速发展，装机占比达到36.57%。在发电方面，2022年全省发电量4184.4亿千瓦时，比上年增长8.9%，其中火电3562亿千瓦时，同比增长11.1%，全国排名第六位。2023年上半年，电力供应持续增长，全省发电总量达到2132.73亿千瓦时，同比增加9.13%，其中火力发电1560.029亿千瓦时，同比增加5.92%。在电力外送方面，电网输配电能力持续增强，截至2022年，已形成了"4条6回特高压通道＋6条14回500千伏通道"的晋电外送通道格局，山西段送电能力达2984万千瓦。全年全省净外送电量1463.7亿千瓦时，创历史新高，同比增长18.5%，占全省发电量的35.0%，晋电外送省份由12个扩展到22个，有效缓解了全国能源供应紧张形势。2023年，山西持续优化电网结构，积极推进已纳规特高压通道和500千伏电网"西电东送"通道调整工程，外送电能力达到3062万千瓦。截至6月底，山西外送电量904.52亿千瓦时，同比增加18.06%，净外送电力731.52亿千瓦时，同比增加20.24%，高居全国第二。

4.新能源发展再上新台阶

近年来，山西各地积极建设风电光伏、氢能、储能、地热能、生物质能等新能源和清洁能源项目，推动新能源产业高质量发展。2022年，全省新能源和清洁能源装机容量4972.8万千瓦，占比达41.2%。其中风电装机容量达2317.8万千瓦，同比增长9.2%，居全国第四位；太阳能装机容量达1695.7万千瓦，居全国第八位；水电装机容量224.5万千瓦，增长

0.2%，居全国第二十六位。同时，新能源和清洁能源的发电量同比增长超两位数，风力发电量408亿千瓦时，同比增加9.7%，居全国第五位；光伏发电量151.6亿千瓦时，同比增加24.6%，居全国第六位。新能源和可再生能源利用率98.63%，同比提升0.69%。建成了5个总装机容量400万千瓦光伏领跑者基地、依托雁淮直流输电通道建成晋北700万千瓦风电外送基地；295万千瓦光伏扶贫项目全部建成并网，惠及8986个村、31.78万贫困人口。风光互补、矿山治理、光伏+等多场景应用模式不断拓展，初步形成集中+分散开发模式，因地制宜推动风光资源高效利用，带动风光发电技术进步和产业升级。2023年，山西提出坚持集散并举，持续推动新能源和可再生能源有序替代。截至2023年6月底，山西新能源和清洁能源装机占比达到42.9%，其中风电装机容量增加至2370万千瓦，太阳能装机容量增加至1911.1万千瓦；新能源和清洁能源发电量占比达到26.8%，其中风力发电量289.65亿千瓦时，同比增加22.38%；光伏发电量129.51亿千瓦时，同比增加15%。

（二）存在的问题

山西能源产业转型发展呈现良好态势，但能源结构偏煤、能效水平偏低的问题依然突出，同时面临增产保供和绿色低碳发展的双重压力，需要从供给侧改革和需求侧管理两端发力，推动能源产业高质量发展。

1.产业内部结构性、协同性问题突出

作为煤炭大省，山西能源产业发展不平衡、不充分、不协调的问题依然突出。一是能源结构以煤为主，据能源局测算，2022年，山西煤炭消费占一次能源消费比例超过75%，远高于56%的全国平均水平。"双碳"目标约束下，煤炭、煤电产业的转型发展面临较大压力。二是新能源消纳利用不足、供求不匹配的问题凸显。近几年山西新能源的项目建设较多，新能源装机增速过快，目前新能源装机占全省发电总装机达到

41.2%，但消纳能力、存储能力亟待提升。三是煤炭与煤电、煤化工，新能源与传统能源之间优势互补、协同融合的长效机制还没有完全构建，在很大程度上制约了能源行业的持续高效发展。

2.部分核心关键技术仍存在短板

能源领域的部分核心关键技术上仍与国外甚至国内先进地区存在差距。采掘是煤矿智能化的核心，惯性导航、煤岩识别等技术严重影响采掘智能化的实际效果，复杂条件智能综采和掘进工作面智能化支护等关键技术也亟须突破。此外，辅助运输连续化智能化、煤矿井下危险岗位作业机器人替代、5G应用场景等也制约了煤矿的全面智能化建设。在新型储能、氢能、地热能等领域技术水平还需提升，关键装备、工艺、材料仍面临卡脖子的问题。煤层气地面开发水平井钻井和大型体积压裂核心装备国产化水平有待提升，深部煤层气成藏机理、储层评价和改造技术仍需进一步突破。

3.新型电力系统建设面临巨大挑战

在"双碳"目标下，新能源装机比重持续增加，市场主体更加多元，电能输送更加灵活，高比例新能源和新型电力电子设备接入，极大改变了电力系统的运行特性，加剧了电力系统的安全稳定运行的风险。"十四五"期间，要加速构建以大规模高比例新能源为主体，以清洁发电为支撑，以多能互补为创新发展模式，以源网荷储协同消纳为保障的绿色低碳电力结构。由于新能源具有随机性、波动性、间歇性特征，大规模并网后，冲击着对电力系统的安全稳定运行与可靠供应，应从提高发电效率、灵活性提升、低污染排放、低碳发电等方面进行自我革命和技术创新，需要平衡好发展节奏、政策衔接、要素支撑、配套措施等工作。

4.能耗较高、能效偏低问题依然存在

山西是传统能源生产和消费大省，"以煤为主"的能源消费结构基本特征短期内难以改变，从"十四五"前两年各市项目上马情况看，高耗能项目依然占很大比重，且部分市县在招商引资工作中，还局限于当地的资源禀赋，只看重项目投资额，没有摆脱对高耗能产业发展路径的依赖，未充分考虑项目对当地能耗控制目标完成的长远影响，未能深入落实经济高质量发展的内在要求，仍然有盲目上马"两高一低"项目的冲动。高耗能产业是能源消耗的重要载体，虽然山西"十四五"前两年能耗强度降幅位于全国前列，但能耗强度远高于全国平均水平，与江苏、广东等省份存在较大差距。迫切需要加快推进高耗能行业淘汰整合，节能技改，推动能源利用效率提升。

三、路径对策

山西将通过煤炭增产保供、非常规天然气基地建设以及可再生能源优先发展等途径抓手，加快构建新型能源体系，推动我省能源产业高质量发展。

（一）提升煤炭稳产保供能力

1.科学制定应急保供方案

加大先进产能煤矿核增力度，指导现有生产煤矿优化采掘部署和均衡生产。加快正常建设煤矿施工转产，分类处置长期停缓建煤矿，有效推进开工复工一批，有序退出一批，推动处置不达产煤矿产能。开展煤矿综合评估，确定并动态更新全省保供煤矿名单，研究建立煤矿产能弹性释放管理机制，科学制定煤炭应急保供方案，合理分配保供任务。加强煤炭增产保供过程动态跟踪，及时发现煤炭保供过程中出现的各类新情况、新问题；关注煤炭市场中库存、价格等异常波动，以及可能出现的区域性、品种性、时段性煤炭供需失衡情况，及时采取措施防范风险。严禁煤矿发生事故后搞"一刀切"式区域性停产整顿。

2.完善煤炭产销储运体系

科学规划煤炭储备项目布局，重点保障发电供热和民生用煤，确保储煤能力满足国家战略要求。推动省内燃煤电厂严格执行国家最低库存制度；鼓励省属煤炭集团实施库存前移，在中转地港口、消费地加大建设储煤场力度，增强应对市场需求变化的灵活性。优化铁路运输服务，加快推动煤炭铁路专用线建设，完善瓦日、浩吉等煤炭铁路集疏运系统，优化主要运煤通道的基础设施建设，提升运输效率。完善煤炭产销储运信息平台，提升煤炭市场信息服务水平，促进煤炭产销有效衔接，帮助煤炭生产企业发现市场。建立煤炭供需预警机制，加强宏观经济先行指标分析，密切关注各类煤炭价格指数，动态掌握煤炭市场变化，加强风险预警，做好应急预案。

3.建立稳产保供长效机制

落实我省《关于有序推进煤炭资源接续配置保障煤矿稳产保供的意见》，鼓励支持煤炭企业积极获取井田周边夹缝（或边角）资源、大中型矿山已设采矿权深部或上部煤炭资源、相邻空白煤炭资源等，增扩资源储量，延长矿井服务年限。完善煤炭资源与产能匹配动态平衡机制，实施动态统计，确保总量平衡。完善煤炭资源配置机制，优化审批制度，加快煤炭资源配置和接续项目核准进度。深入研究我省露天煤矿开采的生态环境保护准入要求，科学评估，慎重决策，在满足生态要求和安全生产的前提下，办理煤矿井工转露天开采方式变更手续。

4.守住煤炭安全生产底线

严格落实国务院安委会安全生产十五条硬措施和全省56条具体举措，建立"领导+专家"隐患排查机制，加强安全监管和风险隐患排查治理。推进领导带班制度和24小时值班值守制度，加大煤矿安全隐患自查自纠力度，强化现场基础管理，构建超前防范化解风险隐患的长效机制。推进数智赋能，完善人防、物防、技防相统一的安全保障体系，提高煤矿安全生产保障能力和水平。优化煤矿生产秩序和劳动组织，在全省逐步推广取消采煤夜班生产。加强应急救援体系建设，推动煤矿制定全流程、情景式应急预案，扎实开展煤矿安全事故应急演练。严格落实安全生产责任制，压实地方政府属地责任、企业主体责任和行业监管责任。

（二）实施煤炭清洁高效利用

1.推动煤炭和煤电一体化发展

坚持以坑口煤电一体化为重点，优先鼓励具备条件的增量项目一体化运营，由实施主体统筹管理煤炭、煤电项目建设运营，并由同一主体经营或合并核算。推动具备条件的存量项目优先开展煤电一体化，鼓励存量煤电项目创新模式、深挖潜力，通过企业战略重组、交叉持股、长期协议、混合所有制改革等方式实施煤电一体化运营。支持签订长期合作协议开展一体化运营，鼓励存量电厂与周边煤矿依规采取参股、换股等方式，实现煤炭与煤电企业资产联营，共享企业经营效益。力争到2025年，全省煤电装机达到8300万至8900万千瓦左右。

2.推动煤电和新能源一体化发展

完善引导激励体系，建立保障性并网和市场化并网多元保障机制，对电力保供有力、成效突出的企业，同等条件下优先配置保障性新能源消纳规模指标。鼓励新建煤电项目与风电、光伏发电项目实施一体化运营。加快推进晋北采煤沉陷区大型风光基地建设，有序推进"风光火储一体化"多能互补项目建设。鼓励煤电企业以冷热电联供、可再生能源开发利用、资源循环利用为主要方向，实现由传统能源服务向综合能源服务转型。推动煤电和新能源企业通过调节能力租赁、交叉持股、环境价值合作等方式开展联营合作。到2023年，探索煤电和新能源一体化发展模式，启动一批试点示范项目建设；到2025年，煤新联营成为煤电企业主要发展形式，煤电企业向综合能源服务商转变取得实质进展；到2027年，煤电和新能源一体化发展模式基本成熟，融合发展取得显著效果。

3.推动煤炭和煤化工一体化发展

加快建设现代煤化工示范基地，打造煤制油、煤制烯烃、煤制乙二醇及下游高附加值产品完整产业链，增强市场风险抵御能力。聚焦延伸产业链条，推动焦化产业主产品提升、副产品延伸、余气利用、节能减排改造等，不断提高焦化化产加工利用水平；积极探索"绿色甲醇+甲醇汽车"等发展新模式。紧盯煤化工高端化、多元化、低碳化发展方向，加紧研发新技术及规模化制备技术，推动煤炭由燃料向原料、材料、终端产品转变，到2025年，煤化工产业产值突破1500亿元。

（三）加快煤炭行业数字化转型

1.推动煤矿智能化改造

研究制定全省煤矿智能化建设标准规范，积极对接国内先进标准，构建有机统一、相互衔接的标准体系。开展全省煤矿智能化建设条件评估，明确智能化改造目标和路径，分类推进不同条件煤矿的智能化改造。坚持"国企带头、梯次推进"原则，优先对大型和灾害严重的煤矿进行智能化建设；新建煤矿要按照智能化要求完善设计实施改造，已进入三期建设工程的可先投产后改造；对于发生较大及以上安全事故的，必须进行全矿井智能化改造。支持煤矿智能化技术试点示范，及时总结智能化改造经验。

2.推动数字矿山全方位建设

建设煤炭工业互联网平台，为煤矿装备和海量传感器提供统一的通信接口标准和数据格式规范，打破数据壁垒，促进数据融合。建立煤炭智慧物流体系，推动煤炭运单数字化管理；实行煤炭运力调配和运输过程智能化管理，科学分类煤炭运单，统筹公路、铁路优化运力配置，实现从提报需求到装车安排的全自动、无人干预操作。完善集煤炭合同签订、物流衔接、货款支付、金融服务、信息资讯等多种服务于一体的第三方煤炭交易电子商务平台，推进全省煤炭统一上线交易。完善数字监管体系，构建用数据决策、数据服务、数据创新的现代化治理模式。开展煤炭数字化转型试点示范，推进煤炭生产、储运、交易和监管全过程数字化转型。

（四）推动非常规天然气增储上产

1.稳步推进非常规天然气勘探开发

根据不同区块的资源条件和勘探程度，按照"煤层气开发区稳步上产、致密气开发区快速上产、已探明未动用区加快建产、新出让区块尽早试采见气"的原则，一区一策推动我省黄河流域地区非常规天然气增储上产。稳步推动沁水盆地南部的大宁、潘河、寺河、樊庄、郑庄、马必东和鄂东的大宁-吉县、三交、保德等已有开发区块稳产增产；加快推进大宁-吉县、石楼西、柳林石西、三交北、紫金山、临兴、临兴中等区块深部的致密气开发。推动煤层气、页岩气、致密气"三气"综合开发，提高非常规天然气资源综合利用效率，降低开采成本。到2025年，煤层气抽采量力争达到200亿立方米。

2.优化完善输气管网布局

依托国家输气主干管网，在"三纵十一横、一核一圈多环"的省级输气管网基础上，构建贯通东西气源地和保障全省高效调度气源的省级干线环网，完善以地级市双气源通道和天然气输配"县县通"为目标的省级支线管网，新建一批以上载煤层气为目标的气田上载管线和外输管线，打造"省际互联互保、地市多路畅通、县域基本覆盖、运行高效有序"的管网体系。加强与国家管网的深入对接，提高国家管网在省内上输下载能力。到2025年，力争实现全省输气管道总里程突破11000公里，管输能力达到400亿立方米/年。

3.推动煤层气体制机制改革

全面落实《山西省煤层气勘查开采管理办法》，严格矿权管理，实行退出机制，提高煤层气区块最低勘查投入标准和区块持有成本，对长期勘查投入不足的核减区块面积，情节严重的收回区块，具备开发条件的区块限期完成产能建设。探索央地企业合作新模式，发挥央企技术、资金和资源优势，推动省属企业合作开发央企资源，学习借鉴央企开发经验和技术，撬动央企在山西加大投资力度。落实"省内利用、余气外输"的煤层气产业政策，保障当地民生用气，推动煤层气资源优势向产业优势转换。

（五）推进新能源和可再生能源优先发展

1.推动风电和光伏发电五大基地规模化开发

以风光资源为依托、以区域电网为支撑、以输电通道为牵引、以高效消纳为目标，结合采煤沉陷区综合治理，兼顾生态修复、造林绿化与相关产业发展，统筹优化风电光伏布局和支撑调节电源，实施可再生能源+采煤沉陷区综合治理工程，建设一批生态友好、经济优越的大型风电光伏基地。依托新建外送输电通道，重点建设晋北风光火储一体化外送基地。依托采煤沉陷区、盐碱地、荒山荒坡等区域，重点建设忻朔多能互补综合能源基地、晋西沿黄百里风光基地。依托区域电网消纳能力提升，创新开发利用方式，重点建设晋东"新能源+"融合发展基地、晋南源网荷储一体化示范基地。

2.优化推进风电和光伏发电分布式就近开发

支持以县域为单元，采取"公司+村镇+农户"等模式，利用农户闲置土地和农房屋顶建设户用光伏，积极推进乡村分散式风电开发。因地制宜发展农光互补、林光互补、药光互补等复合开发模式。推动光伏与乡村振兴、交通、建筑、工业等多场景融合发展。选取特色优势明显的区域先行开展试点建设，打造绿色乡村示范基地、再电气化产业示范乡村和零碳村。在工业园区、经济开发区、公共建筑等负荷中心周边地区，合理利用山地丘陵等土地资源，在符合区域生态环境保护要求的前提下，因地制宜推进风电和光伏发电就地就近开发。

3.有序发展生物质能等其他新能源和可再生能源

在具备资源条件的地级市及部分县城，有序发展农林生物质发电、制气、供暖等多元化开发利用；加快推进已纳入试点范围的地热项目，继续完善地热能供暖（制冷）项目在地热能信息管理平台信息；探索在可再生能源资源条件好、发电成本低等的地区开展可再生能源制氢示范。

4.多措并举就提升新能源和可再生能源存储能力

加快垣曲、浑源2个在建抽水蓄能项目，推动河津、蒲县等10个重点实施项目尽早开工建设，积极推动符合条件的其他站点纳入国家规划，开展中小型抽水蓄能电站规划选址，扩大抽水蓄能发展规模。鼓励电源侧、电网侧、用户侧等不同应用场景的新型储能试点示范，形成与新能源装机规模相匹配的储能调节能力。完善抽水蓄能、新型储能等调峰调频电源参与电力市场的运行机制和价格补偿机制。

5.积极探索氢能开发利用

以吕梁、临汾、大同、运城、晋中为重点，加快谋划布局氢能产业化应用示范项目，推进制、储、加、运、输、用氢全产业链发展。大力引进高端人才和研究机构，开展储氢关键材料研发和氢能源综合利用研究，实现氢能商业化运营。在可再生能源资源丰富、现代煤化工产业基础好的地区，重点开展能源化工基地绿氢替代。积极推进长治、运城等地区开展能源化工、交通等绿氢替代示范。

（六）加快新型电力系统建设

1.推进多能互补和源网荷储一体化发展

积极推进源网荷储一体化发展。以现代信息通信、大数据、人工智能、储能等新技术为依托，运用"互联网+"新模式，充分调动负荷侧调节响应能力，建设源网荷储一体化示范项目，优化源网荷储配置方案，提高系统平衡能力。建设多能互补绿色电力基地。结合当地实际，因地制宜采取风光水火等多能互补发电，统筹各类电源的规划、设计、建设、运营，积极配置储能，探索"风光储一体化"，推进"风光火储一体化"。

2.提升电力系统调节能力

立足可再生能源有效消纳，推动存量煤电机组灵活性改造应改尽改，促进煤电向支撑性和调节性电源并重转型。加快灵活调节电源建设，鼓励以消纳可再生能源为主的增量配电网、微电网和分布式电源参与电力市场。完善推广电力需求侧管理，整合需求侧数据，提高大数据分析能力，增强负荷侧响应能力。完善煤电调峰补偿政策，鼓励煤电机组通过市场机制参与深度调峰。到2025年，电网削峰能力达到最高负荷5%左右。

3.加快电网基础设施智能化升级

加强电网配套工程及主网架建设，提升电网对可再生能源的支撑保障能力。推动配电网扩容改造和智能化升级，提升配电网柔性开放接入能力、灵活控制能力和抗扰动能力，增强电网就近就地平衡能力，构建适应多元负荷需要的智能配电网。统筹高比例新能源系统发展和电力安全稳定供应，以电网为核心平台，以电力现货市场建设为牵引，全面推

171

动新型电力技术应用，提升系统电压、频率调节支撑能力，优化电网安稳控制系统配置，提高电力系统灵活感知和高效生产运行能力，适应数字化、自动化、网络化能源电力基础设施发展，加快新型电力系统规模建设发展。

（七）推动能源领域科技创新攻关

1.加强绿色低碳能源技术攻关

加强煤炭清洁高效利用、智能电网、智能制造和机器人等领域基础研究，围绕化石能源低碳化技术、关键基础材料和重点领域，统筹部署，着力提升能源领域相关基础零部件、基础工艺、基础软件等共性关键技术水平。大力实施化石能源清洁高效开发利用"卡脖子"关键核心技术攻坚，积极开展大规模储能、氢能、地热能等中长期发展战略重大问题研究，加快战略性、前沿性技术创新。开展新型节能和新能源材料、可再生能源与建筑一体化等低碳零碳负碳重大科技攻关，围绕六大传统高耗能行业节能降耗需求，聚焦重点环节，开展工艺流程再造技术攻关。实施能源科技创新示范工程，依托重点企业，加快低碳技术市场化、商业化推广应用，力争到2025年前完成超临界煤粉炉发电技术和超节水发电工程示范。

2.加强重大能源科技研发平台建设

建立以政府为主导、企业为主体、产学研相结合的能源科技创新体系，加大低碳技术领域关键技术的研发力度，搭建低碳科研平台，争取一批国家重点实验室、国家技术创新中心等重大科技创新平台落地山西。鼓励能源企业设立研发机构，重点企业开展大型科研设施与仪器开放共享，布局建设大型科学仪器共享平台，实现能源大型企业和中小微企业融通创新。建设煤化工中试平台、检验检测平台及配套服务设施等，构建全国知名的具有研究开发、成果中试转化、产品性能验证和检测测试等多功能平台。围绕非常规天然气开发、煤炭清洁高效利用、储能、氢能开发等，建设辐射全国的国际化能源创新成果转化平台，重点引导科技成果对接产业需求转移转化，着力打造世界一流的煤基科技成果转化基地。

3.推进能源互联网基础设施建设

依托现有基础设施，以打造省域智慧能源大脑和省级能源大数据平台为支撑，在太原建设省域能源互联网中心，构建能源绿色低碳转型和碳达峰碳中和成果重大展示平台，在多种能量流物理互联、信息互通的基础上，开展运行监测，培育能源领域新模式、新业态。在大同、朔州、运城、吕梁等市开展城市级能源互联网试点建设，打造涵盖冷、热、电、气等多种能源的基础网络，促进信息交互与降碳减排，提升综合能源利用效率，打造城市级综合能源特色示范工程。在试点城市遴选重点高耗能行业密集的县区，建设园区/企业级能源互联网管控平台，推动与省域能源互联网中心和城市能源互联网智慧平台的数据交互，支撑园区/企业城市节能降耗减碳，提升能源利用效率，进一步实现灵活资源的挖掘及应用。到2023年，力争实现试点范围扩大。

（八）加快实施节能优先战略

1.推广节能新技术新装备

加快推进工业绿色低碳转型，大力推广一批先进适用节能技术装备，重点支持钢铁、化工、有色、建筑等行业节能技术改造，并推广一批协同效益突出、产业化前景好新型节能技术。开发建设能效技术创新平台，为推广节能技术提供全面、精细化的数据分析系统。

2.构建节能新业态新模式

按照"节能优先、绿色低碳"战略部署，引导工业企业入园，整合入园企业的水电暖气需求，集中规划建设配套设施，实现多能互补和智能化管控。加强园区余热、余电、余气利用，深挖跨行业、跨能源品种节能潜力，打通园区供气、供电、供热、中水回用等管网、线路互联互通，实现园区能源梯级利用。充分利用人工智能、5G、物联网、云计算等新技术，深化绿色制造、智能制造，创新节能新业态新模式。

3.建立健全节能管理体系

加强碳排放双控基础能力和配套设施建设，推动能耗双控向碳排放双控的有序转变。推行用能预算管理制度，实现用能管理更精细化、更科学、更智慧，实现用能高效配置。强化节能评价考核、节能评估和审查、高能耗产品淘汰、重点用能单位节能管理、能效标识管理、节能激励约束等工作制度，建立节能产业统计制度，健全能源消费统计、企业能源计量和监测，公开能源消费信息等制度。

4.提升节能管理数字化水平

加强能源综合服务平台和体系建设，建立能源全产业链的用能信息公共服务网络和数据库，加强企业能源信息对接、共享共用。加快能耗在线监测平台的建设和应用，实现微观个体能耗数据与宏观能源消费统计数据的衔接和配套。建立跨行业、跨部门能源消费数据共享机制，加强互联网企业与能源企业合作挖掘能源大数据商业价值，开展综合能源服务，促进能源数据市场化。

5.完善节能法规政策体系

研究支持节能降耗的绿色金融、投资、财政政策，制订全省主要用能行业和领域产品限额标准和耗能设备能效限额标准，做好强制性地方节能标准的整合和精简，建立技术标准先进、具有山西特色的多层次能效标准体系。进一步修订节能法规制度，完善能源消费预测、能效审计等方面制度。加强节能信用信息归集和整理，建立以重点用能单位、中介机构为基础的节能信用等级评价体系。依法开展节能信用等级认定，推进节能领域信用信息共享，建立跨部门的联合奖惩机制。

（九）加快能源领域高标准市场体系建设

1.打造辐射全国的煤炭交易中心

不断加强煤炭区域市场和全国市场的协调联动，充分发挥煤炭资源优势，不断提高市场影响力和占有率，将中国太原煤炭交易中心和山西焦煤焦炭国际交易中心分别建设成辐射全国的区域综合能源交易服务平台和具有全球竞争力的焦煤专业化服务平台，进而推动山西煤炭统一交易市场形成。

2.积极构建现代电力市场体系

按照全国统一电力市场体系建设进程，进一步扩大山西电力市场化交易规模，加快推进"双优型"电力现货市场建设，建立健全辅助服务市场，协同构建"中长期+现货+辅助服务"有效衔接的现代电力市场体系，通过现货发现电力时空价格信号，引导电力系统从"源随荷动"向"源网荷协同互动"转变。建立源网荷储一体化和多能互补项目协调运营和利益共享机制。明确新型储能独立市场主体地位，加快推动储能进入电力市场。深入推进增量配电业务改革试点。进一步深化配售电业务改革，明确增量配电企业的电网企业地位，支持增量配电网可持续发展。简化项目决策程序，积极引导社会资本参与增量配电试点，鼓励以混合所有制方式发展配电业务，促进配电网投资主体多元化。落实战略性新兴产业市场化电价机制，引导优质电力资源向战略性新兴产业集聚。完善电网企业保障供应机制，健全保障供应价格机制。

3.探索建立用能权交易平台

落实重点用能单位能耗核定工作，积极探索用能权市场化交易方式。探索搭建用能权交易平台，以市场化机制进一步挖掘社会节能降碳潜力，通过能源消费量交易，引导企业向节能减排领域转型，促进绿色技术进步。充分发挥平台作用，以市场化机制，促进企业绿色低碳转型，在用能权交易的基础上，积极开展碳汇、排污权、碳排放权等环境类权益交易，构建统一交易平台，对接供需双方，优化资源配置。

（十）推动能源开发与生态环境协同治理

1.有序推进煤炭绿色开采

按照全省能源革命综合改革试点"支持山西积极推广充填开采、保水开采、煤与瓦斯共采等绿色开采技术"的要求，以绿色转型发展为引领，在现有绿色开采试点的基础上，统筹全省煤矿有序推进煤炭绿色开采。坚持区域统筹，强化顶层设计，细分煤矿种类与适用技术，促进绿色开采技术应用多元化，加快总结绿色开采试点煤矿取得的经验，技术成熟一个、推广一个。鼓励各类煤矿积极开展绿色开采技术推广应用，坚持政府和市场两手发力，强化科技和制度创新，形成有效的激励机制。到2025年，力争实现新建矿井全部建成井下矸石智能分选系统。

2.加快矿区生态修复建设

实施矿区生态保护修复治理工程，按不同退化程度分类治理，以遏制矿区植被生态退化趋势。强化矿山开采及加工区周边区域地下水污染防治，减少深井水开采量，保护和节约矿区地下及地表水资源，逐步建立与开采同步的地下水环境恢复建设机制。全面开展矿区地质环境治理和土地复垦，重点推进新生采煤沉陷区地质环境治理和关闭矿山历史遗留地质环境问题治理。到2025年，力争全省矿井水复用率达到95%，黄河流域全面消除历史遗留地质环境问题，全省矿山历史遗留生态修复治理面积达到10000公顷，逐步消除存量，全面遏制增量。

3.推动能源资源综合利用

推进国家资源综合利用基地建设，加快大同、临汾、阳泉、河津、保德、吕梁国家大宗固体废弃物综合利用基地和朔州、晋城、长治国家级工业资源综合利用基地建设，积极发展产业链条完整、横向关联配套、纵向延伸拓展的资源综合利用产业，推进固废生产和堆存较多的地区建设综合利用产业集聚区。鼓励开展煤矿乏风热能、机组余热、井下排水热能、瓦斯电厂余热等低品位余热回收利用。

4.完善能源环境治理体系

构建能源领域生态补偿机制，健全区际利益补偿机制和纵向生态补偿机制，完善多元化、多渠道生态补偿资金长效投入机制。积极争取国家建立煤炭、电力、焦炭等资源型产品输出地和输入地之间碳补偿机制。推进"三线一单"生态环境分区管控，严格按照矿区生态环境承载能力和准入红线，切实统筹好资源开发与环境保护。加强能源行业环境监管，强化事中事后监管，建立动态管理机制，加大矿山地质环境监测力度，加强对矿山建设、生产和闭坑全过程地质环境影响评价。

专题三　山西推动文旅康养产业融合发展的路径选择与对策建议

　　文旅康养产业是消费的新蓝海、增长的新动力。坚持文化与旅游深度融合、文旅与康养融合，加快把文旅康养产业打造为战略性支柱产业，是贯彻落实党的二十大精神和习近平总书记对山西工作的重要讲话重要指示精神的重要举措，是省委、省政府立足山西比较优势对文旅康养产业发展做出的最新战略定位，同时也是省委、省政府交给全省文旅行业一项重大的政治任务。省委十二届六次全会指出，加快把文旅康养产业打造成我省战略性支柱产业和民生幸福产业，符合国家战略要求、符合产业发展规律、符合我省比较优势。加快推动文旅康养产业融合发展，已成为构建山西现代化产业体系的重要一环，对深化全省供给侧结构性改革，高质量推动转型发展具有重大的战略意义。为此，分析研判山西文旅康养产业融合发展现状、机遇挑战，探寻山西文旅康养产业融合发展的比较优势，围绕习近平总书记对山西转型发展提出的"四条路径"，研提山西文旅康养产业融合发展需要走出"七条路子"，以期为山西文旅康养产业发展投石问路，为谱写山西"在转型发展上率先蹚出一条新路"的文旅篇章、山西文旅康养产业高质量发展建言献策。

一、文旅康养产业融合发展的理论基础与经验借鉴

（一）概念内涵

文旅康养产业是近些年国内提出的新概念，在各地的具体实践过程中多次被应用，但学术界有关文旅康融合的研究相对较少，且尚无统一的概念界定。总的来看，文旅康养产业是文化旅游产业和康养产业融合形成的复合型产业，与之相关的概念包括文化旅游产业（Cultural Tourism）、康养产业（Wellness Industry）、康养旅游（Wellness tourism）、健康旅游（Health Tourism）、医疗旅游（Medical Tourism）等。

1.文化旅游产业

文化旅游产业是为满足消费者的现代化旅游需求，将旅游业与文化产业相互交融形成的新产业形态，文化是旅游的灵魂，旅游是文化的重要载体"以文塑旅 以旅彰文"是我国推动文化旅游深度融合发展的主基调。

文化产业与旅游产业之间有着天然的融合性，两者之间存在着彼此作用、互动发展的关联。从本质上来看，文化旅游产业融合发展的基础是文化资源，文化资源进入旅游市场，被开发为可视、可观、可娱、可参与的旅游产品，就成为旅游产业的重要组成部分，旅游产业从提供文化传播平台、增进文化交流、促进文化的传承与保护、扩大文化市场空间等方面对文化产业产生引致与扩散效应，而文化产业从提升旅游内涵与品位、增加旅游产品数量与种类、提高旅游市场吸引力与竞争力、丰富旅游者的体验等方面对旅游产业产生渗透与提升效应，文化旅游产品内在的文化气质、审美和主题，就是文旅融合的"魂"。

在文旅产业深度融合过程中，文化品质和文化内涵被挖掘、传承和创新，旅游市场则提供了更高端的产品形态，而其中的市场主体——旅

游参与者则乐在其中，达到休闲娱乐和享受的目的，最终形成"多赢"格局。从发展初期两者的完全分立、拥有清晰完整的产业边界，到发展中期两者伴随着技术融合、产品融合、组织融合、市场融合四个层面的逐渐融合，形成了模糊支离的产品边界，直至最后两者相互嵌入，产业边界消失，诞生新的旅游文化产业或文化旅游产业。

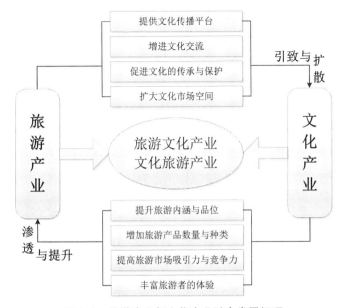

图1-1　旅游产业与文化产业融合发展机理

文化旅游产品种类繁多，包括历史探秘旅游、文化遗址游、博物馆游、宗教文化游、民族风情风俗游、文化节庆游等项目，而旅游目的是带给游客更多的旅游精神享受[1]。在资源禀赋的基础上，将"文化创意"进一步融入"产业"之中，使其与文化旅游相互衔接，成为文化旅游的深度融合模式。

[1]　高滢洁.内蒙古赤峰市文化旅游产业发展研究[D].中央民族大学，2020。

2.康养产业

康养产业的发展最早起源于20世纪90年代的西方发达国家，随着生产力水平的提高和后工业社会的到来，为克服现代工业社会给人们健康带来的不良影响，以"生命、健康、运动、享受"为核心主题的康体休闲、康复养生产业得到了广泛的重视。国外学者一般将康养产业等同于健康产业，Paul Pilzer认为，健康产业是健康革命运动下引发的新产业，目的在于向人们提供疾病预防和延缓衰老的产品和服务，其外延不包括医疗服务[1]；Di Tommaso则认为，健康产业是以健康服务活动为主的产业集群，包括医疗保健服务、疾病预防等[2]；也有学者将养生的概念等同于健康促进、健康维护和疾病预防，其目的在于使人们更加长寿，生活更加美好[3]。

与康养产业相关、最为权威的表述为国务院2013年颁发的《关于促进健康服务业发展的若干意见》，该意见将健康服务业定义为"以维护和促进人民群众身心健康为目标，主要包括医疗服务、健康管理与促进、健康保险以及相关服务，涉及药品、医疗器械、保健用品、保健食品、健身产品等支撑产业，覆盖面广，产业链长"；2016年1月，国家旅游局正式颁布了《国家康养旅游示范基地》标准（LB/T051—2016），其中将康养旅游[4]定义为：指通过养颜健体、营养膳食、修心养性、关爱环境等各种

[1] Pilzer PZ. The New Wellness Revolution [M]. John Wiley &Sons，2002.

[2] Di Tommaso MR，Schweitzer SO. "The Health Industry"：More than Just Containing Costs [J].L'Industria-Ricista di Economia e Politica Industriale，2000，21（3）：403-426.

[3] Greenberg MR，Schneider D. America's wellness policy and health promotion [J]. Transactions & studies of the College of Physicians of Philadelphia，1989，11（3）：237-249.

[4] 中国国家旅游局.国家康养旅游示范基地标准: LB/T051-2016［S］.北京：中国国家旅游局，2016。

手段，使人在身体、心智和精神上都达到自然和谐的优良状态的各种旅游活动的总和，其目的在于放松身心，增强快乐感，获得幸福感[1]。

韩秋（2019）从产业链的角度出发认为，康养产业是由与健康直接或间接相关的产业链构成的产业体系，是与人的整体健康相关的产业统称，包括第一产业的营养食品、保健食品、森林康养、有机农业等，第二产业的健康食品加工业、医疗产品加工业、医疗器械制造、生态工业等，以及第三产业的医疗服务业、健康管理业、休闲健身产业、养老产业、中医理疗等[7]；她将康养产业的特征归结为三大特征，分别为：产业关联度高、产业链条较长但构造复杂、消费者参与和体验程度高。

康养产业是资源依赖程度较高的行业，根据资源差异，康养产业可分为山林（森林）康养、气候康养、海洋康养、温泉康养和中医康养等；根据产业发展模式与产品特征，可分为文化康养型、医养结合型、生态养生型、养老小镇型、度假产业型、运动体育型等。

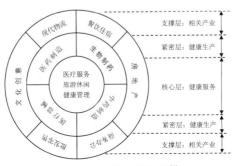

图1-2　康养产业构成[2]

康养与旅游产业具有天然的互融性。康养旅游产业是依托资源优势，将康养产业和旅游产业进行产业融合衍生出来的一种新型产业形

[1]　中国国家旅游局.国家康养旅游示范基地标准: LB/T051-2016［S］.北京：中国国家旅游局，2016。

[2]　韩秋.广元市康养产业体系构建及其发展路径[D].江苏师范大学，2019：32。

态。康养旅游被认为是旅游发展到发达阶段时的产物，其需求主体包括老年人、亚健康群体，以及追求高品质生活质量的健康人群[1]。康养旅游的发展，是在积极应对市场环境的挑战，通过不断拓展区域资源的开发范围，提升资源利用效率和产品创新速度，来提供各类综合旅游产品，以满足人们的各种需求。崔雪娇（2023）认为，随着旅游行业的快速发展，康养旅游作为一种创新的旅游方式，已成为推动未来发展的主要力量；康养旅游产业涉及许多不同的产业类型和行业领域，根据核心资源的质量、融合程度以及实施主体等方面的不同，主要的发展模式有三种：一是产业重组模式，如医疗康养旅游是通过整合医疗、保健、文化、旅游等资源来进行产业重组的；二是功能联合模式，如运动休闲型康养，通过联合康养、休闲、运动等相关功能而形成的模式；三是一体化发展模式，如生态旅游康养，是将旅游业与健康产业相融合，以生态旅游、乡村旅游、文化旅游、体育旅游、中医药旅游等功能为基础，结合各自的特色和资源，一体化、整体性开发出具有健康养生和休闲娱乐功能的旅游产品和服务。

3.文旅康养产业

文化、旅游、康养产业之间具有很高的关联性，各产业的包容性高、互补性强，进而形成了一个综合、复杂的系统，其发展依托于地区优势，让游客体验到独特的文旅康养活动，也能够了解到当地的历史文化，从而带来较好的旅游体验（陈淼玲，2020）；林峰（2021）认为，文旅康养产业是指将康养产业与文化旅游产业相结合，通过养颜健体、营养膳食、修心养性、关爱环境等各种手段，注入文化创意因子，以产业经营者创造的观赏对象和休闲娱乐方式为消费内容，使顾客获得富有

---

[1] 韦夏婵.广西北部湾沿海地区康养旅游产业融合发展研究[J].北部湾大学学报，2021，36（03）：94-99。

文化内涵和深度参与体验的旅游、旅居活动，使人在身体、心智和精神上都达到自然、和谐、优良状态的各种旅游、旅居活动的相关产业的总和[1]；孟香香等（2020）则将文旅康养融合称为"文旅的4.0时代"，并提出，休闲康养将成为推动文旅深度融合发展的黏合剂，推动文旅发展进入4.0时代，即"旅游+康养+文化+定制生活"。文旅康养4.0时代不再是狭小定义下的传统旅游商业，而是"旅游+""文化+""康养+"的全新生活体验[2]；乔南（2020）提出，文旅康养产业最复合的形态包括健康服务、传统旅游以及健康产品开发等业务。

综上，文旅康养产业是一种以旅游为载体、特色地域文化为引领、健康养生作为支撑的全新的旅游度假和休闲生活方式，文旅康养产业则是文化、旅游与健康养生产业的全新融合产业，它涉及旅游、文化、康养之间的"渗透+交叉+融合"以及与之相关的作用机制。从宏观经济层面看，康养文旅产业的融合发展已成为推动经济高质量发展的必然选择，在需求侧，国家整体经济实力的增强是推动其融合发展"拉力"；在供给侧，"康养""旅游"主动与养老、医疗、文化等产业融合成为产业融合的"推力"；以"康养"和"旅游"两条主线，加快推动康养文旅产业融合发展，将成为我国国家经济发展战略的重要组成部分。

（二）理论基础

由于康养文旅产业属于新兴产业，学界对其融合发展的相关研究多以案例研究为主，而理论化、系统化的研究相对较少，实业界对康养文旅产业融合发展的理论基础、发展趋势缺少系统性的分析总结，从产业

---

[1]　林峰.康养文旅产业融合的"推、拉"作用机理研究[J].经济论坛，2021（1）。

[2]　孟香香，刘德亚，刘姣.文旅4.0时代休闲康养与文化旅游产业融合发展路径探析[J].职大学报.2020（04）。

发展的实践特点来看，其基本的经济学理论基础是产业融合理论；从我省推动文旅康养产业融合发展的实际来看，涉及比较优势理论；从文旅康养产业在全省的定位来讲，则涉及现代化产业体系理论。

1.产业融合理论

产业融合现象起源于信息技术革命，20世纪80年代以来，随着数字化技术、通信技术、互联网和计算机技术的发展，在出版、电信、广播电视等产业中出现了产业边界模糊，甚至消失的现象，这种现象以"数字融合"为最初的表现形式，并成为产业融合的起源。因此，一般认为，技术进步和放松管制是产业融合产生的主要原因（植草益，2001）。当前，产业融合和产业边界的模糊是社会经济发展的一个重大趋势，融合发展也成为现代产业发展的基本方向[1]。

从产业产品层面看，马健（2002）认为产业融合是由于政府放松管制，从而使产业之间的技术融合，导致原本的产品需求与产品特征发生改变，各产业的边界愈发模糊甚至交叉重组[2]；从技术层面看，卢东斌（2001）认为，产业融合并不是产业的相互叠加，随着高新技术的迅速发展，传统产业得以改造，通过技术创新对原有产业进行改革，从而使两个或多个产业融为一体，产生新的产业的过程[3]；从产业发展层面看，厉无畏（2002）认为，产业融合是产业合并衍生出的概念，不同地区、不同产业之间的兼并活动频繁，产业与产业之间能够相互渗透、互相影响，从而形成产业融合[4]；从市场经营层面看，于刃刚等（2003）认为，产业融合就是由于产业进入壁垒的降低，打破原有的行业经营

---

[1]　周丽.文化创意产业与三次产业的融合发展研究--基于广东肇庆的实践探索[M].北京：企业管理出版社，2014。

[2]　马健.产业融合识别的理论探讨[J].社会科学辑刊，2005，（03）：86-89。

[3]　卢东斌.产业融合:提升传统产业的有效途径[J].经济工作导刊，2001（06）：4。

[4]　厉无畏.产业融合与产业创新[J].上海管理科学，2002，（04）：4-6。

界限，使产业之间产生新的竞争协作关系，正是由于这种进入壁垒的降低，改变了产业之间的竞争协作方式，从而产生一种新的产业发展规则[1]；从社会分工层面看，胡永佳（2007）认为，产业融合就是产业分工形式的变化，社会分工将由产业间的分工形式转化为产业内部的分工形式，而产生这一结果的过程就是产业融合的过程[2]。综上，产业融合是"在技术的作用下不同产业或同一产业的不同行业中的资源、市场等要素发生重叠，产业经营壁垒缩小甚至消失，产业间的关联关系逐渐凸显，各要素在空间内渗透、重组实现互动融合，形成新兴产业的过程"[3]。因此，产业融合的本质是要提高附加值，产业的附加值包括了物理附加值和心理附加值[4]；而从产业自身角度来看，产业融合主要分三种形式：一种是对传统产业的改造，即将高新技术产业融入传统产业中，形成产业渗透；一种是产业的衍生，通过技术使相互关联的产业实现互补延伸，使各要素得到合理配置，产生新的产业或产品形式，形成产业交叉；一种是产业的分割，通过技术完善整体产业链，将一大类产业进行细化分工，形成关系密切的子产业。

　　文化旅游和康养产业的融合发展，突出体现技术创新是其内在动力，理念融合是思想保障，产品融合是最终的落脚点，服务融合则是产业融合的外在衔接，市场融合是产品融合、服务融合的生存空间，而产品融合、服务融合反过来又是市场融合的着力点。进一步来说，市场融

---

　　[1]　于刃刚，李玉红.论技术创新与产业融合[J].生产力研究，2003，（06）：175-177。

　　[2]　胡永佳.从分工角度看产业融合的实质[J].理论前沿，2007（08）：30-31。

　　[3]　张杰.青海省文旅产业融合对经济高质量发展影响研究[D].青海师范大学，2023。

　　[4]　蒋莉莉.文化产业融合发展路径研究[M].上海：中国出版集团 东方出版中心，2016。

合是产业融合的终极形式，最终将形成一个崭新的文旅康养统一大市场。

2.比较优势理论

比较优势的理论探源可追溯至亚当·斯密（Adam Smith）的绝对优势理论，有代表性的学者包括大卫·李嘉图（David Ricardo）、俄林（B.Ohlin）和赫克歇尔（E-Heckscher）等，"李嘉图时代"使得比较优势理论基本成型，李嘉图的"比较优势"理论指出了优势互补、互通有无的贸易模式，认为"比较优势"源自各国的技术水平；而赫克歇尔—俄林理论（HO理论）进一步认为：技术的不同源自各国要素禀赋的不同，外生要素禀赋是"比较优势"的根源。如今，比较优势理论已形成了较为成熟和系统的理论框架，经济学家对"比较优势"理论的内容、相关的贸易模式、一般均衡性质、福利性质、贸易政策分析等因素进行了详尽的分析［如Dixitand Norman（1980）等］，并产生了外生比较优势、内生比较优势等理论分支，在中国融入国际市场的过程中，"比较优势"甚至成为中国参与国际市场的基础；基于"比较优势"理论，经济学家们也提出了很多发展战略，中国学者林毅夫在"比较优势"原则的基础上，提出了一整套的发展战略——新结构主义（林毅夫，2012），成为比较优势原则衍生出的发展战略的代表，他认为，比较优势是有效的，经济不发达地区应当根据本地区的比较优势进行产业布局，从而提升经济增长速度；谢朝晖（2021）认为，比较优势是某个地区中资源要素、发展环境、区位等多方面的优势的综合体现，主要包含要素禀赋比较优势和市场要素比较优势，其中，要素禀赋的比较优势更多来源于"天生的条件"，也就是区域的能源、劳动力等要素禀赋，属于外生性的比较优势，而市场要素比较优势，则更多是注重由于专业分工、高效学习、交易效率等带来的在生产效率上的提升，例如技术水平、市场发展条件及市场发展环境比较优势等[1]。

3.现代化产业体系理论

现代化产业体系源于"现代化经济体系"概念，2017年，党的十九大报告首次提出要"贯彻新发展理念，现代化经济体系"，并提出，我国经济已由高速增长阶段转向高质量发展阶段，正处在转变发展方式、优化经济结构、转换增长动力的攻关期，建设现代化经济体系是跨越关口的迫切要求和我国发展的战略目标。张辉（2018）认为，现代化经济体系是贯彻新发展理念，以现代化产业体系和社会主义市场经济体制为基础的经济体系，以现代科技进步为驱动、资源配置效率高效、产业结构和产品质量不断升级的可持续发展的经济体系；洪银兴（2018）指出，新时代开启现代化国家新征程的关键在于建设现代化经济体系，而现代化经济体系的关键有三个体系：一是创新体系，二是供给体系，三是制度体系；高培勇等（2019）认为，在中国经济由高速增长阶段转向高质量发展阶段的背景下，现代化经济体系可以理解为经济体系转换的过程，即从适应高速增长的传统经济体系转换到适应高质量发展的现代化经济体系[2]。

构建现代化产业体系是推进中国式现代化的重要内容[3]，没有产业体系的现代化，就没有经济的现代化[4]。党的二十大报告首次对"建设现代化产业体系"作出战略部署，二十届中央财经委员会第一次会议提出"推进产业智能化、绿色化、融合化，建设具有完整性、先进性、安

---

[1]　谢朝晖.中国制造业比较优势、集聚 与绿色经济效率研究 [D].辽宁大学博士论文，2021。

[2]　高培勇，杜创，刘霞辉，袁富华，汤铎铎.高质量发展背景下的现代化经济体系建设：一个逻辑框架[J].经济研究，2019（4）。

[3]　刘世虎.加快构建现代化产业体系[N].人民日报，2023-11-09。

[4]　金观平.现代化产业体系要三产融合发展[N].经济日报，2023-05-13。

全性的现代化产业体系"，明确了现代化产业体系的重要特征，也为我们建设现代化产业体系提供了科学指引。

综上所述，现代化产业体系主要包括五个方面的重要内容：一是以新型工业化为目标的实体经济；二是以融合集群发展为基本特征的战略性新兴产业；三是优质高效的服务业新体系；四是与实体经济深度融合的数字经济及产业集群；五是现代化的基础设施体系。

文旅康养产业融合发展，既是打造现代服务业新体系的重要组成部分，更是推动供给侧结构性改革、实现国内国际双循环的重要一环。在新发展格局下，要充分利用我国文化旅游市场超大规模优势，引导人民群众实现理性消费、绿色消费，顺应旅游消费升级趋势，培育新型消费形式，强化需求侧结构性改革，打造完善的文化旅游产业链条[1]，构建完善现代文旅康养产业融合发展新体系。

（三）经验借鉴

1.德国：森林康养旅游起源地

德国于十九世纪四十年代在巴特·威利斯赫恩镇建立了全世界首个森林浴基地，这是森林康养产业最早的表现形式。目前，德国共有约350处获得批准的森林疗养基地，其森林康养产业以森林医疗模式为基础，具有三个特点：一是森林康养将重点放在治疗效果上，一些传统的养生疗法已经被列入了医疗保障系统，在经过医生诊断之后，病人在进行森林康养的过程中无需支付任何额外的费用；二是在森林经营管理过程中，健康养生的功能定位明确，侧重于健康修复和养生疗养，发展森林康养产业永远处于优先地位，而且作为一项基本的国家政策，民众到森林公园所花费用可以报销，与此同时，公务员被强制要求进行森林康

---

[1] 李鹏，邓爱民."双循环"新发展格局下旅游业发展路径与策略[J].经济与管理评论.2021，37（05）。

养。"森林康养"计划的施行使得德国在医疗上的开销减少了30%；三是森林康养活动的推广促进了就业率的提高，巴特·威利斯赫恩镇每年接待游客约7万人，70%以上的人口几乎都从事着与森林疗养有关的工作，大大推动了小镇基础设施的建设，目前当地有15万hm²市有林、100余hm²的森林疗法步道及疗养观光场所。与此同时，森林康养产业的蓬勃发展使得国家对康复治疗师等专业人才的需求不断增加，在产业发展的过程中，德国还形成了许多具有世界影响力的产业组织，例如高地森林骨科医院等[1]。德国的康养旅游资源除了森林资源外，还包括国家公园、生物圈保护区、自然公园为主的国家自然景观和以北海弗里西亚群岛、波罗的海群岛、内陆河流或湖泊中岛屿为主的特殊岛屿资源。这些富有特色的旅游资源构成了德国特有的健康与养生项目：气候运动康养疗法和气候治疗、洞穴氡疗康养法和健康矿山疗法、克奈普疗法（Kneipp）、费尔克疗法（Felke）和施罗特疗法（Schroth）等综合康养法、水疗和矿泉康养法、泥疗康养法、海水浴康养法。

2.亚洲各国：开发各具特色的康养旅游项目

与欧美国家不同，东亚和东南亚等国家由于旅游业的蓬勃发展，倾向于通过提供各种放松身心、疾病治疗、美容护理等旅游服务项目，帮助人们获得幸福感。（1）日本。日本的"体检旅游"类康养产品颇受国际市场青睐，日本国民平均寿命约为84.7岁，是世界上人均寿命最长的国家之一，原因之一就是其成熟的医疗体系和先进的医疗技术。日本防癌体系始于20世纪七八十年代，目前已经达到了一级防癌体系，能发现毫米级癌细胞，技术水平处于领先地位。日本的"体检旅游"已形成非常成熟的模式和独有的服务体系，日本人秉持谦恭的做事风格和服务意

---

[1]　张胜军.国外森林康养业发展及启示[N].中国社会科学报，2016-05-16（007）。

识，和式服务深得人心，体检旅游全程会有专业顾问定制服务、专业医学翻译陪同、专业报告翻译服务、体检当日接送服务、体检当日精选午餐、安全旅行保险以及旅游线路定制等全套服务，让游客放心、舒心、称心。（2）印度。印度的"瑜伽旅游"是最具当地特色的优势康养项目，印度普纳有两大瑜伽学院，一是瑜伽大师创办的艾扬格瑜伽学院，重在严谨的瑜伽教学和身体治疗；另一个是著名的冥想中心"国际静心村"，以社区的方式进行心灵修行，会提供上百种冥想的方法。普纳以印度瑜伽文化为基础，衍生各类哲学、静修、身体疗养以及社区交友等活动，形成独特且有吸引力的康养旅游活动。（3）泰国。SPA是泰国服务业强项之一，令各国游客趋之若鹜，为公认的SPA大国，泰国SPA容本土与西洋，兼高贵与亲民，集保健与休闲，形成蔚为大观的产业，泰国作为亚洲SPA策源地乃至世界SPA重镇，酒店/度假村型SPA具有十分重要的地位，在曼谷有众多世界一流、超豪华酒店以SPA闻名，如始建于1876年的文华东方酒店，1993年该酒店创建了东方水疗中心，成为亚洲第一家酒店SPA，该酒店还开创了"四手按摩"手法，至今在泰国SPA业中沿用，很受来自世界各地SPA爱好者的欢迎，2004年开业的全球第一家Chi SPA，如今已成为世界一流连锁酒店集团中SPA品牌的佼佼者，此外，泰国SPA游的吸引点还包括了丰富多彩的都会型SPA、兼容并包的泰式按摩技法，甚至是按摩用的药草球、精油也成了泰国SPA旅游的热门购品。（4）澳大利亚。澳大利亚的康养产业侧重于健康的生活方式和疾病预防[1]，主要以中小企业为主导，其中大多数是以温泉酒店和度假村的方式存在，大致包括三种形式：关注身体和美容护理的美容酒店或度

---

[1] Green CG, Klein EG. Promoting Active Transportation as a Partnership between Urban Planning and Public Health: The Columbus Healthy Places Program [J]. Public Health Reports，2011，126（1）：41-49.

假村，旨在改变参与者生活方式的度假村以及以亚洲的哲学文化和冥想方式为特色的度假村[1]。

3.浙江省：擦亮"浙里康养"名片

近几年，浙江省以山水为底色、以生态为特色、以文化为灵魂、以康养为载体、以旅游为纽带，探索多元化"康养+"路径，如康养+红色旅游、康养+森林资源、康养+农林文旅、康养+养生保健、康养+养老产业等，推动浙江康养文旅业态、产品、要素的高质量跃迁。早在2016年，浙江省发布的《健康浙江2030行动纲要》就提出：要培育与发展健康产业，形成集湖滨疗休养、风景疗休养、山地疗休养、森林疗休养于一体的多元化疗休养行业发展格局。基于当地资源禀赋和各地实际，浙江省打出不同的康养组合拳：依托"七山一水两分田"，一"山"一"海"的文旅基底，强调浙江专属的自然生态品牌，鼓励山区依托森林资源，做山水文章，稳步打造森林康养游，海岛城市则围绕"一岛一品"建设，塑造各海岛独特的竞争优势，推动陆岛、岛岛联动，着力打造个性化"星辰大海"，此外，依托各地的中医药文化资源，或传承至今的康养生息之道和非物质文化遗产资源，打造医药健康养生目的地。2022年，浙江加快打造"浙里康养"标志性成果，发布了"十佳康养旅游目的地"榜单，一口气推出全省康养旅游的"招牌菜"，助力擦亮"浙里康养"金名片，分别为：杭州皋亭山千桃园康养特色小镇、宁波宁海森林温泉康养自在小镇、温州文成长寿康养之乡、温州洞头海霞红色康养村、湖州莫干山开元森泊度假乐园、金华磐安康养之城、台州三门大美湾区鲜甜港城、台州玉环慕心海度假山居、丽水云和梯田景区和丽水青田潮康养休闲城。

---

[1] Éva Csirmaz, Károly Pető .International trends in recreational and wellness tourism[J]. Procedia Economics & Finance，2015（32）：755-762.

其中"金华磐安康养之城"依托于磐安县，磐安是"中国药材之乡"，是浙产道地药材最重要的主产区和集散地。磐安县内有1200多种药用植物，浙产道地药材"浙八味"中的"五味"——白术、元胡、玄参、白芍、浙贝母都产自磐安。优良的生态环境再加上中药材，成为磐安发展全域康养的最大优势。对此，磐安充分发挥中药材种植基础优势和中医药养生文化底蕴，推动一二三产和"中医药+"深度融合发展，促进中医药旅游、养生、养老等产业集聚。磐安县的江南药镇是国家AAA级旅游景区，是浙江省唯一以中药材历史经典产业为依托的特色小镇。在磐安精心打造下，萧统文化广场、悬壶济世广场、磐五味文化柱公园、小镇客厅、旅游接待中心、数字指挥中心等面貌一新，参茸保健品一条街、中药文化风情街、药膳一条街、中药材博览馆、中药文化展示馆等主题旅游产品节点，已成为磐安游购两旺的一道亮丽风景线。康养旅游兴旺也带动了当地企业的发展。由磐安县方正珍稀药材开发有限公司开发的铁皮石斛仿野生种植基地，是磐安县铁皮石斛林下仿野生栽培标准化示范基地。"近年来，公司在磐安县内率先开展铁皮石斛引进种植与产业化开发，形成了'基地+科研+观光'融合发展模式。"得益于磐安旅游发展，公司还建立了农民田间学校，逐步完善配套设施，发挥科研、科普、体验、观光等功能。

4.广西：推动文旅康养深度融合

近年来，广西统筹推进文旅产业融合发展，重点围绕文旅与康养、农业、科技、工业、体育等产业深度融合发展，培育文旅产业发展新业态，开发文旅消费新产品、新场景。近几年，先后印发《关于加快建设世界旅游目的地推动旅游业高质量发展的意见》《广西"文旅+"产业融合培育新业态拓展新消费三年行动计划（2022—2024年）》《关于加快文化旅游业全面恢复振兴的若干政策措施》等专项规划和行动意见，其中《广西"文旅+"产业融合培育新业态拓展新消费三年行动计划（2022—2024年）》提到，将"培育文旅+健康新业态，培育10个以上国家级健康旅游品牌，打造一批以康养为主题的旅游度假区，培育10条以上康养旅游度假精品线路，评选出百项广西健康旅游必购消费品"，通过一系列鼓励支持政策，积极指导帮助各地创建国家文化和旅游产业融合发展示范区，鼓励旅游景区、文化场馆根据自身文化特色开发文化和旅游创意产品，将文化内涵、文化价值融入旅游产业链各环节，实现旅游业态价值升级。在广西，"巴马"是一个最响亮的康养品牌，近年来，巴马大力挖掘壮瑶文化、长寿文化，推进"文化+旅游+康养"深度融合发展，着力打造世界级健康旅游目的地。在基础设施建设方面，巴马累计投入3.42亿元建设旅游集散中心、特色乡村旅游、景区互联互通、旅游标识系统等232个项目，投入19.29亿元健全完善文化旅游基础设施，创建了一批星级旅游景区和旅游饭店，提升了文旅要素保障水平；同时，巴马坚持多业态融合发展，围绕健康食品、健康服务、健康科技三个核心业态，着重发展天然饮用水、长寿食品、健康医养、精品体育、会议会展、生物科技、特色医药七大产业，打造百亿元健康水产业、百亿元长寿食品加工业、百亿元文旅康养产业、百亿元数字经济产业"四个百亿元"生态产业发展集群，初步构建了特色鲜明、具有竞争力的大健康融合产业体系。

二、山西文旅康养产业融合发展的现状与主要短板

（一）总体运行情况

总体来看，与全国一样，疫情三年，山西文旅康养产业发展遭受了前所未有的重创。省委省政府及时纾难解困，精准施策，地方及部门倾力协同，共克时艰，全省文化和旅游系统聚焦建设新时代文化强省和国

际知名文化旅游目的地总目标，强基础、补短板、练内功、提品质，积聚了蓄势待发的能量，练就了拥抱市场的本领，文旅康养市场主体增速高于全省平均增速，文旅产业规模不断壮大。具体来看，主要体现在以下四个方面：

一是发展成绩亮眼。A级景区建设方面，实施旅游景区"9+13"梯次打造培育计划和A级景区倍增计划。联手陕西延安，黄河壶口瀑布旅游区2022年成功创建国家5A级旅游景区，成为我省第10家国家5A级景区，晋祠天龙山景区线上通过文旅部景观质量验收，进入5A景区创建预备名单；2023年全年新增4A级景区13家，全省4A级景区达到141家，临汾、运城、阳泉三市在全省率先实现县域A级景区全覆盖。旅游度假区建设方面，截至2023年底，全省省级旅游度假区达到57家。国家级旅游度假区创建初见成效，忻州云中河温泉度假区和陵川太行锡崖沟旅游度假区通过文旅部组织的基础评价线上答辩，两地有望在2024年首获国家级旅游度假区殊荣。文旅融合发展方面，大力推进省级文化产业和旅游产业融合发展示范区创建单位建设，前后组织三批22个县（市、区）和4家旅游景区入选省级文旅融合发展示范区创建单位，武乡县入选全国红色旅游融合发展试点单位，为入选国家级文化和旅游产业融合示范区起到了"蓄水池"和"资源库"的作用。文旅康养示范区、集聚区打造方面，深入实施文旅康养市场主体倍增工程，新增太原市迎泽区森栖小镇等15家省级文旅康养示范区，太原晋源区等10家文旅康养集聚区。新产品新业态培育方面，大力发展红色旅游、乡村旅游、工业旅游，圆满完成国家"奋进新时代"主题成就展山西单元讲解任务，4名讲解员入选文旅部全国红色旅游"五好"讲解员名单。设计推荐23条线路入选文旅部"乡村四时好风光 稻花香里说丰年"全国乡村旅游精品线路，大同市灵丘县红石塄乡等6镇（乡）、阳泉市郊区西南舁乡咀子上村等33村被评为全国乡村旅游重点镇（乡）、村。大同晋华宫井下探秘游、太原六味斋云梦坞、太原市东湖醋园、大同市开源一号文化创意产业园等4家景区被文旅部评为国家工业旅游示范基地。运城芮城圣天湖景区成为国家体育旅游示范基地。

二是文旅消费提质增效。疫情发生以来，全省上下积极开展形式多样的助企纾困活动，开展常态化入企帮扶服务，出台《关于支持文化旅游业高质量发展的若干措施》，累计暂退旅行社服务质量保证金1.7亿多元，对新评定的国家4A级景区按照奖励金额全部发放，兑现"引客入晋"旅行社奖励资金1000多万元。2023年上半年的"东方甄选山西行（北部）"，网络大咖董宇辉与新东方创始人俞敏洪助力山西文旅"破圈"，6天的网络直播，吸引全国人民的目光聚焦山西、数亿级的直播流量汇聚山西、上亿元的山西好物销往全国，向全国人民展示了魅力独特的三晋文化，提高了山西的知名度和美誉度，有力地带动了我省文旅产业链上下游市场主体的活跃度，促进了数字经济与实体经济深度融合，加快了我省转型发展新动能。2023年9月末的周杰伦山西太原演唱会，一连四天的演唱会里，超过20万人相聚于山西体育中心红灯笼体育场，滴滴数据显示，9月21日演唱会首日，太原出行需求比去年同期上涨78%，其中夜间出行需求激增，比去年同期增长168%，比上周增长65%；此外，机场、火车站的出行需求比去年同期上涨近130%。周杰伦演唱会不仅快速拉升了演出市场的热度，还带动了太原当地机票及体育场周边酒店的热度及价格，举办地迎来消费新高峰。推动平遥县一得客栈等四家民宿单位获评国家甲级旅游民宿，黎城县壶山旅游度假区"太行人家"等三家民宿单位获评国家乙级民宿。评选15家单位为省级夜间文化和旅游消费集聚区，推动晋中市《又见平遥》文化产业园等8家单位成为国家级夜间文化和旅游消费集聚区；评出三批省级旅游休闲街区24家，忻州古城文旅休闲生活街区、太原市迎泽区钟楼步行街、运城市盐湖区岚山根·运城印象步行街、太原古县城十字街和又见平遥文化产业园区印象新街等5条街区成功创建成为国家级旅游休闲街区。室内大型实景演艺《又见平遥》项目入选文旅部发布的20个沉浸式文旅新业态示范案例。

三是宣传推介亮点突出。建立全省一体化宣传营销机制，实施"美在身边 晋在眼前"山西人游山西活动，推出"晋享清凉 活力一夏""康养山西 秋行大运""晋迎新春 团圆山西"等系列配套活动。东方甄选一场文化直播让山西成为"网红省份"，晋城话"一方水土养一方人"甚至传到了大洋彼岸，山西老陈醋被"正名"，承办周杰伦演唱会事件被全网点赞。我省《100件文物读中华文明史》被评为国内旅游宣传推广优秀案例。2022年省级文化和旅游行政部门政务抖音传播力位列全国第六位。成功举办全省旅发大会、大河论坛·黄河峰会、晋城康养产业大会、"中国旅游日"主会场活动等，"华夏古文明 山西好风光""康养山西 夏养山西""旅游满意在山西"等品牌持续叫响、擦亮。

四是市场环境更加有序。标准化管理成为旅游行业管理的重要手段，发布25项旅游标准，全面促进服务质量提升。扛牢疫情防控文旅责任，指导4.3万从业人员开展核酸检测264万余次，守牢文旅阵地。深入推进安全生产专项整治"三年行动"，开展安全风险隐患大排查大整治"百日攻坚"等行动，推进文化市场"春和""夏安""秋风""冬净"专项行动，组织景区安全和秩序交叉检查，开展"文明旅游、文明经营"活动，营造健康有序、安全稳定的发展环境，让"华夏古文明、山西好风光"文旅新形象不断彰显。连续三年未发生安全生产责任事故。执法工作捷报频传，文旅部2021年全国文化市场综合执法考评我省首次进入第一方阵，3起案件被评为全国文化市场综合执法重大案件，省文旅厅文化和旅游市场综合执法监督局连续两年被评为全国"扫黄打非"先进集体。

（二）存在的短板问题

总体来看，我省文旅康养产业与先进地区相比，结构性体制性素质性矛盾、发展不充分不平衡不协调问题仍然存在，文旅康养产业的资源开发利用与我省在全国的资源禀赋地位不匹配，产品供给与人民美好生活需要不匹配，产业对转型发展的贡献度与战略性支柱产业定位不匹配，一些短板亟待弥补，一些难题亟待破解，一些工作实效亟待提高。

业态融合不系统。文化资源、旅游资源以及康养资源开发深度不够，景区（点）文化内涵挖掘不足，产业链的纵向延伸不充分，在业态、内容、模式和管理创新等方面融合度不深不广，"康养山西　夏养山西"的品牌尚未形成全国性影响。

产品供给不到位。大部分文旅项目"资源当作产品卖"，除却名山大川古城镇，包括康养在内的新兴产品供给能力偏弱。包含交通在内的基础设施体系、公共服务设施体系相比发达省市仍存在差距，导致产品供给与旅游市场需求不适配，目的地和廊道产业集聚的时空受限。

主体培育不充分。文旅康养企业呈现"小、散、弱"特点，产品附加值不高，吸引力不强，旅游市场主体的企业活力和产业竞争力不强，高质量转型发展能力不足，缺少具有支撑力、带动力、创新性大型文旅康养企业。

市场拓展不给力。本地市场支撑偏弱，外部市场依赖度高。晋冀豫陕蒙5省区中，山西的人口和GDP仅高于内蒙古，本地康养度假市场规模有限，特别是高端产品和业态发展有赖于外部优质客群的支撑。京津冀城市群作为区域主要客源市场，自身拥有太行山、燕山等相似的山岳气候避暑资源，山西具备省际吸引力的差异化康养体验产品不足。

要素配套不完善。文旅康养产业发展政府专项扶持资金投入有限，尚未搭建成熟的融资平台。文旅康养项目用地供应不足。在景区规划、纪念品开发、文化旅游品牌形象宣传等方面经费投入不足。

人才支撑不匹配。文旅康养是一个跨界融合的产业，对人才的专业性、知识性要求较高，建设一支具有文旅康养管理、经营、服务三个层面的旅游人才队伍体系至关重要。目前来看，我省文旅康养产业高端文化人才、创意人才、复合型人才的稀缺，导致文化创意、旅游与康养之间难以实现有效联动，经营管理人才、高水平的专业服务人才短缺，制约着文旅康养产业深度融合发展。

三、高位锻造山西文旅康养产业融合发展比较优势

习近平总书记强调，"各地区要找准自己在国内大循环和国内国际双循环中的位置和比较优势"。山西是全国文化旅游资源富集的省份，尤其是历史文化资源数量多、类型丰、品质高，是资源型经济转型和高质量发展的主导性优势。具体来看，山西发展文旅康养产业主要具有以下比较优势：

（一）充分用好、巩固拓展已有比较优势

厚重的历史人文优势。山西文化资源极为丰富，涉及种类之多、维度之广、品类之全，在国内首屈一指。无论是古城大院、宗教艺术，还是边关城防、红色遗址、民俗文化等，山西的文化资源都称得上是顶级的存在。以"表里山河"著称的山西，因独特的气候条件和地形优势，造就了文化资源的长效保存。山西是拥有全国重点文物保护单位最多的省份，截至目前已高达531处。此外，山西还拥有3处世界文化遗产地、10处国家5A级旅游景区、10处国家地质公园、15处国家湿地公园、26处国家森林公园。山西拥有"中国三大商帮"之一的晋商、"中国四大名醋"之一的山西老陈醋和"中国四大名酒"之一的汾酒。同时，以刀削

面为代表的面食文化、以晋剧为代表的戏曲文化、以大槐树为代表的寻根祭祖文化和以面塑为代表的民间工艺文化，无不彰显着山西文化底蕴的厚重。

突出的自然资源优势。山西边界山环水绕，境内高山峻岭，黄土丘陵纵横交错，复杂多变的地貌造就了许多名山大川、溶洞怪石、清泉湖泊、激流瀑布、珍稀生物等丰富多彩、特征突出的自然景观，具有数量多、分布广、观赏性强、特色鲜明、与人文景观交织等特点。部分垄断性较强的资源极具王牌实力，如世界罕见的黄土地貌，气魄雄浑的黄河壶口瀑布，我国东部最大的峡谷风景带太行大峡谷群，我国东部典型的火山群大同火山群等。自然和人文高密度融为一体，山、水和古老的建筑群、传说掌故紧密相连，显示着厚重的文化底蕴，奠定了我省生态旅游在全国不可替代的重要地位。据专家考证，山西的山、水、林、洞四项综合指标水平在全国各省区市中名列第七、八位，在江淮以北各省中居首位。山西的国家森林公园、国家级风景名胜区、国家级自然保护区的数量分别列全国第4、7、10位。

特殊的地理区位优势。山西是华夏文明重要发祥地之一，同"一部河南史、半部中国史"的河南省与"地下文明看陕西"的陕西省，共同构筑了华夏古文明文化旅游中心地带，也以涵盖中原文明、盛唐文明、明清文明等多重文明优势，共同组成了国内文化旅游核心圈层。山西紧靠北京、西安两大国际知名文化旅游目的地城市，地理区位、交通区位处于北京至西安的国际"黄金"旅游线路上，旅游品牌、旅游产品、旅游线路打造容易与其形成互补，相映生辉，便于一起构成具有高认知、高识别度和高市场流量的中华优秀传统文化集中体现地、汇聚中华民族精神高地。

多彩的康养资源禀赋优势。山西康养资源多彩多姿，气候宜人。从地势上看，山西地处第二阶梯，大部分地区海拔在1500米左右，正处在负氧离子富集层。从纬度气候上看，山西介于北纬34°到40°之间，属于温带大陆性季风气候，四季分明，夏无酷暑，冬无严寒，山区夏季平均最高气温在26℃以下。全省平均年降水量468毫米、平均湿度59%，与人体适宜的外界温度、湿度、海拔吻合，可谓四季宜居。山西夏季处处有清凉，五台山、芦芽山、庞泉沟、王莽岭是著名的清凉胜地，太原、大同入选最佳避暑旅游城市。山西地热资源丰富，从南到北温泉出露点高达400多个，忻府区奇村、顿村温泉久负盛名，云中河、盂县大众、襄汾荷花园是山西新兴温泉康养地的代表。山西是"面食之乡"，又是著名的"小杂粮王国"，适合人们的养生需求。山西党参、连翘、黄芪等道地中药材分布广泛、品质优良，龟龄集、竹叶青、老陈醋等保健食品享誉国内外，医养优势也十分突出。

（二）充分挖掘、培育壮大潜在比较优势

扎实的产业基础优势。通过多年的发展，特别是党的十八大以来，随着全域旅游的不断推进、文化和旅游的加快融合发展，我省不论在产业规模、市场主体数量还是旅游精品线路打造方面都取得了长足进步。多年来，通过文旅康养资源的持续性保护开发，推出了一系列在国内叫得响、国际立得住的文化旅游名片。以黄河、长城、太行三个一号公路建设为主线贯通，以高铁、高速公路和民航通航机场建设为代表的交通基础设施明显改善，为我省文化旅游业的快速发展插上了腾飞的翅膀；以"华夏古文明 山西好风光"和"康养山西 夏养山西"的文旅品牌宣传推广，有力地宣传了山西的美好形象；以乡村旅游、红色旅游发展带动数以万计的周边百姓"吃上了旅游饭"，摆脱了绝对贫困，为我省广大地区的百姓就业、增收致富，特别是脱贫巩固、乡村振兴做出了文化旅游的产业贡献。这些都为我省文旅康养产业融合发展奠定了良好的基础。

　　蓬勃的市场需求优势。受持续三年的新冠疫情影响，旅游市场产品供给和人们的旅游休闲消费需求发生了根本性、颠覆性的变化。一个显著的变化就是人们对传统景点景区的游览热情，旅行社组团旅游的形式依赖大为降低，以追求休闲养生为目的的个性化、家庭化的"小组团"旅游日渐增多，人们对在地化、场景化、微旅游、微度假和围炉煮茶、帐篷露营等文化旅游产品的青睐，已经成为一种趋势，"特种兵式旅游"和"佛系旅游"也在年轻人中渐成时尚。随着人们旅游消费需求的不断增多和市场供给多元化的趋势加剧，文旅康养活动一定会成为社会生活趋于正常后消弭谨慎心态、放飞自在生活的一种自愈方式。

　　集成的产品服务优势。山西文化底蕴深厚，自然生态与历史文化资源时空融合，关联密切，特质突出，资源复合度高。山西山地资源集中，夏季气候宜人，生态植被良好，红色文化、乡村休闲旅游优势突出，文化与旅游的天然耦合，便于有效提高文旅资源的复合价值，可为游客提供多种符合文旅康养的产品线路选择，是我省不可多得的一大优势。随着国人文化自信的不断提升，以汉服、国风、国货"潮品"等为代表的传统文化消费备受热捧，从山西近邻陕西、河南的"文旅出圈"更能窥见这种趋势。文化旅游市场开始对优秀传统文化倾注更多兴趣，消费者也更愿意为文化旅游产品买单。这种需求正是山西文化旅游产品的优势所在，也将成为山西文化旅游潜力爆发点。

　　传统的精神特质优势。习近平总书记指出，"山西自古就有重商文化传统，形成了诚实守信、开拓进取、和衷共济、务实经营、经世济民的晋商精神"。"朴直厚道、礼让文雅、勤劳节俭、善于经营、善良真诚"一直是山西人秉承的精神特质。发掘"厚道诚信"山西传统精神特质和文化优势，提升区域整体形象，是新时代山西塑造营商环境优势的可行之举。这种精神特质便于塑造"山西人依法依规办事、山西人诚信厚道待客"的营商环境品牌,以良好营商环境吸引全国各地客商入晋投资创业;这种精神便于以三晋文化复兴培根铸魂城市更新和乡村振兴,提升山西的文化软实力;这种精神可以以一批重点文旅康养项目为承载,形成一批具有中国气派、三晋特色的山西文化地标。

(三)动态把握、积极打造新的比较优势

对标国家战略优势。山西的地理构造与战略位置,造就其同时拥有黄河、长城、太行山三大战略板块,战略机遇得天独厚。国家推动资源型经济转型、赋予山西建设国家资源型经济转型配套改革试验区、山西中部城市群建设等战略机遇,国家"十四五"文化和旅游发展规划中所提到的"建设黄河文化旅游带""推进长城、黄河等国家文化公园建设""深入挖掘和利用中部地区特色文化和旅游资源,打响文化和旅游品牌"等对山西来说都是重要的战略机遇窗口。

把握地区转型优势。山西近年来大力推进"由能源经济向绿色经济"转变,资源型经济转型发展态势强劲,能源革命综合改革试点纵深推进,内陆地区对外开放新高地加快建设,改革创新持续深化,乡村振兴全面推进,民生福祉稳步提升,在文化旅游发展上推出了"华夏古文明 山西好风光""康养山西 夏养山西"等文化旅游品牌。山西厚重的文化资源优势,在绿色经济的探索中必将绽放光芒,转化为文化旅游发展的不竭动力。

用好政策红利优势。近年来,山西省委、省政府高度重视文化旅游康养产业的培育发展,立足"太行、黄河、长城"三大板块建设布局10个康养产业聚集区和50个文旅康养融合示范区,把文旅康养产业列为着力培育的战略性支柱产业来抓,持续强化文旅康养产业政策引领支撑作用,大力培育"康养山西,夏养山西"专项品牌,先后出台一系列政策措施和配套政策,加快推动文旅康养产业发展,着力打造国际知名文化旅游目的地。

四、推动山西文旅康养产业融合发展的路径选择

当前，山西正处于转型发展的攻坚期、高质量发展的关键期，文化与旅游产业深度融合、文旅与康养产业融合发展的新思路为山西文旅康养产业发展指明了方向，文旅康养产业作为山西省战略性支柱产业，正在成为转型发展的新引擎、经济增长的新动力。

（一）文旅康养产业融合发展的指导思想与目标

锚定建设新时代文化强省和国际知名文化旅游目的地的总目标，坚持以文塑旅、以旅彰文，以康养拉长文旅全产业链，以文旅带动康养快速发展，培育文旅康养产业新优势和发展新动能，加快打造文旅康养高质量发展山西模式。

按照"一年打基础、三年上台阶、五年见实效"的目标要求，力争到2025年，文旅康养市场主体倍增、规模过万亿，产业增加值占GDP比重明显提升，在全国的位次持续前移，高品质产品服务供给进一步满足人民群众需求；力争到2027年，文旅康养战略性支柱产业地位巩固提升，初步建成新时代文化强省、国际知名文化旅游目的地。

（二）山西文旅康养融合发展的途径与抓手

1.实施高水平文旅康养集聚区建设行动，走出一条集约化发展的路子

如何激发形成县域发展文旅康养产业的内生动力，事关我省文旅康养产业高质量发展的前景，决定着初步建成新时代文化强省、国际知名文化旅游目的地的成色。坚持因地制宜、分类培育、示范引领，围绕文化体验、城镇旅居、山岳度假、乡村休闲、康体健身等类型，打造文化康养、山地康养、温泉康养、森林康养、乡村康养、运动康养、中医药康养等领域，在全省选择10个资源优势突出、发展基础好、产业潜力大

的县（市、区）建设文旅康养集聚区，通过不断集聚产业要素，壮大市场主体，丰富产品业态，提升服务质量，打造文旅康养产业增长极。

一要增强产业集聚力。提升和建设一批高等级旅游景区、文化产业园区、旅游休闲街区、夜间文化和旅游消费集聚区、文旅康养集聚区、文旅康养示范区等文旅康养产业发展载体。通过本体活化、体验优化、服务信息化，提升品质、丰富业态、完善服务，增强文旅康养产业的集聚发展能力。

二要提升市场竞争力。进一步完善文旅康养要素市场，壮大市场主体规模，创新业态发展，集聚一批活跃的市场主体。推动文旅康养企业规模化、品牌化、网络化经营，引导中小文旅康养企业向专业、精品、特色、创新方向发展，推进文旅康体商农等多类型、多业态集聚融合，提升产业发展效益，增强文旅康养产业的市场竞争力。

三要筑实环境保障力。加强文旅康养集聚区发展的环境保障能力，提升交通、接待、集散和信息化水平建设，统筹协调城乡建设和生态环境保护，提升产业要素质量和配置效率。鼓励开展资源普查和价值挖掘，创新文旅康养产业发展资源要素环境，提升文旅康养集聚区发展的人文环境和生态环境保障能力。

四要放大创新发展力。加大对文旅康养集聚区打造的政策创新和支持力度，推动文旅康养企业创新业态、完善配套、提升服务，促进文旅康养市场主体健康发展。复制杭州市鼓励引进世界级主题公园品牌、国际知名文旅IP项目扶持政策，细化招商引资扶持政策，吸引社会力量积极参与，支持民间资本投资建设文旅康养设施，打造高质量发展的文旅康养集聚区。

2.实施资源盘活提质增效行动，走出一条差异化发展的路子

文旅康养资源开发从决策规划到建设运营，再到营销盈利，涉及主

206

体多、流程周期长、干扰因素多，景区运营低效、资源要素闲置等现象并不鲜见。当务之急要正确处理老问题与新问题、盘活与关停、小资本和大资源的关系，引领资源利用整体升级、持续发展。

一要起底"有资源无产品"的闲置景区。分类建立资金、人才、项目的引进标准，瞄准大型央企、行业龙头、上市企业，引进有实力的国有资本、社会资本、产业资本、金融资本，包括国内外大型文旅康养投资集团、优强风险投资机构、产业基金等，对部分文化旅游景区重新规划、二次开发，促进资源开发、业态升级，推动景区尽快进入市场。

二要出清连续多年不投入的"圈地式"景区。强制经营主体"退出"，收回经营权。吸引市场营销、项目策划、产品开发、公共服务等各类高端团队和人才，提高景区运营管理专业化、市场化水平。对标准化程度相对高、治理监督机制相对充分的主题乐园、古城古镇、主题街区、乡村旅游等景区，鼓励采用先进团队托管运营、租赁管理、投资参股等模式开展合作。

三要提振经营管理不善不盈利的低效景区。积极引进各类知名运营团队，开展旅游资源经营权出让、管理权转让特许经营试点。推进景区资源开发利用向高附加值转化，以强带弱联姻、"弱弱"整合提升，激活景区市场影响力。鼓励培育文娱旅游、自驾营地、温泉康养、夜游美食、科技旅游、文化创意等业态，促进新型消费快速成长，有效提升景区核心竞争力。

四要盘活旅游设施闲置、经营机制不灵活的景区。进一步理顺景区管理体制、经营机制和各类利益关系，解决景区历史遗留问题，建立灵活高效的市场化经营机制。借鉴发达地区头部景区先进经验，推动建立政府做"生态"，景区做"平台"，市场做"业态"的现代景区运营治理体系，鼓励景区与各类团队探索实施更加市场化的合作模式，确保资源开发管理形成更高质量的投入产出效率。

3.实施龙头景区"9+13"梯次打造行动，走出一条优质化发展的路子

龙头景区是文旅康养产业发展的核心优势和关键动能。实施龙头景区"9+13"梯次打造计划，提升景区质量、做大景区规模，对加快打造文旅康养高质量发展山西模式意义重大。当前，要打造以世界文化遗产、优秀历史文化、壮美自然风光为主题的旅游目的地体系，探索景区多元融合，推进"景区+"发展，营造共生印象。

一要高标准建设三大世界遗产地。按照"依托城市+核心景区+旅游廊道"空间推进模式，依托云冈石窟、平遥古城、五台山三大世界遗产资源，强化资源保护，延伸产业链条，提升综合功能，重塑竞争优势，加快建设特色鲜明、底蕴深厚、功能完善的国际知名文化旅游目的地。

建议借鉴黄山的"小快灵"立法模式，三大世界遗产地在保护历史文化、推进社会治理现代化等方面积极探索、纵深推进，丰富立法形式，为遗产地传统文化与自然生态保护、社会综合治理、当地民生事业提供强有力的法治保障。

二要高起点打造一批高等级旅游景区。以A级景区倍增为目标，通过提升改造硬件、扩大景区容量、完善基础设施、改进配套服务，大力推进各类自然文化景区、旅游综合体、城市公园、矿山公园、地质公园、主题乐园、博物馆、纪念馆等创建A级旅游景区。发挥为高等级景区打造提供"蓄水池"作用，培育壮大我省4A及4A以下景区"底数"和规模，递次推动晋祠天龙山、乾坤湾、运城关公故里文化旅游景区以及灵石静升古镇、芦芽山、恒山、娘子关、王莽岭等晋升更高等级旅游景区。到2025年，达到A级以上景区较2020年翻一番，A级景区所有县域全覆盖的目标。

三要高品质创建国家级或省级旅游度假区。完善出台省、市、县三

级财政对创建国家级（省级）旅游度假区的一次性奖励措施，下大力气抓好国家级旅游度假区"破零"工作，指导推进云中河、锡崖沟在通过基础评价和专家答辩的基础上，加快创建步伐，早日通过文旅部评定验收。依托盐浴康养和湿地等优势资源，选择运城盐湖、云竹湖等生态条件优、服务设施全、发展基础好的休闲旅游度假综合体，积极推动投身国家级旅游度假区创建工作。

4.实施"全域+休闲"业态产品创新行动，走出一条特色化发展的路子

要完成从一个资源大省到产业强省的惊人一跃，关键靠全域培育，核心在业态创新。当前，要站在全域发展视角，大力推动产品业态创新，打造一批具有标志性的核心吸引物，实现全省旅游由观光为主向观光、休闲、度假并重转变。

一要力推旅游全域升级。发挥太原、大同、运城等地的区位、交通优势，锻长板，补短板，大力推进旅游热点门户城市建设。实施休闲农业和乡村旅游精品工程，严格服务标准，打造一批宜居宜游、宜业宜养的休闲农庄（庄园）、特色古村落、田园综合体、乡村旅游集聚区。鼓励依托旅游景区和城乡公共休闲空间，开发民间文艺表演、茶艺、棋牌、游戏游艺、河湖夜游等观赏性、时尚性、体验性强的娱乐项目，引导和鼓励建设一批上规模、有档次、特色鲜明的餐饮服务集聚区。如借鉴西安的《长安十二时辰》的策划经验，在我省太原、大同等重要旅游节点城市和忻州古城、平遥、五台山等重点景区，策划打造高端沉浸式体验地方特色市井文化生活街区，大力发展夜间经济，使文化创意成为当地文旅康养产业发展的重要发力点。

二要重塑产品供给结构。围绕旅游"六要素"，整合地域特色资源，打造多层次、多元化的旅游业态产品。大力开发多元化、多样化、

精品化的文创旅游产品，打造以打卡、参与为主的沉浸式、互动式、场景式新型旅游产品。借鉴杭州市"促进夜间文旅消费"的发展经验，培育和发展夜间经济，给予一定的资金扶持和政策优惠措施，鼓励开发夜游项目，打造夜游特色片区。

三要创优联动共享机制。加强自然资源、水利、林业、文旅、文物等部门统筹联动，强化区域内森林资源、水环境生态、生物多样性等生态环境资源保护和开发利用。促进龙头景区区域一体化发展，形成资源开发、运营管理、营销推广、市场监管等协作机制。推动龙头景区与相邻景区景点联动，实现资源共享、线路联通、客源互送和市场共推。推动龙头景区与周边城镇联动发展，发挥龙头景区的牵引作用和外溢效应。

5.实施文旅康养市场主体倍增专项行动，走出一条规模化发展的路子

产业发展的根基在于市场主体。没有足够多的市场主体，产业转型和高质量发展就无从谈起。当前，要聚焦文旅康养市场主体需求关切，对标国际国内一流水平，全链条优化审批，全过程公正监管，全周期提升服务，充分激发市场活力和社会创造力，确保文旅康养产业市场主体质量提升、数量倍增。

一要打造产业旗舰劲旅。发挥山西文旅集团龙头和领军作用，推动基础设施、龙头景区、康养产品、智慧旅游、文化创意、旅游地产等板块强势崛起。依托资源禀赋和产业基础，培育一批区域性旗舰企业，做大企业规模、延长产业链条、降低运营成本、提高综合收益。加大对旗舰企业在资源整合、研发创新、科技赋能、人才引进、金融服务等方面的扶持力度，打造一批行业影响力和竞争力强、具有示范性和带动性的龙头企业、骨干企业。

二要激发中小微企业活力。发挥中小微企业贴近市场、机制灵活

等优势，引导产品业态模式创新，加快多产业、多业态、多服务融合发展。鼓励中小微企业以专业化分工、服务外包、订单生产等方式与大企业、龙头骨干企业建立稳定的合作关系。打造一批专注于细分市场，主营业务突出、技术和服务出色、市场占有率高、竞争力强的"专精特新"中小微企业。

三要加强科创型企业孵化。鼓励"大众创业，万众创新"，建立一批文化创客空间、创意工坊、文化工场，打造一批科创型中小微文化企业创新创业孵化基地，培育一批文化创意人才。依托综改区、开发区建设文旅康养小微企业孵化基地，形成文旅康养产业小微企业蓬勃发展的局面。

6.实施安全、服务、环境质量提升行动，走出一条高端化发展的路子

安全、服务、环境是"旅游满意在山西"服务品牌的核心要素，更是全面提升公共服务能力和旅游服务质量的关键所在。当前，要通过实施安全质量、服务质量、环境质量三大提升行动，全面提升游客的便利舒适度、体验满意度和品牌认同度，营造健康有序、安全稳定的文旅发展环境。

一要全力狠抓安全质量提升。参照山东省对文旅康养强县建设的相关要求，将生产安全责任事故、产品质量事件、突发环境事件和统计数据不实问题列为"一票否决"事项。实施文旅康养产业安全综合治理，建立信息互通、联席会议、联合检查、隐患问题移送等工作机制。加快安全预警体系和紧急救援体系建设，强化重点领域和环节监管，强化安全宣传教育培训，形成上下贯通、左右衔接、互联互通、信息共享、互有侧重、互为支撑的安全评估与应急机制。

二要加快抓好服务质量提升。鼓励文旅康养企业建立ISO9000质量管理体系，规范管理提升服务质量。强化A级景区、旅行社、星级酒店

动态管理，提升景区管理、服务和运营水平和能力，健全省市县三级联动的智慧文化旅游监管平台和综合服务平台。加强从业人员资格认证、岗位培训、职业道德教育，提升服务意识和水平。

三要切实抓好环境质量提升。树牢"绿水青山就是金山银山"理念，严格强化对自然生态、田园风光、传统村落、历史文化等资源的保护，依法保护名胜名城名镇名村的真实性和完整性，严格规划建设管控，注重文脉挖掘和传承，构筑具有地域特征特色的城乡建筑风貌。统筹城乡功能分区和空间结构，推进文旅康养产业合理布局。加强康养产业设施周边环境综合整治，完善配套设施，构建"处处是风景，人人是形象"的周边区域环境。

7.实施"晋行时""游山西"品牌打造行动，走出一条品牌化发展的路子

品牌是营销的核心和灵魂，承担着对外传递独特形象和释放旅游产品吸引力的重任。当前，要坚持创新突破，精准营销，持续打造、塑造、更新"满意在山西"服务品牌，不断提升"华夏古文明、山西好风光""康养山西、夏养山西"品牌知名度、美誉度和影响力，有效扭转"有说头、没看头、少玩头"的发展现状。

一要塑造良好形象。精准定位目标市场，实现省市县企联动宣传推广，分层级实施"美在身边 晋在眼前""山西人游山西""山河守望 晋邻相亲"好邻居多走动和"千里相邀 晋情畅游"远程游客"晋行时"等引客营销推广活动。探索丰富办会形式模式，持续办好全省旅游发展大会和中国·山西（晋城）康养产业发展大会，推动平遥国际摄影大展、大同云冈文化旅游节、临汾尧都文化旅游节、运城关公文化旅游节等大型文化旅游节庆活动提质升级，加快构建区域联动、部门联合、企业联手的旅游宣传体系。聚焦"华夏古文明·山西好风光"主题，深入挖掘

内涵，多维拓展外延，促进线上线下联动，培育打造一批网红景点，提升文旅线路和康养产品的外向度、美誉度，持续打造三晋旅游新形象。

二要讲好山西故事。加强同主流媒体、头部新媒体及OTA平台的深度合作，开展全方位、多渠道主题宣传营销，打造龙头景区知名IP。加强策划创意运作水平，积极策划"东方甄选山西行（南部）"直播活动，举办演艺明星演唱会，持续带动山西文旅"破圈"。推动开展黄河文化体验季、长城博览采风季、太行旅游养生季等主题活动，策划推出"大师历史直播课"，邀请文化历史大咖、知名学者在山西"历史现场"实地授课。以山西的名人故事、历史传说、民俗风情为题材，创作和打造一批高品质的演绎精品，丰富景区景点的看点和卖点。

三要丰富品质服务。坚持以"体验"为核心，以"场景"为抓手，结合四季旅游及重大节庆活动，推出高质量体验型产品，努力打造场景化消费新模式。借鉴"淄博烧烤"和哈尔滨"滨至如归"的经验，上下齐心，团结协作，努力打造友好型旅游目的地；借鉴浙江省推出的省级百县千碗特色小镇、特色街区打造计划，依托三晋地域饮食特色优势，省市联动提升晋菜、面食体系标准化、精细化、专业化水平，打造一批体现地域特色的高、中、低档餐饮企业，分别给予一定金额的一次性财政资金补助。依托乡村自然景观，深挖人文历史和非物质文化遗产，鼓励引导新增"小而美"的特色化跨界化住宿业态，合理布局一批房车露营、星空帐篷、营地基地、特色民宿等非标住宿，规范引导山西民宿业健康发展，推动"三个人家"形成区域特色品牌。

五、推动文旅康养产业融合发展的对策建议

在今后工作中，应进一步采取有效措施，切实提升文化和旅游产业、文旅产业与康养产业深度融合，形成文旅康养产业的良性互动融合

发展的新局面。具体提出以下对策建议：

（一）着力项目突破

围绕市场需求导向，注重策划创意，深入推进产业跨界融合，建立兼具观光休闲度假功能的文旅康养融合的项目库，培育打造一批研学旅行、体育运动、健康养老、生态旅游示范基地，因地制宜规划建设一批旅游特色小镇、田园综合体、城市综合体，开发建设一批资源品位高、配套条件好、市场潜力大、组合能力强、带动作用显著的精品文旅康养项目，努力构建差异化标志性的旅游产品，培育形成全省文旅康养产业发展的新动能，推动文化旅游康养产业转型升级。

（二）全力推动国际知名文化旅游目的地建设

依托山西世界级遗产资源，发挥"大运"旅游黄金廊道优势，构建起新时代山西国际文化旅游的"四梁八柱"。强力推进"1+4"发展格局，建设以太原为核心的国际旅游枢纽城市，搭好三晋迎送待客大舞台；建设以云冈石窟为核心的民族融合旅游片区，唱好中华民族命运共同体之歌；建设以五台山为核心的慧养文化旅游片区，念好研修养心康体之经；建设以平遥古城为核心的晋商文化旅游片区，读好诚信商道家国情怀之书，建设以关公故里为核心的忠义文化旅游片区，走好忠诚正义仁勇的大运之路。

（三）精准施策促进文旅康养产业健康发展

坚持以文塑旅、以旅彰文，做优做强五台山、云冈石窟、平遥古城等旅游品牌，深入实施龙头景区"9+13"梯次打造培育计划，支持晋祠天龙山、乾坤湾、运城关公故里文化旅游景区等创建5A级景区，支持王莽岭、锡崖沟创建国家级旅游度假区，推动A级景区倍增。持续推进长城、黄河国家文化公园（山西段）建设。加快发展红色游、乡村游、研学游、生态游等新业态，开发小群体、低密度、定制式休闲旅游产品，促进露营旅游健康发展。积极发展全域旅游、智慧旅游。全面提升景区品质和服务质量，加快景区标准化建设、智慧化改造，完善5G网络、停车场等服务设施，创建一批智慧化示范景区和旅游服务标准化示范区。着力塑造文旅品牌，打造一批精品旅游线路，推动旅游消费和休闲消费融合发展，做好文旅推广营销，不断提升"华夏古文明、山西好风光""康养山西、夏养山西"品牌知名度、美誉度和影响力。

（四）强化政策支持

严格落实国家和省里出台的加快文化旅游康养产业发展的各项扶持政策，发挥我省建设国家资源型经济转型综改试验区的政策优势，抓住制约我省文化旅游业发展的财政资金投入、投融资、旅游用地、人才引进与培养等关键因素，适时研究出台我省加快促进文化旅游康养产业融合发展的扶持政策。

在财政资金投入方面，逐年加大旅游发展专项资金的扶持力度，设立省级旅游产业促进基金。支持企业通过政府和社会资本合作（PPP）模式投资、建设、运营旅游项目。

优化土地利用政策，出台多规融合保障旅游用地，分类精细化弹性供地，完善集体土地参与旅游开发制度，创新旅游扶贫用地政策。

加大对旅游新产品新业态的政策扶持力度，及时调整旅行社组接团奖励办法，加大政策资金智力支持力度，尤其是加大对文娱旅游、旅游演艺和智慧旅游等新业态新产品的开发扶持形成明确的激励导向，加速壮大旅游产业。

（五）加强人才队伍建设

加强旅游学科体系建设，优化专业设置，深化专业教学改革，大力发展旅游职业教育。坚持高起点谋划、高水平推进，加快推进山西文化旅游职业大学筹建工作，持续加强高质量人才队伍建设。建立完善旅游人才评价制度，培育职业经理人市场。加强与高等院校、企业合作，建立一批省级旅游人才教育培训基地，加强导游、景区管理人员、旅游行政执法人员、旅游规划设计人员等旅游从业人员培训，不断提高素质和能力。鼓励专家学者和大学生等积极参加旅游志愿者活动。把符合条件的旅游服务从业人员纳入就业扶持范围，落实好相关扶持政策。支持旅游科研单位和旅游规划单位建设，加强旅游基础理论和应用研究。

专题四　山西省推动农业"特""优"发展的路径选择与政策建议

　　特优农业是指某一地区依托其资源优势及特点，以市场为导向，科技为前提，延伸农村产业链为重点，合理高效配置区域内各种生产要素，以发展某一特定产业为目标，具有适度规模、区域特色、良好效益和较强市场竞争力的非均衡农业生产体系，其强调资源的异质化和产品的优质、高价值以及布局上的区域性和供给上的特殊性，即"人无我有""人有我优""人优我特"，具有明显的地域性、很强的商品性、高效的经济性。2017年6月，习近平总书记视察山西时指出，山西现代农业发展，要打好特色优势牌，扬长避短、突出"特"字，发展现代特色农业。2020年5月，习近平总书记第二次视察山西时再次强调，山西山多地多、地貌多元、气候多样，这种独特的资源禀赋决定了山西农业发展的出路在于"特"和"优"。推动农业特优发展，是山西省贯彻落实习近平总书记视察山西重要讲话重要指示精神，贯彻落实中央一号文件和省委一号文件精神的体现，也是实现农业特色转型、农村产业兴旺、农民增收致富、农业绿色发展的重要途径，对于建设农业强国、推动农业农村现代化具有重要的现实意义。

一、理论基础

山西发展特优农业的提出与发展建立在西方一系列成熟经济学理论基础之上，如比较优势理论、竞争优势理论、产业集聚理论、农业产业化理论、技术创新理论等。

（一）比较优势理论

比较优势理论是由英国古典经济学家亚当·斯密的绝对优势理论演化而来的。基于绝对优势理论，英国古典经济学家大卫·李嘉图提出在国际分工中起决定作用的，不是绝对优势，而是比较优势，形成了比较优势理论。1776年，亚当·斯密在其代表作《国富论》中提出了绝对优势理论。在进行贸易时，两国之间存在不同的自然与生产优势，可充分利用生产成本的绝对差异，利用本国擅长生产的产品与之交换，本国的特色产业在这种优势基础上将具有较强的竞争能力。1817年，大卫·李嘉图在《政治经济学及赋税原理》中提出了比较优势理论。他强调当某一个国家在其所有的农业生产和农业自然资源方面都没有绝对优势的时候，在没有产生贸易过程中两国之间的价格依据所占的比例不一样，使得其中任何一个国家都有一种相对比较的特色优势，其国家可以充分地发展区别于别国的特色，发展其本国的特色产业，提高农产品的竞争能力。同时大卫·李嘉图还指出，可生产本国相对成本低廉的产品来与其他国家交换其生产中相对成本价高的产品从而取得相应的效益，哪怕是在本国自然资源处于相对没有优势的条件下，两个国家分工专业化生产和出口其具有比较优势的商品，进口其处于比较劣势的商品，则两国都能从贸易中得到利益。要素禀赋理论是赫克歇尔和俄林对李嘉图比较优势理论的完善。他们认为国际贸易之所以进行是由于每个国家的要素禀赋不同造成的。要素包括生产有形的或者无形的因素，例如：土地、自然资源、物质资本、知识技术水平等各种要素。每个国家的相对比较优势来源于所拥有的要素总量和结构的差异，如果一国能集中的利用本国丰裕要素生产一种产品，则在该种产品上就会取得比较优势地位。

表1-1　比较优势理论的演进

理论	经济学家	关键假设	决定贸易的因素
绝对优势理论	亚当·斯密	1.劳动是唯一的要素投入 2.固定的产品边际成本 3.商品和要素市场完全竞争 4.固定规模报酬（无规模经济） 5.不考虑需求	生产技术绝对不同（绝对劳动生产率差）
比较优势理论	大卫·李嘉图	1.劳动是唯一的要素投入 2.固定的产品边际成本 3.商品和要素市场完全竞争 4.固定规模报酬（无规模经济） 5.不考虑需求	生产技术相对不同（相对劳动生产率差）
要素禀赋理论	赫克歇尔俄林	1.两种或两种以上要素投入 2.边际成本递增 3.商品和要素市场完全竞争 4.固定规模报酬（无规模经济）	资源禀赋不同

随着科技水平的不断进步，战后经济学家开始探索用动态分析方法，从动态的角度拓展研究比较优势理论。1955年，日本经济学家筱原三代平提出了生产要素动态化理论，认为构成经济发展的生产要素具有动态变化的规律，生产要素在一个国家的变化程度和流通速度决定了这个国家具有的比较优势不同。1961年，美国经济学家波斯纳提出技术差距理论，强调技术水平变化在比较优势形成中的作用，认为每个国家的技术进步程度是不同的，在某个领域掌握先进技术的国家更容易在贸易中占有比较优势。

根据比较优势理论，一个区域的比较优势，是区域经济发展的关键。对于山西而言，应充分考虑山西拥有的天然优势要素，发挥资源禀赋的比较优势，根据资源、劳动力、资本、技术等优势来规划产业体系。因此，基于独特的自然地理条件，发展"特""优"农业是山西经济发展的重要路径。

（二）竞争优势理论

竞争优势理论由美国学者迈克尔·波特提出。迈克尔·波特认为，决定国家竞争优势的宏观因素包括四种本国的决定因素和两种外部力量，其中生产要素、需求条件、相关产业和支持产业、企业战略、结构和竞争对手四个要素对国家的产业竞争力有决定性作用。其一，生产要素。分为初级生产要素和高级生产要素。初级要素是指先天拥有的或者是只需相对中等或不太复杂的私人和社会投资就能得到的要素，如自然资源、气候、地理区位等。高级要素是指现代化的数字式数据通信基础设施、受过高等教育的人才、高科技领域的大学研究机构等。高级生产要素对获得竞争优势具有不容置疑的重要性。其二，需求条件。波特指出，国内的需求市场是形成竞争优势的重要因素。国内消费者对产品、服务的要求会激发出该国企业的竞争优势。同时，如果本地的顾客预期性需求领先于其他国家，也将成为本地企业的一种优势。其三，相关产业和支持产业。优势产业不是单独存在的，它一定是同国内相关强势产业一同崛起。一个区域的某一产业想要发展，就必须有上下游产业支撑，形成产业集群。其四，企业战略、结构和竞争对手。企业作为生产和服务的基本单位，通过相互间的激烈竞争会在战略组织结构等方面形成竞争优势，从而促使企业所在国家或区域形成竞争优势。除此之外，波特的竞争优势理论还强调了政府和机会等外部力量的作用。科技创新、金融市场、政府政策、国家战争等外部环境的变化，都会为产业发展带来不同机遇。

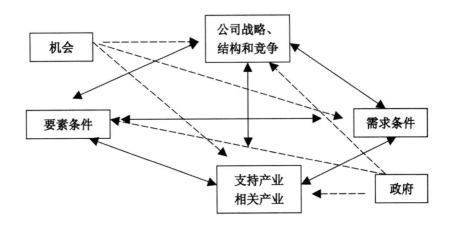

图1-1　国家竞争优势理论模型[1]

根据竞争优势理论，区域的产业竞争优势主要取决于生产要素、需求条件、产业链条及行业竞争情况等。因此，山西发展"特""优"农业应立足本地生产要素，积极培育农业科研、技术创新等高级生产要素；深耕本地消费者需求，提高生产效率和产品品质；延伸产业链条，形成"特""优"农业产业体系；培育龙头企业，鼓励企业良性竞争等。

（三）产业集聚理论

产业集聚是指同一产业在某个特定地理区域内高度集中，产业资本要素在空间范围内不断汇聚的一个过程。1890年，英国古典经济学家阿尔弗雷德·马歇尔在《经济学原理》中提到工业集聚的特定地区成为"产业区"，大量相互关联的中小企业在"产业区"内集聚。马歇尔引入"内部规模经济"和"外部规模经济"这两个重要概念，由于受到"外部规模经济"的影响，导致这些相互关联的企业能够在产业区内集聚。"外部规模经济"主要体现在三个方面：一是地理位置接近，降低

---

[1]　[美]迈克尔·波特著.李明轩，邱如美译.国家竞争优势[M].北京：华夏出版社，2002。

运输成本、交易成本以及运营成本；二是产业集聚，更容易获得专业化的投入；三是产业区可以和地方生产系统相互融合，推动区域经济的发展。1909年，德国经济学家马克斯·韦伯在《论工业区位》一书中首次提出"工业区位理论"。工业区位论是工业企业在空间位置选择时，为了生产成本最低而形成集聚的现象。韦伯认为工业区位的形成主要受运输、劳动、集聚三个方面因素影响。韦伯以企业为研究对象从微观的视角提出了产业集聚形成一般经历两个阶段：第一阶段，企业本身的发展具有一定规模，集聚效应在此阶段指导企业位置的选择和企业相互集聚的趋势；第二阶段，企业之间通过相互的信息交换、资源的共享，最终形成产业集聚。1940年，德国经济学家奥古斯特·廖什《经济的空间秩序》提出多因素动态区位理论，他认为大多数工业区位是选择在能够获取最大利润的市场地域，区位的最终目标是寻取最大利润地点。企业通过降低生产成本和运输成本来追求利润最大化，从而形成产业集聚。1948年，美国经济学家埃德加·胡佛在《经济活动的区位》一书中提出产业集聚存在一个最佳的规模，较少企业在一定区位上集聚，不能产生集聚所带来的最佳效应；如果在某一区位上集聚的企业过多，也会导致集聚效应呈现下降。

根据产业集聚理论，基于原材料、运输、人才、技术等因素所形成的产业集聚区，能够提供协同创新环境、共享的辅助服务和专业化的劳动市场等，形成产业集聚的规模效应。因此，山西"特""优"农业发展应探索"特""优"农业产品培育研发，积极整合当前产业品牌，拓展产业链条，发展特优农业深加工、农旅康养融合等产业体系，实现"特""优"农业产业集群发展。

（四）农业产业化理论

农业产业化的研究起源于20世纪50年代。1957年，美国哈佛大学戴维斯和戈德伯格将农业产业化定义为"农业综合经营"或"农业综合企业"，主要是依靠经济和法律关系将农业生产的产前、产中、产后等环节有机地联系起来，核心是一体化结构体系的建立和运作。农业产业化的基本组成要素包括：市场、中介组织、农户和规模化。其中，市场是农业产业化的导向，依托产品优势和地区资源优势，占据地方市场，开拓外地市场。中介组织是连接农户与市场的纽带和桥梁。中介组织的主要形式为龙头企业，也包括农民专业协会、农民自办流通组织等各类组织。农户是农业产业化的主体，通过专业合作社等多种形式，使农产品的产加销、贸工农环节连接起来，形成大规模的产业集群。最后，规模化是农业产业化的基础，只有规模生产，形成产品优势，才能占领市场。形成规模经济，要靠龙头企业带动，打造企业与农户组成的利益均等、风险共担的经济共同体。[1]

表1-2　农业产业化主要组织形式

组织形式	经营模式
农业合作社为主体	农户自愿加入并通过合作社对农产品进行销售，以市场为导向，跨区域联络农户开展种植、生产、销售活动。
龙头企业为主体	生产企业为降低原材料的成本，规避原料不足的风险，直接与农民签订协议，并将农业生产并入到龙头企业的生产经营活动中，将农业生产环节变为企业产品生产链中的环节，进而形成健全的农业产业化体系。
中介组织为主体	以市面上供销社、技术协会等相关中介组织为纽带，完善生产与销售之间的产业链条，使诸多分散生产经营者联合起来，形成统一的大规模经营群体（即经济集聚体），进而实现农业生产上的规模效应。

根据农业产业化理论，农业产业化是以市场为导向，以经济效益为中心，以主导产业、产品为重点，形成种养加工、产供销、贸工农、

[1]　冷晓明，王铁生.农业产业化概论.中国农业出版社，1998年3月。

农工商、农科教一体化经营体系的一种新型农业经营方式与发展路径。20世纪80年代末，在农村经济改革与发展的背景下，我国农村开始出现产业化经营。其后，党和国家多次提出积极推进农业产业化经营，2021年，农业农村部印发《关于促进农业产业化龙头企业做大做强的意见》，支持龙头企业创新发展、做大做强，带动打造农业全产业链，构建现代乡村产业体系。因此，山西发展"特""优"农业，应在党和国家相关政策指导下，结合山西农业产业化发展现状，积极优化组合各种生产要素，统筹山西"特""优"农业区域布局，推进"特""优"农产品专业化生产，促进农业生产与农产品加工业、文旅产业、智慧产业等融合发展，构建"特""优"农业全产业链。

（五）技术创新理论

1912年，美国经济学家约瑟夫·熊彼特在《经济发展理论》中正式提出"创新"一词。随后在《资本主义的非稳定性》和《商业周期》中比较全面地提出了技术创新理论。熊彼特强调创新和发明的区别，他认为创新是一个经济概念，而发明则是一个技术概念。创新并不仅仅是某项单纯的技术或工艺发明，而是一种不停运转的机制，只有引入生产实际中的发现与发明，并对原有生产体系产生振荡效应，才是创新。

熊彼特将创新分为5种情况：采用一种新的产品，也就是消费者还不熟悉的产品或一种产品的一种新特性；采用一种新的生产方法，也就是在有关的制造部门中尚未通过经验检定的方法，这种新的方法决不需要建立在科学上新的发现的基础之上，也可以存在于商业上处理一种产品的新的方式之中；开辟一个新的市场，也就是有关国家的某一制造部门以前不曾进入的市场，不管以前这个市场是否存在过；掠夺或控制原材料或半制成品的一种新供应来源，无论这种来源是已经存在的，还是第一次创造出来的；实现任何一种工业的新的组织，比如造成一种垄断地位，或打破一种垄断地位[1]。

20世纪50年代后，新一轮科技革命的兴起，西方学者对技术进步与经济增长关系开展了深入的研究。对技术创新理论研究可大致分成新古典学派、新熊彼特学派、制度创新学派和国家创新系统学派等四个学派。

新古典学派以索洛、罗默等人为代表，提出技术创新成立的两个条件，即新思想来源和以后阶段的实现发展，并提出政府可通过税收、法律等间接调控手段对技术创新活动进行干预，提高技术进步对经济发展的促进作用。新熊彼特学派以曼斯菲尔德、卡曼等人为代表，强调技术创新和技术进步在经济发展中的核心作用，认为企业家是推动创新的主体，侧重研究企业的组织行为、市场结构等因素对技术创新的影响。制度创新学派以戴维斯和诺斯等人为代表，认为制度创新决定技术创新，制度的作用就是在一个不确定的经济环境中，降低不确定性因素，同时也不反对技术创新对制度创新的反作用，认为技术创新可以降低某些制度安排的操作成本。国家创新系统学派以弗里曼、纳尔逊等人为代表，该学派认为技术创新是由国家创新系统推动的，企业和其他组织等创新主体通过国家制度的安排及其相互作用，推动知识的创新、引进、扩散和应用，使整个国家的技术创新取得更好的绩效。

根据技术创新理论，技术创新在经济发展中具有核心作用，而企业家、制度、政府等对技术创新具有推动作用。"特""优"农业正是相对于传统农业的一种创新，因此，山西发展"特""优"农业，应一方面积极鼓励企业、高校、科研机构等组织立足实际，积极研发适应山西特色的农产品生产加工技术及优质农产品等，另一方面完善知识产权制

---

[1]　约瑟夫·熊彼特.经济发展理论——对于利润、资本、信贷、利息和经济周期的考察[M].何畏，易家祥，等译.北京：商务印书馆，1990。

度，设立鼓励创新相关奖励补贴政策等，从企业、组织、制度等多方面共同推动山西"特""优"农业的发展。

二、基本情况

山西省地处黄土高原，地貌类型多样，山区面积占全省总面积80%以上。全省由东往西呈现出"两山夹一川"的样式，从南向北由大同、忻州、太原、临汾、长治、运城盆地形成串珠式平原[1]。受地形的影响，山西省气温南北差异和垂直变化显著，降水量随季节差异大。恶劣的自然条件阻碍了山西农业现代化发展，农业水利设施及机械作业覆盖率较低，但多样的地形和复杂的气候条件组合在一起，形成了山西适合不同类型、不同种类农作物生长的环境，也造就了山西丰富的特色农业资源。如山西中部地区盛产杂粮，谷子、杂豆、莜麦生产全国名列前茅，有"小杂粮王国"的美誉；北部地区牧草资源丰富，以大同、朔州为核心的雁门关农牧交错带是山西省内黄金优质养殖带；南部地区盛产园林果品，苹果、红枣、核桃等干鲜果产量居全国前列；太行山、太岳山、恒山、吕梁山和晋南边山丘陵是道地中药材优势区。另外，山西也是露地蔬菜及旱作蔬菜的优势地区。依托这些独特农业资源，山西形成了众多独具区域特色的优质农产品。近年来，山西省委、省政府出台了多项政策鼓励农业"特""优"发展。

---

[1] 侯非凡，孙敏，高志强，等. 山西功能农业的研究背景、进展与发展方向[J]. 土壤，2018，50（06）：1087-1093。

表2-1　山西省实施"特""优"战略政策简明表

时间	文件名称	内容
2017年9月	《关于创建特色农产品优势区和现代农业产业园的意见》（晋政办发〔2017〕108号）	以功能农业为引领，科学布局特优区和产业园
2021年4月	《关于全面推进乡村振兴加快农业农村现代化的实施方案》（省委1号文件）	全面实施农业"特""优"战略，做实做强"三大战略""五大平台"，做优做大十大产业集群，创新创建一批现代农业产业示范区（园），提质提升"两山七河一流域"生态功能
2021年4月	《山西省"十四五"新技术规划》（晋政发〔2021〕18号）	以加快培育农业农村发展新动能为主线，鼓励产学研用相结合，着力在有机旱作、功能农业（食品）、特色产业等领域突破一批关键核心技术，形成一批标志性核心成果，推进农业科技创新和成果转化应用
2021年8月	《山西省"十四五"农业现代化三大省级战略、十大产业集群培育及巩固拓展脱贫成果规划》（晋政发〔2021〕27号）	优化"特""优"农业产业结构，实施质量兴农品牌强农，加快农业现代化示范园区建设，推动乡村产业深度融合
2022年8月	《山西省"十四五"推进农业农村现代化规划》（晋政发〔2022〕21号）	实施"特""优"战略，构建现代乡村产业体系，做实做强三大省级战略，做大做优十大产业集群，推进优秀人才返乡入乡创业创新，培育全产业链服务体系
2023年3月	《关于做好2023年全面推进乡村振兴重点工作的实施意见》（省委1号文件）	推动农业"特""优"发展，明确大力发展有机旱作农业、推动乡村产业全链条升级等6个方面措施，全面推进乡村振兴

（一）做法举措

山西特优农业发展以"三大省级战略"为依托，通过科技创新、供给侧结构性改革及出口驱动农业转型升级。山西省重点建设了"南果中粮北肉东药材西干果"五大平台，明确了汾河平原区域、雁门关区域、上党盆地区域、吕梁山区域、太行山区域、城郊农业区域"六大发展区域"，重点打造了酿品、饮品、乳品、主食糕品、肉制品、果品、功能食品、保健食品、化妆品、中医药品"十大产业集群"，推进特色农产品全产业链发展。此外，发展"有机旱作"农业，提高主要农产品供给能力和农业生产质量效益。

1.推进三大省级战略，引领农业特优发展

一是建设山西晋中国家农高区，以科技创新赋能农业特优发展。建设晋中国家农高区（山西农谷）是山西省委、省政府着眼三农长远发展作出的战略部署，2019年，国务院批复同意建设山西晋中国家农业高新技术产业示范区，山西农谷站在国家层面加快发展。作为现代农业发展的创新高地、产业高地、人才高地及开放高地，山西农谷以有机旱作农业为主题，以农副产品加工为主导产业，建设全国健康食品和功能农业综合示范区、科技产业孵化示范区、特色农产品优势区、农产品加工物流集散区，在北方旱作农业区农业提质增效、做大特优农产品、做优设施农业、做强现代农业服务业等方面进行探索示范。二是建设雁门关农牧交错带，以供给侧结构性改革推动农业特优发展。建设雁门关农牧交错带示范区建设是深化农业供给侧结构性改革的重大举措。雁门关农牧交错带示范区以"草牧结合、农牧循环、生态有机"的总思路，深入实施饲草饲料发展、畜牧产业提升、特色产业提质、生态安全保护及科技服务支撑等五大工程。三是建设运城农产品出口平台，以国际大市场助力农业特优发展。运城农产品出口平台是以果业出口为主的省级优势农产品出口平台，2021年12月，山西运城农产品出口平台有限公司正式揭牌，标志着运城农产品出口平台实现了公司化运营，进一步完善全果品产业链，推动河东"特""优"农产品出口贸易。

2.优化产业布局，促进农业特优发展

一是建设五大平台，将区位优势转变为发展优势。五大平台建设是指立足资源禀赋和特色优势，构建运城果业、忻州杂粮、大同肉类出口平台，及东部太行山中药材、西部吕梁山干果商贸平台。二是布局六大发展区域，进一步巩固比较优势。山西省将"杂粮、畜牧、果蔬、药材、农产品加工及休闲农业"等特色农业发展路线与区域自然条件相结合，以六大河谷盆地为主的优势农牧区，布局了汾河平原区域、雁门关区域、上党盆地区域，建设"菜篮子""米袋子"优质大宗农产品功能区；以两山为主体的特色农业区，布局太行山、吕梁山区域，建设干鲜果、中药材和杂粮等健康养生产品功能区；以城市郊区为主体的城乡接合部，布局城郊农业区域，建设休闲、农产品加工等多功能农业发展区。三是推进十大产业集群建设，提升农业全产业链发展水平。为深化农业供给侧结构性改革，山西省依托杂粮、畜禽、蔬菜等特色农产品资源优势，聚焦精深加工环节，按照全产业链开发、全价值链提升、全政策链扶持的思路，全方位构建了酿品、饮品、乳品、主食糕品、肉制品、果品、功能食品、保健食品、化妆品、中医药品十个农产品精深加工产业集群，以集聚效应、分工效应、区域效应、品牌效应等加强农业产业振兴。另外，山西省加强有机旱作的技术支撑，进一步提升谷子、燕麦、糜黍、红枣、核桃等区域特色优质农产品产出水平。

表2-2 山西省"特""优"农业发展体系

发展体系	具体内容
三大省级战略	山西晋中国家农高区（山西农谷）、雁门关农牧交错带示范区、运城农产品出口平台建设战略
五大平台建设	运城果业、忻州杂粮、大同肉类等出口平台，东部太行山中药材、西部吕梁山干果商贸平台
六大发展区域	汾河平原区域、雁门关区域、上党盆地区域、吕梁山区域、太行山区域、城郊农业区域
十大产业集群	酿品、饮品、乳品、主食糕品、肉制品、果品、功能食品、保健食品、化妆品、中医药品
发展有机旱作农业	实施"耕地质量提升、农水集约增效、旱作良种攻关、农技集成创新、绿色循环发展、农机农艺融合、品牌建设、新型经营主体培育"八大重点工程

3.坚持市场化运作，支撑农业特优发展

一是以项目为主导，推动农业产业提档升级。山西省统筹布局推进稳产保供、产业集群、乡村建设等重大项目，以"项目化"推动各项政策措施落地见效，加快推进产业基础高级化、产业链现代化。二是培育壮大市场主体，构建全面推动农业特优发展的硬核支撑。山西省全力推动家庭农场、农民合作社、龙头企业和农业社会化服务组织等新型经营主体上规模、增实力、提效益，积极引导龙头企业牵头，农民合作社等各类主体广泛参与，构建"龙头企业+合作社+家庭农场+小农户"主体矩阵，不断拓展农业的食品保障、休闲体验等功能，延长产业链、优化供应链、提升价值链。三是找准市场定位，积极推动特优农产品走出去。山西省积极拓展国内外市场，紧抓农产品电商、直播带货、跨境贸易等风口，利用天猫、京东、抖音、快手等晋字号农产品旗舰店，推进农产品上行。四是聚焦质量品牌，实施质量兴农、绿色兴农、品牌强农。山西省深入推进农业生产和农产品两个"三品一标"发展，强化农业生产过程管控，建立完善农产品质量安全监管追溯体系，打造知名品牌，培育区域公用品牌，创建特优农产品品牌目录库，不断扩大特优农产品知名度。

（二）发展成效

山西围绕"特色牌"做文章，深入实施农业"特""优"战略，有机旱作技术体系日臻完善，三大省级战略初见成效，农产品精深加工十大产业集群持续推进，新产业新业态不断涌现，逐步走出一条"特""优"农业高质量发展之路，具体表现在以下几个方面。

1.农业综合生产能力稳步提高，粮食安全得到有效保障

由图2-1可知，2010年以来山西省粮食作物播种面积、产量分别保持在3000千公顷、1100万吨以上。粮食、肉类、蔬菜、水果、小杂

粮产量呈现上升趋势，从年均增长率来看，小杂粮（8.12%）＞水果（6.24%）＞肉类（5.25%）＞蔬菜（3.15%）＞粮食（2.29%）。"菜篮子"品种丰富，重要农产品市场供应充足。

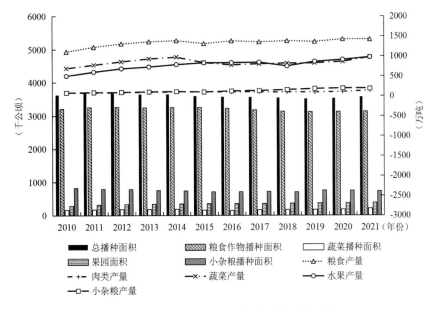

图2-1　2010—2021年山西省农业产业发展情况

资料来源：山西省统计年鉴及EPS山西县市统计数据库

　　由图2-2可知，2010—2021年，山西省第一产业增加值和农林牧渔业总产值实现跨越式增长。第一产业增加值在2020年突破1000亿元，2021年达到1223.14亿元。农林牧渔总产值由2010年的1016.41亿元增长到2021年的2134.02亿元，年均增长率为6.98%，其中农业产值占比较大，其次是牧业。2021年，农业、林业、牧业、渔业、农林牧渔专业及辅助性活动总产值分别占农业总产值的57.32%、7.49%、29.26%、0.43%和5.51%。2023年上半年，农业形势稳中向好，农村发展动能活力持续释放，农村居民人均可支配收入达到7668元，增长8.0%，高于全国平均水平。

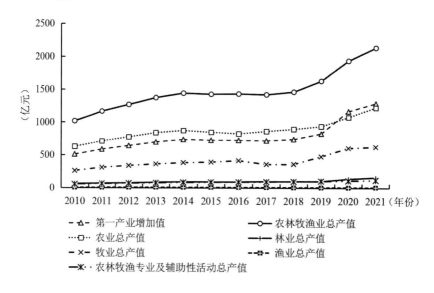

图2-2　2010—2021年山西省农业产值情况
资料来源：山西省统计年鉴

　　2.农业龙头企业不断发展壮大，产业集群发展水平不断提高

　　推进乡村产业集聚，龙头企业的引领作用非常重要。为推进农业产业化经营，农业农村部从2000年起认定农业产业化国家重点龙头企业，目前已累计认定了七批。其中山西省被认定为国家级农业龙头企业共有45家，太原市、运城市、晋中市最多，分别有9家、7家、6家；行业主要为农副食品加工业。2021年，山西认定农业产业化省级重点龙头企业649家，2022年增补了176家。由图2-3可知，吕梁市、运城市、晋中市数量最多，分别为120家、110家和102家。随着山西省不断优化创新扶持农业龙头企业的政策措施，截至2023年9月，全省县级以上农业龙头企业达到2850家，同比增长28%。另外，山西省建成了包含忻州杂粮、临汾吉县和运城临猗县苹果、上党地区中药材、大同市

黄花、沁州黄优选小米、隰县地区的玉露香梨、临汾安泽县的连翘在内的8个国家特优区;创建了包含晋西北地区的沙棘、朔州右玉县生态羊、吕梁盛产的核桃、运城盐湖区的酥梨等在内的18个省级优质农产品特优区,特色农产品区域布局不断优化;建设了高粱、苹果、中药材、谷子4个国家级产业集群以及9个国家现代农业产业园、34个国家产业强镇;打造了5个省级涉农专业镇和38个市级特优农业专业镇,农业产业集群集聚集约发展水平不断提高。2021年,山西省十大产业集群产值1600亿元,涨幅80%。

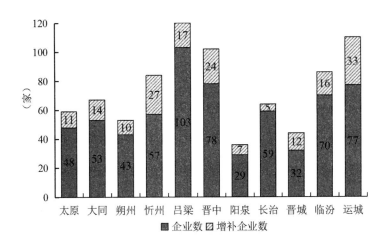

图2-3 山西省农业产业化省级重点龙头企业情况
资料来源:山西省人民政府2021年及2022年公开信息,由作者整理得到

3.农产品加工业平稳发展,产品形态、产业业态不断丰富

农产品加工业是提升农产品附加值的关键,也是构建农业产业链的核心。截至2023年9月,山西省农产品加工业产值与农业产值比为2.3:1,农产品加工转化率达63%。2021年,全省农产品加工实现2620亿元销售收入,涨幅20%;晋中国家农高区农产品加工业产值17.66亿元,与上年相比增加3.96亿元。农产品精深加工方面,忻州杂粮、平遥牛

肉、吕梁山猪、阳泉富硒产品等形成了相应的产业链条，产业效益不断提升。农产品综合利用加工方面，2023年中央一号文件首次提出要"培育发展预制菜产业"，山西省积极响应政策，成立了山西预制菜产业联盟，依托"特""优"农产品资源优势和区位优势，培育中央厨房和预制菜等新产业新业态。

4.农产品品质提升取得显著成效，"晋字号"农产品品牌不断深入人心

山西坚持质量兴农、标准立农、品牌强农，持续推进管源头、管过程，管产品、管标准，管能力、管本质，深入开展农产品"三品一标"四大行动，农产品质量安全水平总体稳步提升。2021年，山西省有效用标绿色食品单位和产品数量分别为830家和1486个，当年获证单位和产品数量分别达412家和736个；有机食品单位数量共计37家，有机食品产品数量共计112个；绿色食品和有机农产品生产面积达到9016.8公顷，绿色有机农产品覆盖率达到51.6%。目前，我国共申报登记农产品地理信息标志3510件，其中山西省拥有农产品地标176件，占比5.01%，位居全国第四，在中部六省中仅次于湖北省，名列第二。农药减量方面，山西省从2015年开始持续推进农药使用量零增长行动，全面推动落实农药减量各项措施，农药使用量持续下降。据各级植保部门不完全统计，2021年全省种植业农药使用量为8258.36吨，较前三年平均用量8414.52吨减少156.16吨，减幅1.86%，其中化学农药使用量为7337.55吨，比前三年平均用量7543.34吨减少205.79吨，减幅2.73%。化肥减量方面，山西省2021年化肥使用量105.64万吨（折纯量，下同），比上年减少1.77万吨，从2014年起连续八年实现了化肥使用量负增长。

品牌建设方面，山西省创设了"有机旱作·晋品"省域农业品牌，被国务院第八次大督查通报表扬；将沁州牌沁州黄小米、水塔牌陈醋、

鑫炳记牌太谷饼等100个品牌选入2021年山西特优农产品品牌目录库；不断完善有机旱作农业技术体系，建设有机旱作农业示范区，将有机旱作农业品牌叫响全国。截至2023年9月，长子青椒、吉县苹果、五台山藜麦等127个品牌入选全国名特优新产品名录。品牌推广方面，山西省瞄准京津冀、长三角、粤港澳，举办专场推荐活动；利用天猫、京东、抖音、快手等晋字号农产品旗舰店开展热点促销、直播带货，山西小米、山西陈醋、山西荞麦等农产品省级区域公用品牌市场占有率日渐增长。

5.科技创新不断塑造特优农业新动能

近年来，山西农业科技取得长足进步，2022年农业科技进步贡献率达到61.94%，比上年增加1.5个百分点；农机总动力达1680万千瓦，农作物耕种收综合机械化率达到74.7%，比上年增加2.1个百分点；良种的推广使用率达到98%，基本实现主要农作物良种全覆盖[1]；由图2-4可知，2018年以来山西省农业植物新品种当年申请量不断增加，2021年为139件，同比增长23.74%，种业振兴取得好成绩。此外，山西农谷加快产品研发，截至2022年4月，成功培育以有机杂粮综合开发喜蓉食业有限公司，注册商标27个、拥有专利9项，带动当地5000户农民增产增收；选育了自主产权的草莓新品种2个，使"冷白玉"红枣、玉露香梨成为山西特色果业发展重要支撑；开发的藜麦石头饼、富硒油茶等10余种功能性特色产品畅销省内外。另外，山西农谷依托山西农大、省农科院以及山西农谷生物科技研究院等平台，在全省建立各类基地70余个，推广新品种、新技术900余项，辐射面积18万亩。

---

[1] 高美丽，吴彩云.山西农业市场化发展现状及对策研究[J].山西财政税务专科学校学报，2023，25（03）：49-53。

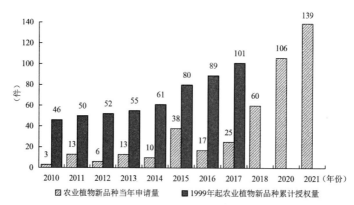

图2-4　2010—2021年山西省农业植物新品种当年申请量及累计授权量
资料来源：EPS中国科技数据库

6.农民收入稳定增长，生活质量稳步提升

从农民整体收入来看，由图2-5可知，2013—2021年山西省农村居民人均可支配收入不断增长，2021年达到15308元，同比增长10.31%。从增长速度上看，农村居民人均可支配收入增速快于城镇居民，城乡居民收入倍差由2013年的3.14∶1缩小至2021年的2.45∶1，城乡居民收入相对差距持续缩小。

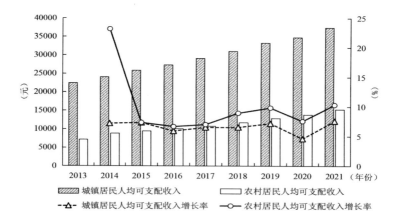

图2-5　2013—2021年山西省城镇居民和农村居民人均可支配收入及增长率
资料来源：EPS山西县市统计数据库

从构成来看，农民增收实现"多轮驱动"。由表2-4可知，工资性收入是农村居民收入的一大来源，对农民增收贡献最大。随着乡村产业蓬勃发展，农产品深加工、休闲农业和乡村旅游等产业融合成效显著，农产品增值空间不断拓展，农民经营性收入实现稳步增长，但占比有所下降。另外，受益于农村改革红利和各项惠农政策，转移收入占比持续提升。

表2-3　2013—2021年山西省农村居民可支配收入及构成　单位：元，%

年份	农村居民人均可支配收入	其中：农村居民人均可支配工资性收入		其中：农村居民人均可支配经营净收入		其中：农村居民人均可支配财产净收入		其中：农村居民人均可支配转移净收入	
		收入	占比	收入	占比	收入	占比	收入	占比
2013	7154	4041	56.49	2274	31.79	93	1.30	745	10.42
2014	8809	4570	51.87	2482	28.18	123	1.40	1634	18.55
2015	9454	4922	52.06	2624	27.76	142	1.50	1766	18.68
2016	10082	5204	51.62	2730	27.08	149	1.48	1999	19.83
2017	10788	5462	50.64	2824	26.18	164	1.52	2337	21.67
2018	11750	5736	48.81	3075	26.17	193	1.64	2746	23.37
2019	12902	6098	47.26	3396	26.32	210	1.63	3198	24.79
2020	13878	6347	45.74	3614	26.04	205	1.48	3712	26.75
2021	15308	6860	44.81	3959	25.86	216	1.41	4274	27.92

按全国居民五等份收入分组来看，由表2-5可知，2021年低收入户人均可支配收入为6236元，同比增长13.51%；中低收入户人均可支配收入为11272元，同比增长12.29%；中等收入户人均可支配收入14124元，同比增长10.43%；中高收入户人均可支配收入17985元，同比增长9.82%；高收入户人均可支配收入29021元，同比增长8.09%。从增长率来看，2013—2021年农村低收入群体人均可支配收入增速最快。

表2-4　2013—2021年农村居民家庭五等份分组人均可支配收入　单位：元，%

年份	低收入户（20%）		中低收入户（20%）		中等收入户（20%）		中高收入户（20%）		高收入户（20%）	
	收入	同比增长	收入	同比增长	收入	同比增长	收入	同比增长	收入	同比增长
2013	2398		5287		7116		9745		16970	
2014	2719	13.38	5852	10.69	7951	11.73	10715	9.96	18490	8.96
2015	3086	13.48	6397	9.31	8690	9.29	11452	6.88	19271	4.22
2016	3354	8.70	6881	7.56	9258	6.54	12129	5.91	20491	6.33
2017	3873	15.49	7465	8.48	9983	7.83	12897	6.33	21736	6.08
2018	4383	13.16	8191	9.73	10845	8.63	14019	8.70	23618	8.66
2019	4986	13.74	9168	11.93	11895	9.68	15299	9.13	25397	7.53
2020	5494	10.20	10039	9.50	12790	7.53	16376	7.04	26850	5.72
2021	6236	13.51	11272	12.29	14124	10.43	17985	9.82	29021	8.09

从消费水平上看，由图2-6可知，山西省2021年农村居民人均消费支出11410元，同比增长10.88%，高于城镇居民人均消费支出增长率，农村居民消费能力不断增强。另外，2021年山西省农村居民家庭恩格尔系数为30.89%，与2020年相比减少了0.67个百分点，农村居民消费结构进一步改善，生活水平不断提高。

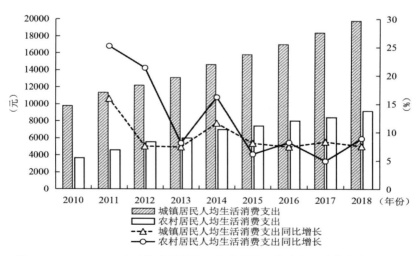

图2-6　2010—2021年山西省城镇居民和农村居民人均生活消费支出及增长率
资料来源：EPS山西县市统计数据库

（三）面临的挑战

尽管山西在培育和发展特优农业方面取得了一定成就，特优农产品的开发潜力及市场需求大大提高，但与农业发达地区相比，尚处在初级阶段，山西省特优农业发展还存在物流体系不完善、龙头企业实力弱、产业聚集度低、产业链条短、科技创新不足等问题。

1.基础设施薄弱，物流体系不完善

农产品物流是实现农业生产资料流转和农产品流通的必要手段，也是实现特优农业生产与城市大市场的有效衔接的重要保障。由表2-6可知，2021年山西省公路里程数为144617公里，在中部六省及周边省份中垫底。以公路里程数比省域土地面积计算路网相对密度，山西省在中部六省中处于最末位。在邮政局所数量方面，2021年山西省境内共有9667家，在中部六省中数量最少，在周边省份中落后于河北省和陕西省。在邮路总长度和邮政业农村投递线路长度方面，山西省也较为落后，这导致山西特优农产品存在"最初一公里"衔接不畅的问题。另外，山西省农产品物流技术相对落后，储运方式多数是在常温及自然状态下对农产品进行简单储存，冷链行业发展缓慢，冷链物流企业数量较少（中冷联盟发布的《全国冷链物流企业分布图》显示，2021年山西省冷链物流企业数量有47家，占全国的2.22%）、物流信息化程度不足，农产品的销售渠道不通畅，缺乏高素质的物流专业人才，都制约着山西特优农产品的流通[1]。

---

[1] 冯煌，王玉倩，宋佩璟，等.特色农产品物流发展现状及对策研究——以山西省为例[J].山西农经，2021（14）：79-80。

表2-5 2021年中部六省及山西周边省份交通物流情况

区域	省份	公路里程数（公里）	路网密度（%）	邮政局所（处）	邮路总长度（公里）	邮政业农村投递线路长度（公里）
中部六省	山西	144617	92.29	9667	136812	98449
	安徽	237411	169.94	18024	233971	136168
	江西	211101	126.48	12642	208135	89568
	河南	271570	162.62	23026	620636	204378
	湖北	296922	159.72	17483	280077	174019
	湖南	241940	114.23	15825	375716	210939
周边省份	河北	207170	109.73	17730	152052	214150
	内蒙古	212603	17.97	7475	205388	152126
	陕西	183414	89.12	14644	183185	116782

资料来源：中国统计年鉴和中华人民共和国中央人民政府网站，由作者整理得到

2.龙头企业实力较弱，资本化运作程度较低

山西省是一个以煤炭工业为主导的传统工业省份，与其他省份相比，第一，农业产业化龙头企业较少。根据2023年5月18日乡村产业发展司公布的数据，全国共有农业产业化国家重点龙头企业1952家。其中，山西省认定企业45家，占比2.31%，在全国范围内处于倒数，在中部六省及周边省份中排名最末，参见图2-7。第二，山西省农业龙头企业发展水平较低，资本市场介入不足。截至2021年末，山西省农业产业化龙头企业在主板上市企业仅有3家，分别为汾酒股份、亚宝药业、广誉远国药；在"新三板"上市企业有9家，分别为临汾澳坤生物、长荣农科、晋中金粮饲料、天生红枣、东方亮生命科技、兰花药业、皇城相府药业、牧标牛业、晋龙畜牧[1]。

---

[1] 张蕾，张杰. 农业产业化龙头企业融资问题研究——以山西省为例[J]. 商业会计，2023（14）：100-102。

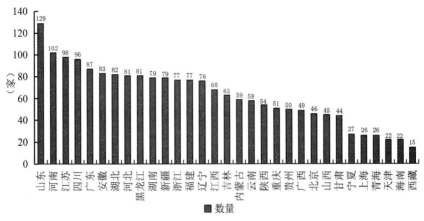

图2-7 2023年各省农业产业化国家重点龙头企业数量
资料来源：农业农村部公布名单，由作者整理得到

3.深度开发不足，品牌认知度低

山西省特优农产品以初加工为主，精深加工和副产物综合利用比例不高，2021年农产品加工转化率为62%，比全国低8.6个百分点（全国农产品加工转化率为70.6%）；农业农村部发布的2019年全国农产品加工业百强名单中，也无山西省企业上榜。另外，受自然地理条件限制，山西特优农业生产规模小、经营分散，特优农产品存在同质化、品牌影响力小等问题，特色优质农产品的高附加值没有得到体现。比如由图2-8可知，全国共有小米类地标55个，其中山西省最多，有19个，且分散在晋城、晋中、临汾、长治、晋城等8个市。众多区域小米品牌各自为营、分散流量，"山西小米"知名度和影响力还有待提高。

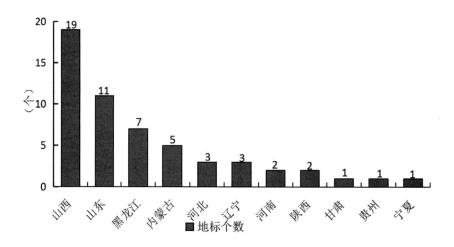

图2-8　分省小米类地标数量
资料来源：全国地理标志农产品信息查询系统，查询日期为2023年9月18日

4.农产品质量标准还不够高，绿色生产还需加强

习近平总书记十分重视农业绿色发展和食品安全问题，明确指出"推进农业绿色发展是农业发展观的一场深刻革命"。目前山西省相应的农业绿色生产标准建设较为滞后，产地农产品质量安全追溯体系的实际推广应用效果不足，未能大规模进入流通和消费领域，农产品质量安全水平还需加强。另外，绿色生产管理水平不足，追求农业生产的经济效益的驱使，使得过度使用化肥、农药的行为还没有完全自觉停止，阻碍了农业绿色发展。由图2-9可知，山西省化肥使用强度虽在全国处于中间位置，但与同为中部六省的江西、湖南及周边省份内蒙古相比还有改善的空间。

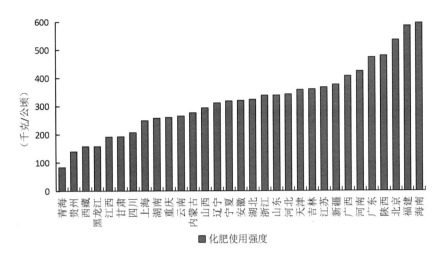

图2-9　2021年分省化肥使用强度
资料来源：2022年中国统计年鉴

5.科技创新水平有待提升，新技术推广成效不足

尽管晋中国家农高区建设为山西省农业科技发展提供了高水平的支撑，但山西省农业科技发展在农业关键技术供给、农业抗灾减灾能力、土地产出率、劳动生产率、资源利用率上还存在一些短板，科研与生产、科技与经济脱节现象仍然存在。由图2-10可知，山西省2022年粮食单产为4647.9公斤/公顷，低于全国平均水平，粮食产出效率较低。在新技术推广方面，由于大部分农村中青年选择进城务工，农村劳动力流失严重，从事土地耕种的大多数是受教育程度较低的老人，对新知识、新技术的接受能力较差，加上近些年农业技术推广体系建设滞后，使得先进的农业技术在农村推广较慢。另外，政府主导的公益性服务组织弱化，农业社会化服务体系还不健全，导致农业科技遭遇进村入户的"最后一公里"障碍，降低了科技创新驱动农业特优发展的成效。

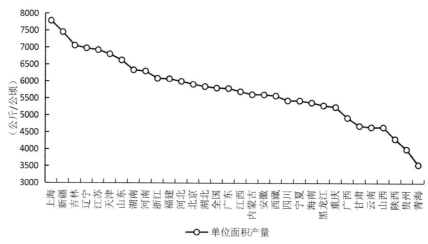

图2-10　2022年全国及各省（区、市）粮食单位面积产量
资料来源：2022年12月12日国家统计局关于2022年粮食产量数据的公告

三、做法经验

农业强国是社会主义现代化强国的根基。发展特色农业是我国农业结构战略调整的要求，也是提高我国农业国际竞争力的要求。近年来，全国各地积极结合自身区位产业优势，探索出各具特色的现代农业发展之路，为山西推进农业特优发展提供了可复制可推广的好经验好做法。

（一）山西推进农业特优发展的实践探索

山西省委、省政府始终牢记习近平总书记殷殷嘱托，高位推动农业"特""优"战略，着力打好特色优势牌，创新"晋字号"农产品发展模式，走出了一条山西"特""优"农业高质量发展之路。

1.大同黄花：促进三产融合，创新盈利模式

大同市云州区是我国黄花的主要生产基地之一。史料记载，云州区栽种黄花始于北魏，至今已有600多年的历史。2020年5月，习近平总书记在大同市云州区考察有机黄花标准化种植基地时指出，"希望把黄花

产业保护好、发展好，做成大产业，做成全国知名品牌，让黄花成为乡亲们的'致富花'"。大同市政府准确把握风向标，大力推进一二三产业融合，将黄花产业与文旅产业相融合，利用云州区连接京津冀地区的区位交通优势和丰富的历史文化资源，采用"黄花+"的模式，打造了忘忧大道、忘忧农场、吉家庄旅游小镇等23处以黄花为主要景观的特色乡村景点，并举办黄花主题的摄影、书法、绘画大赛，挖掘黄花旅游潜质，辐射带动周边乡村旅游发展，提高了黄花产业的附加效益。

2.忻州杂粮：加强产业集聚，延伸产业链条

忻州是中国杂粮之都，杂粮种植具有3000多年的历史，品种有15个，品类多达600多个。围绕这一优势，忻州市着力构建加工体系，扶持龙头企业，鼓励产品研发，延伸产业链条，推动小杂粮经营模式转向产业化联合体。一是推进"中国杂粮之都"产业融合园区建设，着力打造集"杂粮科研创新、产品展示、文化科普、人才教育培训、仓储物流、进出口贸易、电商营销、文旅康养体验"八大主要功能为一体的"买全球、卖全球"的国家级杂粮大市场，促进杂粮产业集聚发展。二是加强产品研发及精深加工，开发杂粮精品、富硒产品、保健食品等产品，提升产品品质。目前，忻州杂粮已形成完整的产业链条，忻州市杂粮加工企业（销售收入百万元以上）达170家以上，开发了多款速食类、营养类、功能类杂粮产品，杂粮商品率达到70%以上。

3.运城苹果：借助政策"东风"，走向国际市场

运城地处黄河流域，北纬35°附近，农业生产条件优越。借助打造省级果业出口平台的政策"东风"，运城市放眼国际市场，出台了《山西运城水果出口平台建设规划》等一系列政策，推进果业"特""优"战略实施。一是加快果业供给侧结构性改革。运城市成立了国家温带果蔬检疫重点实验室和食品农产品检测实验室，加强农产品质量安全，不

断促进果业逐步转型、提质增效。二是做好科技创新的引领和支撑作用。运城市与西北农林科技大学、山西农业大学等农业院校开展产学研合作，在临猗县打造了国家级良种（苗木）繁育基地，促进技术革新，引进推广果业新品种、新技术、新模式。三是运用互联网发展跨境电商。运城市支持多家果品出口企业入驻阿里跨境电商平台，试点推广跨境电商，2021年运城市苹果出口量占全国出口量的22%。根据2023年中国品牌价值评价，"临猗苹果"以品牌价值53.76亿元位列区域品牌（地理标志）百强榜第62位，较2022年上升了4位。

（二）国内其他地区推进农业特优发展的主要做法

由于各地自然条件和经济条件不同，农业发展方式也各有特点，对山西农业特优高效发展有一定的借鉴意义。

1.山东：推进全产业链创新发展，打造农业科技新生态

山东寿光聚焦蔬菜特色优势产业，提出全链条打造蔬菜产业科技新生态的发展方向。一是全链条提升产业核心竞争力。坚持按照"做强两端、提升中间"的思路，前端重点做标准研发、种子研发和技术集成创新，后端重点培育特色蔬菜品牌、打通高端销售渠道，中间以合作社、家庭农场为主体构建新型组织体系，加快由传统生产基地向综合服务基地转型。二是加快全产业链数字化转型。积极推进物联网技术在农业全产业链监管中的应用，开发建设农业智慧监管服务公共平台，把寿光所有大棚、市场、农资门店全部纳入农业智慧监管平台，以"蔬菜产业化"加速打造全国蔬菜价格形成中心和发布中心。分别在天猫、京东电商平台设立寿光蔬菜官方旗舰店，建设现代智慧供应链，打通线上优质生鲜蔬菜从"基地"到"餐桌"的直供通道。

2.陕西：聚焦聚力优势主导产业，铸强高质量发展主引擎

聚焦苹果特色优势产业，围绕"种苗、布局、有机肥"三个关键，

健全苗木繁育推广体系，保障新建园区布局新优品种，全力促进千亿级苹果产业高质量发展。一是整县推进优化布局。持续推进"北扩西进"战略，将宝塔区山地苹果发展、洛川老园改造、千阳矮化模式等作为产业转型升级、提质增效的典型样板案例在全省推广。二是加强基础设施建设。加大对合作社，果品贮藏企业智能选果线建设的支持力度，加强冷链物流配套设施建设，为实现季产年销和打造区域品牌奠定基础。三是坚持绿色发展理念。推行清洁生产，以增施有机肥为重要抓手，广泛推广果沼畜结合，果枝粉碎还田，水肥一体化，增加果园有机质含量。

3.重庆：着力推动绿色品牌创建，推动特色产业提档升级

重庆涪陵聚焦榨菜特色优势产业，坚持"科创+""绿色+"双驱发力，加快推动绿色品牌建设。一是拓展集群发展路径。积极探索"小合作+大联合"发展模式，加速打造数量适当、规模合理、相互竞争、充满活力的"种植+加工"产业联合体，推动榨菜产业集约发展。二是抓实绿色品牌创建。紧扣绿色、健康发展理念，以榨菜集团等具有一定市场影响力的企业为重点，实施"区域品牌+企业品牌"战略，聚力创建乌江榨菜、辣妹子榨菜、餐餐想榨菜等高知名度的企业品牌。三是健全产业监管体系。制定《绿色食品原料（青菜头）标准化生产基地建设管理》《基地质量追溯管理》《基地绿色标识的管理》等规章制度，参与泡菜国际标准和泡菜国家标准的制定，加强榨菜产品质量全流程监管，构建"区乡监测+企业自检+第三方检测"全方位的检测体系。

4.内蒙古：壮大农业产业发展主体，构筑奶业振兴新高地

聚焦奶业优势特色产业，大力培育新型农业经营主体，鼓励龙头企业与农民建立紧密型利益联结机制。一是强化培育力度。以伊利、蒙牛两大龙头企业为牵引实施品牌化扩张战略，积极推广"龙头企业+合作社+家庭农牧场"的利益联结模式，着力构建以家庭经营为基础、合作社为

中坚、龙头企业为骨干的现代农牧业经营体系。二是强化政策支持。与龙头企业共同投资建设奶源基地，为奶农提供统一挤奶、收奶，统一供应饲料，统一配种改良，统一疫病防治，统一技术服务的"五到门"服务；推动金融资源向农村牧区倾斜，通过设立奶业风险补偿基金并给予3%的贴息，着力解决农牧业经营主体融资难、融资贵等问题。

（三）经验与启示

纵观国内先进地区发展特色农业的经验和做法，结合自身思考，我们不难得到如下重要启示。

1.资源要素禀赋是农业特优发展的基础条件

资源要素禀赋是特优农业产业发展的基础。由于自然生态气候环境具有不可复制性和不可移动性，特定环境下生长的农业产品在品质或规模方面甚至具有不可替代性，因此，只有结合本地要素禀赋形成的特色农业，才具有形成特优农业发展模式的可能。国内现有的特优农业产业化发展模式中，无一不是立足于当地的资源要素优势而不断累积发展的。中国的杂粮之都忻州，境内气候多样，山、丘、川俱全，就是因拥有得天独厚的杂粮产业资源禀赋而形成了特有的杂粮作物种类布局与种植栽培传统。山西省在发展特优农业的过程中，应充分依托当地的资源禀赋优势和产业发展比较优势基础，采取科学化和差异化的发展思路，因地制宜实施和发展"一村一品""一县一业"，优化产业布局，做大做强优势特色产业集群。

2.全产业链培育是农业特优发展的根本路径

农业全产业链是农业产前、产中、产后各环节纵向一体，农业与二、三产业贯通融合，资源要素全流程优化，农业经营主体密切分工、有机联结的产业组织形式，是深入推进农业供给侧结构性改革、发展壮大乡村产业的有力抓手。农业全产业链培育不仅可以有效促进农业产业化升级，还能提升农业对其他产业和农户收入的辐射带动效应，尤其是以农业龙头企业为核心的农业产业化经营模式，对进一步形成企业新的价值链和盈利模式、拓展农民创业就业空间以及推进食品质量安全均具有重要意义。目前，山东、陕西、重庆、内蒙古等国内先进地区的特优农业全产业链发展体系正在逐步形成，一批特色产业示范基地和链主企业也在不断壮大，对于加快乡村全面振兴、实现共同富裕起到重要推动作用。山西省也应积极借鉴其经验做法，依托独特的资源禀赋，围绕"特"和"优"加快推进农业产业纵向和横向融合发展，做好延链、补链、强链大文章。

3.农业产业集群是农业特优发展的战略抓手

产业集聚是促进资源要素集聚优化、发挥规模经济效益的关键路径。与一般农业产业集群相比，特色农业产业集群具有更显著的地域与产品特色，集群品牌影响力更强。从国内农业产业集群的实践来看，山东寿光的蔬菜产业、陕西的苹果产业、重庆涪陵的榨菜产业等都是凭借当地得天独厚的区域自然资源，在内源动力和外源动力机制的共同作用下形成了区域优势特色产业集群，从而推动当地现代农业产业不断做大做强。山西要充分利用发展特优农业的天然优势，聚焦小杂粮、设施菜、干鲜果、中药材、草食畜等特优产业，高标准建设一批现代农业产业园、产业集群、产业强镇，大力发展农业专业镇，形成一批特优农业的带动区集聚区，持续为转型发展注入强劲动能。

4.标准化建设是农业特优发展的重要支撑

实行农业标准化，全面提高农产品质量，推进农业品牌化，是特优农业发展的必然趋势。涪陵榨菜通过制定标准化制度，加强榨菜产品质量全流程监管，提高产品质量和品牌信誉，跻身于"世界三大名腌菜"之列。同时，涪陵的众多农业品牌也享誉世界，这种以农业标准化推进品牌农业的发展模式值得我省借鉴。新形势下，推动特优农业发展，必须树立质量意识、品牌意识、市场竞争意识等，引导扶持新型农业生产经营主体遵从统一的生产环境标准、生产技术规范和产品质量标准，并通过统一的手段实施监测检验，才能保证产品有销路，产业可持续，才能为乡村振兴提供不竭的动能。

5.发挥不同主体的作用是农业特优发展的根本保证

政府、企业和农民是农业产业发展的三个主体，在农业发展中担当着不同的角色。政府是发展特优农业的主导者，为农业可持续发展提供良好的政策支持和投融资引导；龙头企业是连接农民和市场的桥梁，承担着开拓市场、科技创新、带动农户和促进区域经济发展等关键任务；农民是农业产业发展的实施主体，是促进特优农业发展的具体参与者和重要推动者。内蒙古在促进奶业振兴的过程中，在政府的大力引导和伊利、蒙牛等龙头企业的带动下，与农民建立了合理的利益联结机制，有效推动了内蒙古奶业持续健康的发展。山西也应充分尊重市场经济规律，把更好发挥政府主导作用与充分发挥龙头企业的带动作用和农民的主体作用结合起来，聚力推动特优农业产业的良性循环和可持续的发展。

四、路径选择

未来一段时期，是我国全面建成小康社会、实现第一个百年奋斗目标之后，乘势而上开启全面建设社会主义现代化国家新征程、向第二个百年奋斗目标进军的关键时期，是山西省实现农业特优高质量发展的战略机遇期。山西省必须加强前瞻性思考、全局性谋划、战略性布局、整体性推进，立足省情农情，遵循产业发展规律，充分发挥各地比较优势，不断优化农业产业布局，扎实推进农业现代化三大省级战略、十大产业集群建设，高起点、高标准、高水平创建一批特优区和产业园，为持续推动全省特优农业高质量发展注入新动能新活力。

（一）坚持集群发展，打造全国特色农产品优势区

立足自身资源禀赋、产业基础和市场需求，因地制宜发展区域特色产业，加快推动农业特优发展。按照做精杂粮、做强畜牧、做优果菜、做好药材的思路，在汾河平原、上党盆地、雁门关、太行山、吕梁山和城郊农业六大特色农业板块中，科学合理布局杂粮（马铃薯）、畜牧、鲜干果、蔬菜（食用菌）、中药材等特色农产品优势区和以功能食品开发为主的现代农业产业园。在吕梁山、太行山和晋西北建设谷子、高粱、马铃薯、荞麦、燕麦、红芸豆、绿豆、胡麻等特优区；在雁门关农牧交错带、太行山区建设肉牛、奶牛、肉羊、生猪、蛋鸡、肉鸡等特优区，做大晋南牛、晋岚绒山羊、晋汾白猪、太行黑山羊、广灵驴、边鸡、中华蜜蜂等特色养殖产业；在晋南、上党、晋中、忻定、大同盆地建设设施蔬菜、露地蔬菜和食用菌等特优区；在晋南丘陵区、吕梁山南麓边山丘陵区、晋中丘陵区、大同盆地、忻定盆地布局苹果、梨、葡萄等水果特优区；在吕梁山、太行山和晋南边山丘陵区等布局以黄芪、连翘、党参、远志、柴胡、山药、地黄等为主的特优区。

（二）坚持创新驱动，打造有机旱作农业示范区

积极落实部省共同推进山西有机旱作农业发展战略合作框架协议，坚持科研与生产、传统与现代相结合，依托晋中国家农高区（太谷国家科创中心）、有机旱作研究院、重点骨干企业技术研发中心等科研机构，开展有机旱作农业技术研发与创新集成，统筹推进耕地地力提升、农水集约增效等"十项工程"和有机旱作农业技术体系、产业体系和经营体系"三大体系"建设，持续推进有机旱作农业向纵深发展。聚焦农产品精深加工十大产业集群，统筹考虑区域资源禀赋和产业发展条件，在山西省特色现代农业区域布局的基础上，重点在小麦、玉米、杂粮、

油料、鲜干果、中药材等多种作物上布局建设有机旱作生产基地。在大同盆地、汾河谷地布局玉米生产基地，在东部太行山区、西部吕梁山区及北部高寒冷凉区布局杂粮生产基地，在晋东南、晋西北、吕梁山区布局谷子生产基地，在晋中盆地、上党盆地、晋北、晋南等地建设高粱生产基地，在晋西北建设高标准马铃薯种植基地，在晋中盆地、晋南布局建设水果生产基地，在太行山、太岳山、恒山山脉、吕梁山和晋南边山丘陵区建设5大道地中药材生产基地，在晋北布局建设油菜、胡麻，在晋南布局葵花子等油料作物生产基地，打造全国现代农业重要品牌。

（三）坚持市场导向，打造内陆地区农业对外开放集聚区

充分发挥市场在资源配置中的决定性作用，扎实做好产业链供应链前、中、后的精准施策，加强政策及项目资金引导，增强山西特色农业产业质量效益和竞争力。充分利用国际国内两种资源两个市场，持续深化要素流动型开放，稳步扩大制度型开放，积极融入国家开放战略，提升开放平台功能，加强太原武宿综保区建设，推进中欧班列高质量发展，支持重点外贸企业扩大山西省特色优势产品出口规模，推动太原、大同、运城跨境电商综试区加快建设。特别是要以南果中粮北肉东药材西干果"五大平台"建设为牵引，深入实施项目建设、功能提升、贸易增长、延链补链、品牌培育"五大行动"，加快建成一批生产和加工基地、建设一批平台配套重点项目、培育一批百亿级的商贸流通和农业龙头企业、推广一批平台建设创新经验、形成一批区域性专业市场、打造一批知名品牌，聚力推动"五大平台"提速提质、提标提效，努力把"南果"平台打造成黄河流域果品出口基地和北方果品贮藏交易中心，"中粮"平台打造成国家级杂粮交易中心与价格形成中心，"北肉"平台打造成京津冀优质畜产品供应基地，"东药材"平台打造成北方中药材集散中心，"西干果"平台打造成华北干果集散中心，为山西省全面

推进乡村振兴、加快农业农村现代化发展提供新动力、新引擎。

（四）坚持生态高效，打造农业绿色发展先行区

深入践行习近平生态文明思想，牢固树立"绿水青山就是金山银山"理念。将生态保护和绿色发展融入整个农业发展过程，建立健全创新驱动与激励约束机制，积极发展资源节约型、环境友好型和生态保育型农业。优化农业功能和空间布局，强化农业资源的保护和高效利用。加强农业面源污染防治，推行绿色循环和低碳生产，促进农业投入品减量化、生产清洁化、废弃物资源化、产业模式生态化。全面治理山水林田湖草系统，提升农业生态服务功能，打造人与自然和谐共生的农业发展新格局。建成以资源管控、环境监控和产业准入负面清单为主要内容的农业绿色发展制度体系，绿色循环发展的农业产业体系，绿色生态为导向的政策支持体系和科技创新推广体系。

五、政策建议

农业"特""优"战略，是山西实施乡村振兴战略的重要支撑，是实现农业农村现代化的必由之路。山西要紧紧围绕"打好特色优势牌，走有机旱作农业的路子"的总要求，以加快农业农村现代化为总目标，以稳粮保供为基础，以增加农民收入为关键，以科技创新为引擎，以建设高标准市场体系、现代化产业体系为抓手，努力蹚出一条"资源禀赋特、生产方式特、农耕文化特""产品品质优、产业业态优、农业品牌优"的山西"特""优"农业高质量发展之路。

（一）统筹谋划生产力布局，全方位夯实粮食安全根基

提升粮食产能，稳定粮食生产，"确保饭碗任何时候都牢牢端在自己手中"，既是重大的经济任务，更是重大的政治任务。一是稳步提高农业生产能力。强化农产品供给安全，严守耕地红线，全面落实"米袋

子"省长负责制和"菜篮子"市长负责制。持续加强高标准农田建设，特别是农田水利工程的完善，推动实施高效的节水灌溉和农业节水工程，引导农业实现规模化、集约化和高效化发展，进一步推动智慧农业的落地。实施单产提升行动，通过整合土地、良种、现代农业技术、机械化设备和科学管理等资源，积极创造高产田地，在中北部一作区创建玉米吨粮田，在南部两作区创建吨半粮田，示范带动大面积农田的均衡增产，确保粮食生产稳步提高。二是进一步优化农业区域布局。构建汾河平原、雁门关、上党盆地、吕梁山、太行山、城郊特色现代农业发展六大区域，启动实施运城优质果麦产业化示范区、太原都市农业多功能示范区、上党特色生态农业示范区、朔州草牧业种养加发展示范区四大集群示范工程，加快推进特色现代农业富民强村工程和粮食产能、畜牧产业、水果产业、蔬菜产业、杂粮产业、中药材产业、马铃薯产业、农产品加工业八大产业提升工程，推动特色产业向优势区域集中，打造产业板块、产业带。三是加快发展有机旱作农业。紧扣"把有机旱作农业打造成为我国现代农业的重要品牌"要求，加快有机旱作农业重点实验室等"三大部省共建实验室"建设，在继承和发展传统耕作优势的基础上，围绕"土、肥、水、种、技、机、绿"要素发力，实施十项工程，实行原料基地化、生产标准化、产品品牌化、监管全程化、经营信息化、生态优良化，全产业链推进有机旱作农业高质量发展。

（二）强化全产业链建设，推动农业产业集群化发展

建设农业全产业链是发展乡村产业、促进农民增收的重要举措，也是建设现代化产业体系的重要内容。一是大力提升特优农产品精深加工能级。以杂粮、畜禽、蔬菜、鲜干果、中药材等特色优势农产品为依托，聚焦速食食品、保健食品、功能食品等领域，推进黍米（黄米）、莜麦、小米、沙棘、高粱、豆类等精深加工。重点扶持一批具有较大产

能、较高科技含量和适销对路产品的大型食品加工企业向产前和产后延伸，实现从田间到餐桌全产业链的发展模式。二是推动农文旅康体养产业融合发展。依托杂粮文化、传统美食文化等历史传承，建设杂粮博物馆、地方特色美食文化园等，推动农业与旅游、教育、康养等产业融合发展，着力发展农耕体验、研学科普、休闲、康养等农业新业态。推动特色农业与数字信息产业深度融合，积极发展农村电子商务，推进新零售模式如直播带货等健康发展，积极探索智慧农业和定制农业等"互联网+农业"新业态。三是推动特优农业产业集群化发展。坚持战略引领、园区承载、项目支撑，以山西农谷、雁门关农牧交错带示范区、晋南果业出口平台三大省级战略、"南果北肉中粮东药材西干果"五大出口平台和特色农产品精深加工十大产业集群为牵引，布局一批特优农业全产业链建设项目，创建一批现代农业产业园、产业强镇，建立一批集生产资料供给、生产过程管理、产品收获加工、市场营销、品牌建设于一体的全链条融合产业集群。

（三）激发市场主体活力，建强现代化农业经营体系

推进农业供给侧结构性改革，构建现代农业生产经营体系，是推进农业农村现代化的重要支撑，也是实施乡村振兴战略的重要抓手。一是发展壮大农业龙头企业。大力培育农业产业化龙头企业和农业产业化联合体，引导企业申报国家级、省级与市级农业产业化重点龙头企业。鼓励龙头企业开展质量管理体系、"三品一标"认证，建立较大规模的生产基地、加工基地、流通基地，与农户建立较稳定的产销关系和合理的利益联结机制。支持龙头企业采取多种方式组建企业集团、开展科技创新、产品研发、品牌创建和跨区域经营，培育在全省乃至全国具有领军地位龙头企业。二是建立紧密型利益联结机制。大力发展农业新型经营主体，依托区域优势特色农产品产业链条，构建"龙头企业+合作社+家

庭农场+小农户"主体矩阵，因地制宜地建立和推进以合同式、合作式和企业化为主的利益联结机制，如通过签订多级订单、农户要素入股和双向入股等方式开展合作，让农户充分实现多环节获利增收。三是完善市场化流通体系。优化完善全省交通路网结构，深化交通运输综合体系建设。构建高标准市场体系，加速产地、物流和批发市场等节点建设，确立畅通的农产品流通链条。统筹国际和国内市场，充分利用各种商贸出口平台，快速推进"南果、中粮、北肉、东药材、西干果"等特优农产品的国际化和实体化建设，促使更多优质农产品进入国际市场；瞄准大城市、大区域市场，北上京津冀、东进长三角、南下粤港澳，积极推动特优农产品走出去。

（四）转变农业发展方式，增加优质安全农产品供给

提高农产品质量安全水平，增加绿色优质农产品供给，是推进农业供给侧结构性改革的主攻方向，也是建设现代农业的重要任务。一是构建特色农业发展标准体系。建立健全主品种、全产业链标准体系，聚焦重点特色优势农业产业，完善产品质量标准，推进农业产地环境、生产过程、产品质量、包装标识等全流程标准化建设。重点针对药茶、杂粮等标准空缺、没有国家标准或行业标准的特色优势产业领域，加快制定修订一批生产、加工、物流和食品安全标准，鼓励具有行业影响力的药茶、杂粮、果品等特色优势企业参与制定行业标准。二是推进农业全产业链绿色生产。打造农业生态循环产业链，全面实施清洁生产，降低化肥和农药的使用，推广生物防治工程，加强秸秆、畜禽粪便等农业废弃物的综合利用以及水源地保护。发展绿色有机生产基地，从源头保障特优农产品质量。充分发挥农业环境监测机构的作用，对农田保护区、杂粮出口基地和绿色食品研发与生产环境质量进行常态化监测评价。三是加强区域公共品牌建设。加强政府引导和统筹协调，深入推行"三品一

标"认证，统一建立标准体系，统一标识使用管理，构建"区域品牌+企业品牌+产品品牌"发展矩阵，树立地域特色整体形象。组织特优农产品相关企业积极参加和组织在口岸城市、大中城市举办的博览会、推介会、商品交易会等大型营销活动，加大展示推介力度，不断提高山西省特优农产品品牌的知名度和美誉度。

（五）完善科技创新体系，赋能特优农业高质量发展

推动农业特优发展，利器在科技，关键在创新。科技创新是农业高质量发展的重要引擎，也是提高特优农业生产效率以及附加值的重要保证。一是提升农业科技创新水平。以市场需求为导向，围绕山西省特优农业全产业链上中下游环节，在有机旱作、核心种源、丘陵农机、精深加工等领域加快关键核心技术攻关。促进产学研用深度融合，依托晋中国家农高区（太谷国家农业科创中心）、山西农业大学（山西省农科院）等科研院所，布局一批国家级、省级农业科技创新平台，引进新品种、新技术、新模式，推动科技创新成果在农业全产业链转化应用。二是强化人才队伍培育。加大对农技推广人才的培养，强化激励机制，进一步激励广大基层农技推广人员干事创业的积极性，培养一支懂农业、爱农村、爱农民的"三农"工作队伍；鼓励高校、农业科研院所开展农民学历提升和农民技能培训，系统实施新型职业农民培育工程，加速培养一批具有较高文化素养、专业技能、经营管理能力的新型职业农民；加强对优秀人才的引进培养和政策激励，建立农业领域"高精尖"人才库，纳入一批全省农业科技领域优秀人才，建设农业高层次人才队伍。三是推进农业科技信息化建设。积极推进杂粮、中药材等特色优势农产品生产过程与数字信息技术和智能装备深度融合；推进大数据中心、电子商务平台等建设，搭建质量安全追溯系统，利用农业物联网等信息技术，对特色农产品长势、历年农事活动、生产经营等信息进行数字化管理。

专题五　山西推动集聚发展促进服务业提质增效的路径选择与政策建议

　　服务业在经济中发挥着举足轻重的作用。特别是现代服务业贯通经济活动，促进要素流动，助力创业创新，是培育新动能的重要内容，是推进产业结构升级和经济社会发展的重要引擎。作为典型的资源型省份，推进服务业提质增效，促进山西现代服务业高质量发展，对山西的转型发展具有特殊且重要的意义。

　　创建服务业集聚区是现代服务业的发展趋势，也是推动现代服务业提质增效的有效手段。产业的集聚有利于改善产业发展散、乱、小和整体竞争力不强的弊端，发挥集聚效益，优化产业内部结构，促进产业链拓展和价值链提升，促进土地、人才、技术等资源要素集约利用，促进产业融合互动发展，等等。山西服务业整体规模相对偏小、集中度不高。因而，推动服务业集聚发展，有利于山西加速壮大现代服务业，提升产业整体竞争力。

　　当前，山西经济社会发展已跃上新的战略起点，经济结构、消费结构正发生着深刻变化，技术进步、产业升级和城镇化进程明显加快，全省处于经济企稳回升的战略机遇期、推进全方位推动高质量发展和奋力实现转型目标任务的重要时期。现代服务业进入了必须也有条件加速发展的难得时期，加快服务业发展已刻不容缓。因此，必须充分利用当前国家大力发展服务业的有利条件，抓住山西实现转型发展的战略机遇期，把发展服务业放到经济社会发展的战略位置，增强紧迫感和责任感，以新的理念、新的思路、新的举措，抢抓机遇，推动现代服务业集聚发展，促进全省现代服务业发展迈上新台阶。

一、研究综述与相关理论

产业集聚区的相关研究最早是从制造业产业集聚研究开始的，服务业产业集聚研究少且起步较晚。近些年，集聚发展已成为产业发展的趋势，随着人们开始更多关注服务业，服务业集聚发展也成为被探讨颇多的问题之一，国内外学者对服务业集聚发展的研究逐步增多，一些学者从区域一体化、服务业集聚区的评价等方面也进行了较深入的研究。

（一）产业集聚理论综述

产业集聚是指在产业的发展过程中，同一行业的企业或者是具有垂直、水平相关度的企业，由于相互之间的合作竞争关系而紧密联系在一起，在一定地域范围内的集中以实现外部规模经济和内部规模经济，其实质就是实现规模经济。产业集聚是市场经济条件下工业化进行到一定阶段后的必然产物，是现阶段产业竞争力的重要来源和集中表现。

对于产业集聚的研究最早来自 19 世纪末著名英国古典经济学家阿尔费雷德·马歇尔（1890）著作的《经济学原理》，因此相对国内来说，理论体系更加健全和完善。马歇尔和韦伯运用古典经济学的思想从分工理论的角度对产业集聚的形成进行分析。他认为外部经济与规模经济是产生集聚的直接动因，并由此提出了工业区概念与工业区理论。并指出企业集聚的优势：第一，技术的外溢；第二，企业聚集促使在产业聚集地形成一个提供特定产业技能的劳动力市场，这既降低了工人的失业率又确保了厂商的劳动力供应；第三，聚集能促进专业化的中间投入品和服务的生产和提升，可以支持该产业专用的多种类、低成本的非贸易投入品的生产。

19世纪末以来，众多专家和学者便开始对产业集聚区的形成进行相关研究，产业集聚理论出现了许多流派，许多著名的经济学家从多个角度进行了研究。德国经济学家韦伯是近代工业区位理论的奠基人，他在其著作《工业区位论》中，提出了工业区位理论。美籍奥地利经济学家熊彼特从创新的角度说明产业集聚机理，他认为产业集聚会促进创新的发生，而反过来，创新业能促进集聚。创新是一种集体活动，他需要大量的人力物力投入，需要企业集聚才得以实现。而在创新出现之后，又会吸引大量的企业紧随其后，进而形成产业集聚。熊彼特的创新产业聚集理论开创了以创新揭示企业空间集聚的先例，为后来对创新的系统研究奠定了理论基石。弗朗索瓦·佩鲁（1955）和保德威尔提出的增长极理论强调了政府等人为因素在产业集聚区形成中的作用。新经济社会学家如格兰诺（Granovettor，1985）、巴格那斯科（Bagnasco，1977）、皮埃尔和赛伯（Piore and Sabel，1984）等人，在对制度经济学批判的基础上，运用社会网络思想研究产业集聚现象。克鲁格曼（Krugman，1991，1995）应用不完全竞争经济学、规模收益递增、路径依赖和累积因果从循环原理的角度来解释产业集聚的形成。综上所述，产业集聚形成的研究多是从分工理论，增长极理论等理论的角度出发去研究影响产业集聚形成的因素。

西方学者关于产业集聚的论述和见解的研究背景与研究对象主要聚焦在西方发达国家的企业集群，与我国当前经济体制转轨和处于工业化初期的中小企业集群的背景是有差异的。因此在建设中国特色的社会主义市场经济过程中，我们既要借鉴西方学者的研究视角与方法，更要特别重视对我国中小企业集群特点的审视。国内是从20世纪90年代中期开始对产业集聚形成机理进行研究。我国对服务业集聚区的概念界定，主要出自学者研究和地方实践两个层面，针对产业集聚的定义、新特点、产业集聚的方式、形成原因进行了探讨。

对于产业集聚的概念和类型，国内专家学者从不同角度进行了分类研究。根据形成原因，分为自发性产业集聚，政府推动型产业聚集及外资推动型产业集聚；根据产业之间的依存关系的不同，又分为互补性产业集聚和共生性产业集聚；根据发展道路的不同可分为创新型产业集聚和低成本型产业集聚。国内学者对服务业集聚区的定义主要是以下几种。一是根据服务业集聚区的内涵分为异种行业集聚区和同种行业集聚区，二是将其定义为在服务领域内相互关联（互补、竞争）企业与机构在一定地域内聚集，形成上、中、下游结构完整、充满创新活力的有机体系；三是从地理空间和产业组织维度出发，将服务业集聚区界定为经政府统一规划设计、存在于相对固定的地理空间内的、以某一类或几类相关服务产业为核心、以与之密切关联的辅助行业及其依附的商务楼宇等相关配套设施为辅的产业功能集聚、配套资源共享的产业发展载体。

国内学者根据各自研究领域方向，采用了不同的模型对产业集聚的形成机理、影响因素、竞争力、评价指标等方面进行了研究。庄惠明等（2009）以"钻石模型"为理论基础，选取9个影响因素对我国服务贸易竞争力进行了实证研究。陈虹等（2010）运用"钻石模型"理论，采用协整分析和误差修正模型等方法，对我国服务贸易竞争力影响因素进行了实证研究。赵静（2019）基于"钻石模型"理论，通过构建三级评价指标体系，对"一带一路"沿线国家的服务贸易竞争力进行了评价。方毅等（2019）对扩大服务业对外开放的路径展开了研究。雷仲敏等（2015）构建了服务业竞争力评价指标体系，运用截面数据对5个城市服务业竞争力进行评价并提出对策。夏杰长等（2014）构建VAR模型对我国服务贸易竞争力进行了实证研究。Xiaoyang Zhang等（2017）运用国际市场份额占有率、贸易竞争力、比较优势等指数对中国旅游业竞争力进行比较分析及评价，并提出提升旅游业竞争力的对策。王永宁等（2009）对中国服务业竞争力进行了实证研究。黄毅（2012）对四川服务业比较优势进行分析，并提出了对策建议。Huiyuan Mao等（2014）基于DIAMOND模型，对辽宁省旅游产业与现代服务业耦合发展竞争力进行评价和分析。

与此同时，各地在实践层面业开展了诸多有益的探索。上海市将服务业集聚区定义为按照现代城市发展理念统一规划设计，依托交通枢纽和信息网络，以商务楼宇为载体，将相关的专业服务配套设施合理有效地集中，在一定区域内形成空间布局合理、功能配套完善、交通组织科学、建筑形态新颖、生态环境协调，充分体现以人为本的，具有较强现代服务产业集群功能的区域，也称为微型CBD（MCBD）。江西省将现代服务业集聚区定义为按照现代经营管理理念，以某一服务产业为核心，以信息化为基础，在一定区域内集聚而成的服务业企业集群。其主要特征是产业集中、发展集约、资源共享、科技含量高、运行成本低、环境污染少等。湖南省将服务业集聚区定义为若干同类产业或相关产业，以信息化为基础，以产业集聚为主要特征，以产业园区或基地等为主要载体，在一定地理区域内形成的产业集中度高、特色鲜明、水平和规模居全省领先地位，在产业升级、自主创新、资源共享、改革示范、融合发展、集约发展等方面走在全省乃至全国前列的服务业企业集群。广西将服务业集聚区定义为以当地特色资源和优势产业为基础，按照产业集群理念统一规划设计与经营管理，依托交通枢纽、重点产业园区、中心城区、历史文化街区、智力密集区等，促进服务业企业及相关机构集聚互动发展的特定功能区。安徽省将服务业集聚区定义为以某一个或多个服务业重点领域为主体，产业特色鲜明，创新能力较强，管理较为科学规范，具有要素集合、产业集群、服务集成等空间集聚特征，集聚度达到一定水平的产业园区。内蒙古自治区将服务业集聚区定义为按照现代产业经济发展理念，以某一服务产业为核心，以信息化为基础，统一规划设计，在一定区域内集聚而成的服务企业集群，是服务业发展的重要载体。其核心是按照企业集群、产业集聚、资源集约的原则，通过合理布局和有效开发，将相关产业链中互相联系的各类服务业企业聚集在一起，共享资源，协调发展，逐步实现服务业发展的规模化、集约化。贵州省将服务业集聚区定义为按照现代经营管理理念、技术和模式，促使同类或相关服务业企业在一定空间区域内集聚互动，形成具有较好资源整合、服务共享性和较强辐射带动作用的服务业企业集群，具有布局相对集中、要素资源集聚、服务功能集成、产业特色鲜明等特点，是现代服务业发展的重要载体和有效组织方式。

（二）服务业集聚发展和动力成因的机理

服务业集聚区的集聚效应形成机制和动力是通过其强大吸引力实现的。服务业集聚效应的产生既有内部动因，也有外部强化的因素。内生机制是吸引服务业企业在特定空间聚集的动力，其作用力由内而外将企业聚在一起，吸附形成类组织结构，共同作用，承载一定的经济发展功能。可从以下三个方面来分析其形成机理。

1.供需互动机制

从供应的角度看，同类型的服务业企业集聚，产业融合发展和转型升级，产业链、价值链得到延伸，专业化分工进一步加强，可以形成具有专业知识和高技能的劳动力市场，为企业提供丰富的劳动力资源，而高素质的劳动力还可以降低企业的培训费用。例如，位于合肥市高新区的现代服务业集聚区依托于安徽省最大的高新技术产业化基地，集聚形成了智能家电、汽车及装备制造等主导产业集群。同时，集聚还可以加强彼此的信息技术交流，知识溢出效应促进了企业创新，加速技术扩散，特别是信息的扩散可以促进企业抓住时机，生产个性化的商品。从需求的角度看，同类型的服务业企业会聚于集聚区，有利于稳住客源，对消费者节约消费成本是有利的，这一点在消费性服务业集聚区中体现得尤其明显。因为消费者除考虑价格以外，还注重商品的质量、特色、品牌、销售方式等多个非价格因素，同类零售店聚集在一起是可能的。从消费者的消费心理来看，同类零售店聚集在一起可以降低消费者购物中的不确定性。如果在购物中心里聚集了多家出售该类商品，又存在着一些差异的零售店，消费者在购买之前就可以到这些商店里面进行充分的比选，选择最适合自己的商品。减少了购物中的不确定性就等于减少购物成本，增加消费者的效用，这样就会吸引更多的消费者前来。因此，同类店聚集在一起无论是对供给方还是对需求方来说都是有益的。

2.共生机制

共生表现为共生单元之间按照共同的共生界面和共生机制，进行物质、信息和能量的交流，通过这种交流，可以促进共生单元按照某种形式的分工，弥补每一种共生单元在功能上的缺陷，促进单元共同进化，在互相激励和合作竞争中实现多赢的理想状态。根据共生理论，可以把服务业集聚中的不同集聚个体，也就是各个服务业企业及其辅助企业分别看作是不同的共生单元，这些共生单元的功能、性质和特征可能各不相同，但都共同存在于一个目标一致、功能定位大体一致的地理空间中。服务业集聚区中的不同集聚个体，如各类服务业企业个体、相关的商业设施及生产、生活服务配套之间往往存在着竞争或互相依托、互相借力的关系。同类的服务业企业都不约而同地鼓励创新，不断采用创新理念，招募高素质人才，引进高新技术，在此过程中，存在一定的信息交流和传输。对于企业而言，创新精神是其发展前进的不竭动力，通过不断的创新可以获取超额利润，这对于服务业而言，亦是通识。随着需求的升级服务业发展新空间得到拓展，三次产业融合发展和转型升级深入推进，延伸了生产性服务业产业链、价值链；消费结构逐步由生存型、传统型、物质型向发展型、现代型、服务型转变，文化创意、休闲旅游、医疗保健、家庭服务等生活性服务业发展潜力巨大。由需求的升级导致的供给创新更具有强大动力。在集聚区内的服务业企业之间由于地理位置上相互接近，可以使得服务业企业之间的频繁交流更有可能，形成了信息、知识、技术、人才、资金等要素或资源的聚集平台，从而使服务业集群的合作与创新具备了现实基础。服务业集聚区的创新网络不断提升区域创新能力，从而又形成集聚区可持续发展动力，同时集聚区创新网络产生的知识溢出效应衍生出大量新型企业，进而又可以形成集聚经济效益。根据共生理论的核心思想，共生虽然包含了竞争和冲突，但是特别强调从竞争中产生新的、创造性的关系。因此，服务业集聚的地理空间内的各个单元之间共生关系的构建也需要特别强调彼此之间的融合、协作，以期获得共同发展，最终形成不同单元互相协调、共生共荣的局面。

3.集聚机制

企业的集聚会产生规模经济。随着规模的加大，生产成本和经营费用都得以降低，导致企业长期平均成本下降、利润增加。从商业企业的特性来看，存在"店多成市"产生的集聚效应。首先，企业集聚可以利用共同的基础设施，如交通、通信、电力、水资源等，减少企业内部成本。其次，集聚区内的聚集企业通过生产规模的扩大，或企业间协作生产或企业的集中管理、管理费用分摊等好处，从而使边际收益递增。由于集聚区内企业众多，生产规模较大，规模效应相对明显。根据波特的定义，商业企业簇群更符合产业簇群的特征，为了取得规模经济优势与竞争优势，零售商要致力于以适当的价格向消费者出售富有吸引力的商品组合与服务，通过集聚不仅可以提供一站式购物，还可以便于消费者进行价格和性能的比选。零售商之间需要协调作用，创造更好的零售环境，提高商业集聚的整体形象和吸引力。与购物相关联的集聚化经济效应催生了几类零售群落，如零售带、购物中心、商业中心、商业街等，这些商业集聚地区既提供非完全替代品，又提供互补品，使得顾客在采购时，既可以货比三家，又可以一次将所有商品购置齐备。同时，集聚区内主导产业在内部按档次、品种、款式横向组织生产，企业之间形成了专业化的分工协作网络，营造了可持续发展的竞争合作关系，这样又可以带来良好的外部范围经济。因此，商业活动一方面尽可能接近服务对象，另一方面商业活动在自身的服务范围内也趋向于集聚在优势区位。这种空间集聚既表现为在城市核心区的纵向发展，以城市中心的购物中心最为典型，也表现为水平向的集聚，以城市边缘区的日用品大卖场和专业性大卖场、仓储商店簇群最为典型，更多地表现为两类方向的综合。

对产业链上供应商、服务业企业和需求商的吸引，服务业企业处于中介位置，不仅要直接为消费者提供服务，而且要联系供应商，承载一定的中介职能；二是吸引与服务业企业有关联的企业或互补企业，或为产业链的延伸企业。在集聚区内，各种企业、机构之间集聚互动、关联促进，形成可持续的竞合机制，会不断推动集聚区产生复合性经济效益。

政府推动是集聚效应产生的主要外部动力。政府推动的主要因素：一是产业升级的需要。随着地区经济发展质量提升、产业梯度发展等因素的影响，一个地区的产业会出现阶段性变化发展需求，包括产业的创新、产业转型升级、产业的承接转移等，在这些发展变化的过程中，往往是由一种现象或需求为发端，进而很快由点及面，最终形成集聚发展的趋势。二是产城融合发展的需求。城市化的快速发展而引发的人口城市化、服务设施城市化，往往同时会面临城市基础功能落后、产业竞争力薄弱以及新老城区功能衔接不够等诸多矛盾。解决这一问题的核心是要推动产城融合。"产城融合"主要指的是城市合理布局产业功能与城市功能，承载产业聚集和城市发展的重任，构建产城人互动的有机体系，以人的发展为目标，以城市功能为载体，以产业高级化为动力，进而达到产业、城市、人之间有活力、持续向上的发展模式。三是政府规划发展本地区经济的驱动力。从中国现有的服务业集聚区的形成来看，在很多服务业集聚区的形成过程中，政府的"规划"和优惠政策往往成为背后的重要推手。政府在规划选址时，往往是在区位优势明显、已有服务业自发集聚苗头的地区扶持，政府通过规划建立特定对象的具体区位和范围，采取一定的扶持措施，给予税费或者其他的优惠，提供资金和市场开发的支持，建立行业准入标准，引导符合该规划区功能定位的服务企业进入，逐渐形成服务业集聚区。政府以项目、资金或政策等进行的扶持，力度是极为强大的。通过陆续出台支持现代服务业发展的财税、金融、价格等方面的政策措施，引导不同类型的服务业集聚区加强各具特色的创新能力建设，加速不同类型的服务业集聚区之间形成联系紧密的创新链和创新网，促进区域服务业总体结构的优化升级和区域服务业体系功能和竞争力的提升。

（三）服务业集聚发展影响因素分析

关于服务业集聚发展影响因素的研究主要分为宏观和微观两条思路。宏观方面，王一冰（2021）利用回归分析方法分析了我国现代服务业集聚发展影响因素后发现：人力资本、城市大小、政府行为对其集聚发展的影响为正，而工业发展水平、信息和通信技术水平、开放程度对其集聚发展的影响为负。任英华（2011）通过构建空间面板计量模型，对我国28个省域相关数据进行测算，发现我国省域之间空间上的相关性仍十分显著，且存在正的空间溢出效应。技术差异在空间上对现代服务业集聚发展的促进效果不明显。此外，交易费用对其集聚影响为负。微观方面，孟琳琳、李江苏等（2020）采用空间基尼系数、区位熵分析、EG指数和面板回归等方法研究河南省现代服务业的集聚特征及影响因素，发现其空间集聚结构还有待完善；经济发展水平、交通、资本、信息和人力对现代服务业发展均有促进作用，经济发展水平的促进作用最大的是工业化水平，而政府行为对其影响为负。王人骏、马丽佳（2020）结合钻石理论与GEM模型进行分析，指出技术创新、制造业集聚、政府政策以及信息化水平对现代服务业集聚影响为正，城市化水平对产业集聚的影响方向不确定。

同时，不同类型服务业发展的影响因素也有所不同。王冠凤（2022）通过构建计量模型发现研发创新、金融资源、财政实力是推动上海高端服务业高质量发展的重要因素，并以此提出促进上海高端服务业创新发展的政策建议，包括利用上海国家中心城市的资源优势，提供强大的金融支撑，支持企业技术研发，建立区域一体化示范基地。鄢继尧等（2022）研究提出，现阶段家政服务业的主要影响因素以经济、人口和信息因素为主，空间和企业自身因素为辅，不同地区家政服务业发展的主导因素也不尽相同。西桂权等（2021）通过建立计量模型发现，北京市科技服务业的主要影响因素包括科技活动人员、科技服务业固定资产投资、科技服务业从业人员、专利授权量和利用外资金额。

从国内外专家学者的研究来看，影响现代服务业空间集聚的因素较多，有规模经济、资本支持、城市规模、交通条件、人力资本、知识溢出、经济发展水平、信息化水平等诸多因素。综合而言，主要是以下几方面。

一是有效和强大的市场需求。服务产品的市场需求决定了服务业形成和发展的空间，有效的市场需求才能不断刺激服务产品的有效供给，进而促进服务业集聚的形成。市场需求有量和质两个方面。市场需求的量即市场容量，与顾客群的规模和购买力以及制造业规模和集聚程度密切相关。中国经济快速发展，居民收入大幅度增长，这些都成为扩大现代服务业市场需求的重要因素。现代服务业集群通常在两种类型地区形成：一类是人流量大、需求旺盛、消费能力强的区域，如城市的CBD；另一类往往围绕制造业集群在交通便捷之处布局。市场需求的质主要指服务对象需求的多样性及需求链的不断延伸，而这些都直接导致服务目标市场的划分越来越细，不断衍生出新的服务项目和服务业态。为了将差异化的服务迅速地提供给消费者，服务企业会选择空间聚集来达到吸引顾客、扩大市场份额的目的。比如在特大城市的妇幼保健医院门口往往集聚了众多为产妇和新生儿服务的企业，如婴儿游泳、家政（月嫂、做胎毛笔等）、早教中心等，这些都是随着人们生活水平提高及职场压力增大无暇全身心照顾幼儿而产生的新需求下的新产业。

二是生产要素完备。服务业集聚的生产要素主要包括劳动力、资本、土地等。服务业对劳动力的依赖很大，因此，在研究生产性服务业空间集聚时指出，服务业的集聚地形成人力资源的"蓄水池"。服务企业是否会在某一空间聚集，很大程度上取决于当地相关劳动力的可获得性。当一个地区拥有较多的劳动力或者凭借较优的条件集聚较多的劳动力时，企业在此集聚就可以较低的招聘成本和使用成本获得劳动力，相当于增加了企业的盈利空间。当然，服务业内部不同行业对劳动力素质的要求差异也非常大，不同类型的服务业集聚对不同素质的劳动力的偏好差异也很大。资本和土地对服务业集聚的影响都是通过其可获得性实现的，越容易获得资本的地区，越有利于形成产业集群。对于那些占地面积大的服务业集聚区，如物流园区、产品交易市场等，在选址过程中，必须考虑到是否具备充足的土地。城市化进程中不断出现的"退二进三"和"退三进三"实际上反映的就是土地成本不断增加导致企业外迁的现象。

三是基础设施与环境条件优越。现代服务业具有高技术含量的特征，企业集聚不仅限于原料、劳动力资源成本的考虑，企业在空间上的聚集，能使交通、电力、通信等基础设施使用成本因分摊而降低。所以，基础设施也成为现代服务业集聚发展的重要影响因素。此外，制度环境、市场环境、创新环境、社会文化环境等也都对服务业集聚的形成与发展产生重要的影响。从制度环境的角度来看，服务企业的建立和发展与当地产业政策及其连续性有正相关关系。在服务业集群化发展过程中，政府有着一定的作用，具体表现在制定吸引投资的优惠政策、建设良好的基础设施、提供优质高效的公共服务、建立公平严肃的法律环境等方面。比如江苏省常州市近年来一直重视服务业的发展，制定了从"制造业导向"到"制造业与服务业的双轮驱动"的发展战略，并且制定了鼓励服务业发展的一系列政策措施，对本地服务业集聚区的发展产生了积极的正面效应。

四是良好的产业配套支撑。从市场环境的角度来看，集群所在地应有与主导产业和产品相关的发达的专业市场。比如，常州市的机电、家居建材等专业市场发达，为相关服务业集聚的发展提供了要素供给和产品交流展示的渠道。相关支撑产业条件是指该产业集群的前项联系产业和后项联系产业的发展情况。现代服务业的发展与制造业、一般服务业等产业的发展息息相关。因此，服务业集聚发展离不开制造业及其内部相关辅助产业的强大支撑。

五是优良的创新环境。从创新环境的角度来看，越是市场变化快的行业，对创新的环境要求越高。现代服务业的特征之一是要求不断地推出创新产品来满足人们较高层次的需求，所以服务业集聚需要创新环境。

二、发展基础与经验借鉴

山西是典型的资源型地区、典型的资源型经济。现代服务业的发展对山西的转型发展具有特殊且重要的意义。山西多年来服务业的发展不断加快，对全省经济结构调整产生了积极的推动作用，为我省经济社会持续健康发展和人民生产生活提供了较高质量的服务。

（一）"十四五"以来山西服务业发展情况

"十四五"以来，全省服务业发展平稳恢复，稳中有进。2021年，全省服务业增加值完成10005.4亿元，首次迈上万亿新台阶，实现了"十四五"良好开局。2022年，全省服务业增加值为10461.3亿元，增速2.7%，超出全国平均增速0.4个百分点。2020年全省服务业增加值完成9029.81亿元，同比增长2.1%。"十四五"以来，全省服务业增速始终高于全国平均水平，2021年服务业增速排在全国各省（区、市）第10位。2020年、2021年服务业占GDP比重分别为51.1%、44.7%，对全省经济增长贡献率分别达到25.6%和45.7%，继续对经济发展起着支撑作用。同时，服务业内部结构逐步优化，已成为增加就业的重要渠道，区域和城乡结构有所改善，省会和中心城市在全省服务业发展的中心和龙头作用进一步强化，区域中心城市以及强县在服务业发展中的辐射带动作用日趋明显。现代物流业、现代金融业、科技服务业等现代服务业快速发展。"十四五"以来，金融业和交通运输仓储邮政业年均增速达到5.8%和4%左右，服务业结构转换升级正在加快。我们也清醒地认识到，与沿海发达地区相比，山西服务业总体上比较滞后，发展不足仍是最突出的问题。存在服务业规模偏小、服务业内部结构仍然不够合理、产业集中度不高、现代服务业集聚发展水平不足等问题。传统服务业大而不强，现代服务业和新兴服务业起步晚、发展慢，没有形成集聚发展的态势。

一是社会贡献显著增强。"十四五"以来，服务业对经济各领域的影响不断扩大，在税收收入、市场主体、稳定就业等方面发挥着重要作用。从税收看，2023年上半年，全省服务业完成税收收入729.1亿元，同比增长26.8%，在三次产业中贡献突出。从就业看，2021年服务业从业人数占全社会就业人数的一半以上，2023年上半年，服务业累计提供就业岗位57.4万个，占全部就业岗位的62.9%，有效发挥吸纳就业人口的主渠道作用。从市场主体看，2023年上半年，服务业市场主体达342.5万户，同比增长15.1%，占全省实有各类市场主体比重超过80%。

二是质量效益稳步提升。"十四五"以来，我省连续三年出台推进服务业提质增效行动计划，深入开展服务业提质增效十大行动。生产性服务业加速发展，2021—2022年信息传输、软件和信息技术服务业增加值年均增长10.2%，全社会物流总额达到4.8万亿元，较2020年增长47%。生活性服务业品质提升，医疗、养老、育幼、文化、体育、家政等重点领域提速发展，全省一刻钟便民生活圈试点市级覆盖率达到63%，加快满足人民群众日益增长的美好生活需要。2023年6月全省服务业规上法人单位数同比增长8.8%，山西文旅集团、华远陆港、云时代等领军企业，分别进入文化旅游、现代物流、信息服务等行业领域的全国500强。

三是创新能力不断增强。"十四五"以来，我省研发投入强度不断加大，创新平台加速集聚，创新生态持续优化，自主创新能力稳步提升。2021年全省研发经费投入增长19.3%，高于全国平均4.7个百分点，排全国第五位、中部六省第一位。建成国家级重点实验室9个，省实验室3个，省重点实验室142个，省级技术创新中心76个，中试基地20家，培育新型研发机构233个，以实验室为主体，技术创新中心、中试基地、新型研发机构等为支撑的创新平台体系加速形成。

四是开放水平持续提高。"十四五"以来，我省大力推动服务业企业开展跨国经营和对外投资，服务贸易和服务外包取得显著成效。太原市、大同市被认定为省级服务外包示范城市，太原特玛茹电子科技有限公司、山西出版传媒集团有限责任公司先后被商务部、中宣部、财政部、文化和旅游部、国家广播电视总局认定为2021—2022年度国家文化出口重点企业，山西果然传媒有限公司的纪录片电影《中国故事》被认定为2019—2020年度国家文化出口重点项目。服务业利用外资稳步提升，2021年、2022年服务业分别利用外资0.64亿美元、1.19亿美元。2023年上半年，服务业利用外资1.04亿美元，同比增长25.2%。

五是集聚效应初步显现。"十四五"以来，我省积极发挥现代服务业集聚区示范引领作用，以高端化、专业化、融合化、品牌化为方向，以重点领域为突破，推进集聚区扩容提质。通过加快平台载体建设和市场主体培育，强化要素保障，营造良好市场环境，努力打造种类齐全、功能完善、设施配套、管理科学的现代服务业集聚区。目前已经创建省级现代服务业集聚区39家，涵盖科技服务、电子商务、现代物流、文化创意、软件与信息等重点领域，为促进当地经济发展、带动就业发挥了积极作用。

（二）国内外现代服务业集聚发展及政策支持情况

服务业集聚发展与一定的经济发展水平相关，是产业结构高度化产物，一个地区经济越发达，人才吸引能力越强，服务业集聚发展越好。服务业集聚区一般具有较强的大城市地缘属性、人力智力密集属性、显著的产业竞合特征、较强的区域合作特征。同时也具有开发长周期、高投入特点，其发展模式也比较灵活多样。

1.国内外服务业集聚发展状况

服务业的集聚发展是生产技术水平提高和生产组织形式演化的必然结果，是经济发展的一个重要特征事实。美国等西方国家在20世纪七八十年代逐步进入后工业化时代和服务经济社会，服务业在三次产业结构中所占比重均在70%以上。服务业创造的财富、吸纳的就业人口都远远高于制造业和农业，在国民经济中的地位显得越来越重要。同时，伴随着经济的发展和产业结构的演变，经济地理的特征也在不断发生变化，其中最引人瞩目的就是产业集聚现象，特别是以城市为依托的服务业集聚现象越来越明显。例如，伦敦、纽约、东京成为世界金融产业的集聚中心，加州的好莱坞是世界顶级影视媒体集聚区，法国的电影电视产业集群也有举足轻重的地位。

（1）美国服务业集聚发展情况

作为当代世界经济强国，美国现代服务业增长快、总量高，居世界领先地位，美国的产业集群数量众多且极为发达。例如，在美国加州，4大集群产业经济区迅速形成。分别是以电子通信业、娱乐和航空制造为主的南加州经济区；以互联网服务业、多媒体、软件为主的旧金山海湾经济区；以高产农业为主的中央流域经济区；以高科技制造和计算机服务业为主的萨克拉门托经济区。这四大块经济区自成体系，各有特色，具有极强的产业竞争力，如南加州经济区的航空制造业、旧金山海湾经济区圣塔克拉拉的硅谷软件业等。

总体来说，美国服务业的集聚呈现出以下特点。一是区域产业链基本形成良性循环。例如，纽约服装产业、好莱坞电影产业、硅谷电子产业都在区域内形成了良好运转的产业链结构。纽约服装产业注重人才培养、服装设计、服装生产、商业运作等各个环节，服装设计和服装制造紧密协作，形成服装设计、生产、销售的产业链；好莱坞电影业是集制片、后期制作、院线发行及动漫、游戏、小说、音像制品等周边产品为一体的产业集群；而硅谷区域内的创新环境，形成了高端电子产业环节与以风险投资、软件开发、研发设计为主的现代服务业紧密结合的产业链结构。

二是现代服务业集聚发展载体主要集中在都市区。美国现有都市区361个，其中百万人口以上的有50个。都市区居住了一半以上美国总人口，贡献了全国GDP的85%，提供了84%的就业机会和88%的工作收入，形成劳动力、资金、信息的集聚，还拥有良好的交通网络系统，为各产业的发展提供了基础。随着城市化进程的加快，都市中心区中的一些制造业开始向外围转移，中心城区形成的"空腹地带"吸引了金融、科技中介服务、创意产业等知识型服务业的集中发展。

（2）欧盟服务业集聚发展情况

欧盟是全球主要的服务经济体和服务贸易经济区。近几年，欧盟服务贸易顺差维持在1900亿欧元左右，服务对外出口额维持在9000亿欧元左右。欧盟还有扎实的服务业产业基础，伦敦是世界第二大金融中心，巴黎是国际知名的时尚之都，鹿特丹是欧洲第一大港口城市，法兰克福则是世界著名的航空城市等，同时，芬兰的基础电信、瑞典的现代旅游、瑞士的金融服务等都各具特色，为欧盟的服务业集聚提供了扎实的产业基础。

目前，欧盟服务业集群已经较为成熟。伦敦金融城在1.4平方公里的范围内集聚形成了金融集聚区，这里云集了500家外国银行，180多个外国证券交易中心，每日外汇交易量达6300亿美元，是华尔街的两倍，是世界三大金融中心之一，是全球最大的国际保险市场，场外金融交易市场，基金管理中心和外汇交易市场。另外，距离伦敦金融城仅3公里的金丝雀码头，凭借良好的区位优势，逐步转型形成了"总部带动、建筑拉动、政策吸引"的集聚发展模式，除承接伦敦金融城的扩散效应外，还承接信息服务业机构的集聚发展。目前，伦敦形成了英国的商业中心、行政中心，拥有商业建筑面积160多万平方米，仅零售销售额就达到年均50.5亿英镑。巴黎形成了"一主两辅"的现代服务业布局，巴黎市区是城市主中心，集聚了巴黎70%的金融机构，60%以上的企业服务业，15%的商业中心；拉德芳斯是巴黎重要的企业集聚区和商务中心区，积聚了1600多家企业，包括法国最大的20个财团和20%的世界100强企业；马尔纳–拉瓦莱地区是研发服务及商业服务企业的集聚区，同时也是休闲产业的集聚区，世界知名的迪斯尼就位于该区域的欧洲谷内。

（3）日本服务业集聚发展情况

日本是第三产业高度发达的国家，目前日本第三产业占GDP的比重已经超过70%。批发零售、租赁与汽车服务、信息与通信业等对第三产业的贡献度占据前三位。东京已形成现代服务业"一核"独大，高端要素的高度集聚的服务业强势发展态势。尤其是，东京占据日本GDP的30%左右，全日本资产超过10亿日元的大公司有近一半在东京，45%以上的上市企业也集聚于此，第三产业占地区GDP的比重达到80%以上。东京是世界三大金融中心之一，银行发放的贷款占到融资总额的41%，证券交易占到86%。特别是东京从20世纪60年代开始在新宿建CBD以来，至80年代末建设完成后，在CBD区域内开始集聚大量的以金融、保险为主的公司总部及各种类型咨询公司、会计师事务所、律师事务所等现代服务业。东京网络服务的集中度高达80%，90年代中后期，随着信息及文化产业的迅猛发展，新宿周边又开始集聚了大量的信息服务公司、软件开发公司、传媒公司、动画制作公司等，使新宿CBD成为日本规模最大、现代服务产业集聚程度最高的地区。

东京软件与信息服务业集聚度也较高，目前日本全国有IT产业公司36000多家，其中有近45%的公司集中在东京。东京的大部分IT公司，几乎都集聚于东京都心环线轻轨列车山手线各车站周边。其中新宿车站周边是东京IT相关产业最为集中的地区之一。在新宿CBD内人流、物流、资金流和信息流的相互结合，使新宿形成了一个信息产业、媒体产业、经营服务产业、商业零售业产业等相互联结，上下游产业链共存的巨大的、现代化都市化产业集群。此外，随着IT技术日新月异的进步，日文文化产业也发展起来，东京在电影、电视制作、动画制作、出版、印刷、广告、流行时尚、信息服务等现代文化产业领域迅猛发展。在文化产业发展初期，大量的文化产业公司集聚在东京近郊地区，从90年代中后期起，大量的现代经营服务产业和文化产业的公司总部或主要业务部门纷纷迁往交通和信息便利的东京都地区，逐步形成较为完善的产业集聚地。

（4）上海服务业集聚区发展情况

上海服务业集聚区是我国发展较早且最有代表性的服务业集聚区。上海服务业集聚区发展起于20世纪80年代改革开放初期。当时，以外向型经济为特征的虹桥开发区是上海最早的商务现代服务业集聚区，有1000多家外商投资企业和近千家外企办事处入驻，其中咨询、审计、律师、企业策划、广告等行业发展尤其快速，现代服务业集聚区的雏形初步显现。从20世纪90年代开始，上海服务业加速发展，其中，以金融、物流、信息等为代表的现代服务业发展势头强劲，服务业集聚发展的趋势也日益明显，在黄浦、卢湾、浦东、徐汇、静安、长宁等区域都呈现出不同程度的集聚，涌现出虹桥、陆家嘴、南京西路等一批现代服务业集聚度较高的区域。事实上，上海在全国首先提出了现代服务业集聚区的概念，但刚推出现代服务业集聚区提法之时，仅将微型CBD作为服务业集聚区的主要形态。其后，各地对现代服务业集聚区的类型不断扩展补充。进入2000年以后，上海规划建设了20个左右的现代服务业集聚区，总建筑规模将达800万平方米左右。这些集聚区重点集聚以金融、物流和各类专业服务为重点的现代服务企业，各具特色。例如，江湾—五角场科教商务区依托杨浦区大学集聚的优势，重点发展科技研发和教育培训产业，形成了以知识创新区中央社区为核心的科教商务集聚区，外滩和陆家嘴地区集聚金融要素发展为金融贸易区，虹桥国际机场成为涉外商务集聚区等。

上海现代服务业的建设极大地拉动了上海市服务业的发展。一是集聚功能效应充分发挥，提升了一批微型CBD的作用。例如，南京西路专业服务商务区，龙头企业和品牌企业带动了其他企业和行业发展。集聚区推进了85个商铺的升级，引进了161个国际品牌，全方位提升了南京路商圈的能级和品位，带动了静安区的发展；卢湾区淮海中路国际时尚商务区，引进了一批世界500强企业跨国公司地区总部和世界品牌旗舰店，成为国际水准的国际大都市商业商务中心。二是带动了以上海市为中心的周边重点地区服务业的发展。例如，青浦区赵巷商业商务区奥特莱斯品牌直销广场集聚了国际国内一线知名品牌，日均销售额快速增长；七宝生态商务区结合外环打造了商务商业集聚地等。三是促进了服务业与交通网络的密切衔接。例如，虹桥涉外商务区依托虹桥国际机场，营造了更好的交通环境，使该地区成为上海的涉外经济商务服务平台和长三角的商务服务平台，吸引了更多外事机构、外资企业和国际机构入驻。

（5）江苏省服务业集聚区发展情况

江苏省借鉴上海经验较早开展了服务业集聚区的建设。2005年，江苏省出台《中共江苏省委江苏省人民政府关于加快发展现代服务业的实施纲要》，提出现代服务业空间布局方向是"依托'四沿'产业布局，形成生产性服务业发展集聚带；依托城市、重点开发区、主要交通枢纽，形成与生产生活配套的服务业集聚区"。2007 年，《省发展改革委关于加快建设现代服务业集聚区的意见》（苏发改服务发〔2007〕52 号）明确了现代服务业集聚区建设的形态、原则、认定条件和管理办法，并挂牌成立了第一批 47 个省级现代服务业集聚区，重点推进中央商务区、文化产业园区、科技创业园区、软件园区、现代物流园区和产品交易市场等6种类型服务业集聚区建设。2008 年，为进一步促进省级现代服务业集聚区做大做优做强，江苏省出台了《江苏省省级现代服务业集聚区认定管理暂行办法》（苏发改服务发〔2008〕280 号）明确提出了省级现代服务业集聚区的认定条件、申请程序和管理办法。2010 年，江苏省又出台了《省政府关于印发进一步加快发展现代服务业若干政策的通知》（苏政发〔2010〕117 号）进一步提出了省级现代服务业集聚区的考评奖励政策和对集聚区的若干支持政策。2012年，为更好地引导现代服务业集聚区加快发展，江苏省出台了《江苏省省级现代服务业集聚区发展情况评价考核暂行办法》（苏发改服务发〔2012〕160 号）提出了省级现代服务业集聚区的考核范围、基本原则、考核方法、考核程序、考核奖惩等。2012 年江苏已形成 100 个省级现代服务业集聚区，2013年又新增了20 个省级现代服务业集聚区。截至目前，江苏省已认定省级服务业集聚区超过100家，累计引进企业过万家，市场经营户近10万户，平均每个集聚区实现营业收入100多亿元，实现市场成交额近300亿元，实现税收近百亿元。除省级服务业集聚区外，江苏各地市也积极建设了一批市级服务业集聚区。例如，南京市2005年推出首批10大市级现代服务业集聚区，目前已拥有省级服务业集聚区10家，市级服务业集聚区33家；无锡市创建了省级服务业集聚区15家，市级服务业集聚区13家；苏州市创建了省级服务业集聚区19家，市级服务业集聚区51家。

（6）浙江省服务业集聚区发展情况

浙江省目前是我国产业集聚发展水平较高的省份，浙江在资源短缺的劣势情况下，经济跃居全国前列水平，也一定程度上得益于被专家称作"中国经济第三次浪潮的发动机"的产业集聚发展模式。浙江省在2009年提出了重点规划建设物流园、总部基地、科技创业园、创意产业园、软件和服务外包基地、文化商旅综合体、新型专业市场、综合性生产服务集聚区等八类现代服务业集聚区。2010年浙江省委出台了《浙江省人民政府办公厅转发省发改委关于创建浙江省现代服务业集聚示范区意见的通知》（浙政办发〔2010〕98号），并确定了40个服务业集聚区作为浙江省级首批现代服务业集聚示范区。随后，浙江省出台了一系列制度推进服务业集聚区发展，例如2011年出台了《浙江省人民政府关于进一步加快发展服务业的若干政策意见》（浙政发〔2011〕33号），2017年出台了《浙江省服务业集聚示范区综合评价办法（修订）》（浙服务业办〔2017〕21号）等促进集聚区发展的政策文件，并组织开展了年度省级现代服务业集聚示范区综合评价工作。目前，浙江省共创建了200多个服务业集聚区，广泛分布于全省各个地市，兼顾了各地区的比较优势、行业代表性和地区均衡性等多方面因素。服务业集聚区分为物流园区、总部基地、科技创业园、创意产业园、软件与服务外包基地、商贸综合体、旅游休闲度假区、新型专业市场、综合性生产服务集聚区等9类服务业集聚区。目前，全省产业集聚区共有服务业从业人员 12.2万人，增长 22.7%；服务业企业实现利税总额748.0 亿元，占集聚区内全部企业利税总额的 52.0%。

浙江服务业集聚区发展态势良好。2017 年浙江产业集聚区规模以上服务业企业营业收入5708 亿元，同比增长38.3%。其中，义乌商贸服务业产业集聚区的服务业营业收入大幅增长。产城融合效果显著：一方面，产业集聚区从业人员明显增加，2017 年产业集聚区"四上"企业从业人员平均人数90.6万人，同比增加 13.3万人。另一方面，各地城市推进统筹规划建设与产业集聚区发展相配套，学校、医院、商贸等生活设施逐步完善，集聚区从业人员生活更加便利，城市规模扩大，城市发展水平不断提升。例如，杭州湾产业集聚区，统筹推进滨海新城和南部新城建设，集聚区内逐步建设了宁波市杭州湾医院、世纪城第二小学、金融广场、海创体育馆等项目，配套设施逐步完善。从浙江各类型集聚区发展情况看，浙江省各城市金融业发展水平较高，且空间分布均衡。当前，浙江省所有城市均为金融业的中等及以上集聚区，温州、衢州、丽水、宁波、湖州、台州 6 个城市的金融业集聚特征明显，具有比较优势。浙江省商务服务业在杭州、舟山、宁波、嘉兴等地集聚趋势明显，集聚程度不断提升。

（7）安徽服务业集聚区发展情况

安徽建设服务业集聚区起步相对较晚但发展速度较快。安徽省于2011年启动省级现代服务业集聚区的建设，建设初期园区规模普遍不大。截至 2015年底，安徽全省批准认定的省级现代服务业集聚区100个。2016年安徽加速推进集聚区建设，认定了31个省级现代服务业集聚区，此外多个地市开展了市县级现代服务业集聚区的认定，这些市县级现代服务业集聚区也同样发挥了集聚区的集聚效应和载体功能。据统计，2016 年，安徽省共认定了131个省级服务业集聚区。其中，现代物流园30个，信息软件园21个，研发创意园15个，服务外包产业园3个，金融服务业园区5个，中央商务区13个，文化旅游园38个，其他类型园区6个。省级服务业集聚区累计入园企业达28489 家，吸纳就业人员95.3万人，实现营业收入4150亿元。

安徽省服务业集聚区发展发挥了集聚功能，取得了较大成绩。一是集聚区主导产业较为突出，发展特色渐趋鲜明。安徽服务业集聚区集聚包括现代物流、科技咨询、信息技术与电子商务服务等生产性服务业，还创建了文化、教育、旅游、健康、养生养老等生活性服务业。在已被认定的131个省级服务业集聚区中，分为8类集聚区。这些园区主要集聚在中心城市区域，合肥、芜湖、马鞍山、黄山等城市集聚区发展较为快速。二是集聚区公共平台建设及其服务功能明显加强，推动了安徽服务业转型升级。安徽省大力建设服务业集聚区公共服务平台，已经批准认定的省级现代服务业集聚区都设置有明确的管理与协调机构，运营机制也日渐规范，一定程度上推动了现代服务业整合与集聚，推动了安徽服务业的转型升级并起到引领和示范作用。三是营造服务业集聚区创新环境，增强服务业发展活力和创新能力。把加强服务业发展的政策创新、内部制度创新和商业模式创新作为重点，推动各级现代服务业集聚区的建设。

2.国内外服务业集聚发展的促进政策

随着全球经济由工业经济向服务经济转型的趋势进一步加快，尤其是现代服务业成为各国竞争力的关键因素，美国、英国、日本等国政府均出台了相关政策措施，推动现代服务业的集聚发展。政策涉及推动产业发展、税收优惠减免、优化基础环境、开放服务业市场等各个方面，对我国发展现代服务业具有一定的借鉴意义。

（1）产业发展引导政策

美国芝加哥在20世纪60年代末受金融危机影响，成为"工业锈带"，面临工业衰退、工人下岗、经济增长迟缓、贫困人口增多等诸多问题，转型问题十分突出。1989年政府提出"以服务业为中心的多元化经济"，大力推动区域高技术产业发展，吸引企业集聚。通过实施多元化、服务化的产业发展战略，抢占产业各领域的最前沿，大力发展第三产业，强化传统金融贸易中心地位，对商业贸易、金融业、文化旅游等服务业产业进行培育和扶持，形成技术密集、知识密集、竞争力强、特色明显的多元化经济结构。新兴的文化产业逐步取代牺牲资源发展的传统制造业成为主流发展驱动力，帮助芝加哥实现了从工业城市向创意城市的转型。到20世纪90年代后期，芝加哥吸引了摩托罗拉、朗讯等一批IT企业落户，区域高技术产业得以飞速发展。美国休斯敦也采取了产业延伸模式。休斯敦在20世纪60年代末石油工业开始整体下滑的条件下，反而靠产业链的延伸和拓展加速了石油产业的科研开发，由此带动了为其服务的机械、水泥、电力、钢铁、造纸、粮食、交通运输等多种产业的发展。此外，美国政府还在休斯敦建立了宇航中心，带动了为它服务的1300多家高新技术企业，从而使休斯敦成为全美人口增长最快的城市，优秀智力资源的输入与经济发展形成良性互动，城市性质发生了根本性的变化。英国曼彻斯特市政府于2006年提出以巩固服务经济、迈入知识经济时代为首要目标的经济加速战略，大力推动现代服务业发展，着力构建产业适宜的发展环境，并努力协助企业培育人才。日本政府2006年颁布"新经济成长战略（New Economic Growth Strategy）"提出服务业与制造业双引擎带动日本经济实现可持续发展的新战略，提出重点发展商务服务业、内容产业、健康服务业、旅游业等现代服务业，并将提高生活质量和商业运营效率作为服务业的发展目标。

（2）税收优惠减免政策

税收减免扶持产业转型发展是各国政府采用较多的措施。纽约在911之后为振兴曼哈顿下城商务服务业等现代服务业，出台了一项包括商业振兴项目和下曼哈顿能源项目两部分的经济振兴计划。提出对下曼哈顿地区符合条件的商务楼宇，给予房地产税和商业租税的减免优惠，并且为下曼哈顿地区的商业企业和高技术企业提供最长达12年的电力成本折扣优惠，最多可为业主节省约40%的电力费用。韩国政府也制定了强化服务产业竞争力的相关措施，并通过税收减免支持服务业发展。规定尤其对属于现代服务业的中小企业给予大力支持，扩大减免税种，并增加特别税额扣除。另外，为支持服务业企业进驻产业园区，对服务业企业的财产税和综合土地税给予减免50%等。

（3）优化发展环境政策

在推进现代服务业集聚发展过程中，各国政府都十分重视营造良好的发展环境。英国曼彻斯特市政府着力解决住房、公共运输、土地供应等直接影响服务业企业发展的环境问题，积极促进经济与服务业的可持续发展。日本政府在"新经济成长战略"中提出，建立服务业研究中心，完善服务业统计体系，协助拓展服务业领域和国际市场，扩大服务业需求，制定政策措施推动人力资源培训、信息技术利用等，提高服务业生产效率和服务质量。英国威尔士地区是发展了近百年的以煤炭生产为主的资源型工业区。面对采掘成本逐步上升，主导产业的竞争力下降，大批工人失业，经济发展出现严重困难的局面，英国和威尔士地方政府利用语言相通、风俗相近等有利条件，通过采取改善地方经营环境、给予优惠政策等措施，从美国招商引资，尤其是有目的地引进大项目，如波音公司的发动机项目等，在大项目的带动下高新技术产业和旅游产业迅速发展，地区经济实现了产业转型。

（4）促进服务业市场开放政策

日本为推进本国现代服务业发展，自20世纪90年代以来，不断打破与服务业相关的行业的壁垒，推进会计准则国际化，努力接轨国际市场。2005年6月，日本政府制定了新的公司法，降低了公司设立门槛，减少了对公司经营活动的限制，提高了并购对价形式的灵活性。另外，日本政府还对民营企业开放了学校、医疗等公共服务领域，允许外国企业参与，并且在出入境和居住制度方面，延长技术人员居留期限，扩大国际相互承认信息处理技术人员资格等。美国也大力推进服务业的对外开放。积极推进北美自由贸易协议和亚太经合组织贸易自由化进程，与加拿大、墨西哥、智利、新加坡、澳大利亚等签订双边贸易协定，为服务业出口市场提供支持。另外，美国以信息技术为基础，建立全球共享信息通信网络，创造了一个全球性的信息市场，有力支撑了本国通信产业的发展。

（5）国内支持服务业集聚发展的相关政策

在服务业集聚发展概念明确提出以前，我国涉及服务业发展的政策措施主要是支持服务业发展，促进其快速增长、结构优化，对引导服务业集聚发展则鲜有涉及。虽然如此，一些相关政策文件在一定程度上仍潜含着促进服务业集聚发展的精神。例如，《国务院办公厅转发国家计委关于"十五"期间加快发展服务业若干政策措施意见的通知》（国办发〔2001〕98号），提出鼓励中心城市"退二进三"，实际上包含着促进服务业集聚发展的政策导向。其后出台的《国务院关于加快发展服务业的若干意见》（国发〔2007〕7号）和《国务院办公厅关于加快发展服务业若干政策措施的实施意见》（国办发〔2008〕11号）中，相关内容开始逐渐关注服务业集聚发展；为推动高新技术服务业发展，从2001年开始原国家计委和原信息产业部授牌北京、上海等10个城市建设国家级软件产业基地；2007年，商务部发布的《服务贸易发展"十一五"规划纲要》要求，"到2010年沿海地区和内陆重点城市建成10家左右示范性服务外包基地"；《国务院关于印发物流业调整和振兴规划的通知》（国发〔2009〕8号），要求"在大中城市周边和制造业基地附近合理规划、改造和建设一批现代化的配送中心"，并将物流园区工程作为《物流业调整和振兴规划》确立的九大重点工程之一；《国家发改委办公厅关于推进高技术服务业有关工作的通知》（发改办高技〔2010〕1093号）将促进产业集聚作为做大做强高技术服务业的三大任务之一。这些政策都从不同角度，一定程度上体现了鼓励了服务业集聚发展的政策导向。

我国首次明确提出支持服务业集聚发展的文件是2010年出台的《国家发展改革委关于开展服务业综合改革试点工作的通知》（发改产业〔2010〕116号），文件中有关的"服务业综合改革试点实施方案"，明确提出要"促进资源要素合理集聚"，并提出要在建设生产性服务业集聚发展示范区等方面进行试点。2012年由国务院发布的《服务业发展"十二五"规划》，在国家层面再次明确提出了支持服务业集聚发展的政策方向，提出要"建设一批主体功能突出、辐射范围广、带动作用强的服务业发展示范区"。该规划还多次提出了建设服务业集聚区的政策要求。

另外，近年来国务院出台的一些服务业专项政策、部门出台的专项规划等虽然未明确提出引导和支持服务业集聚区建设，但也表明了类似政策意图。例如，《国务院办公厅关于加快发展高技术服务业的指导意见》（国办发〔2011〕58号）进一步提出了"建设高技术服务业产业基地、培育高技术服务业集聚区"的目标；《国务院关于深化流通体制改革　加快流通产业发展的意见》（国发〔2012〕39号），要求"支持特色商业适度集聚"；2011年发布的《中国旅游业"十二五"发展规划纲要》，提出"以国家旅游度假区为抓手，引导一批山岳、湖泊、滨海、温泉等不同类型的休闲度假产品聚集区的开发和建设"；2012年由科技部发布的《现代服务业科技发展"十二五"专项规划》，将"建设一批现代服务业产业化基地，推动现代服务业集群的形成和发展，显著提高现代服务业比重和水平"作为重要目标之一，明确要求"以示范基地为载体，形成特色服务产业聚集区"。此外，还有有关部门把物流园区、文化产业示范基地、动漫产业示范基地等，作为引导相关产业集聚的重要载体，明确了政策支持的方向。

近几年，国家对服务业集聚发展的政策导向不断明确和加强，国家对服务业集聚发展的要求具体到细分行业和各个领域。例如，《国务院关于积极推进"互联网+"行动的指导意见》（国发〔2015〕40号），提出发展"商贸企业集聚区"等，促进"互联网+"发展；《国务院关于印发中国（重庆）自由贸易试验区总体方案的通知》（国发〔2017〕19号），提出"两江片区着力打造高端产业与高端要素集聚区"发展服务贸易、电子商务、展示交易、仓储分拨、专业服务、融资租赁、研发设计等现代服务业。

（6）各地对服务业集聚发展的支持政策

在国家支持服务业集聚发展的同时，各地业纷纷出台支持政策促进服务业的集聚发展。2004 年，上海市率先引入服务业集聚区的概念，并开展了服务集聚区的认定。2005 年，上海市启动了首批服务业集聚区的认定，开展 9 个全新打造的新建项目和3 个拓展提升功能的既有项目。2007年，上海市又确定了第二批 8 家现代服务业集聚区名单。江苏省最早借鉴上海经验开展现代服务业集聚区的建设及认定工作。此后，服务业集聚区建设日益受到各地政府的重视，纷纷开展服务业集聚发展认定工作。据不完全统计，近年来，全国共有 27 个省（自治区、直辖市）制定印发了关于服务业发展的政策文件，其中 18 个省（自治区、直辖市）涉及服务业集聚发展和集聚区建设。北京、广东、浙江、安徽、浙江、内蒙古、山东、辽宁、湖北、江西、河南、四川等省（自治区、直辖市）政府还提出培育功能完善、特色突出的专业性服务业集聚区。

各地还积极加强服务业集聚区建设的组织领导，不少地方专门成立了领导机构或协调机构推进集聚区的建设。如上海市成立了现代服务业集聚区建设推进办公室，各区县也相应成立了协调机构。江苏、浙江、安徽等省份由省发改委负责省级现代服务业集聚区的认定管理和评价考核等工作，市县级发展改革部门负责推进市县级集聚区或示范区的认定管理等工作。还有辽宁、湖北等省由省服务业发展领导小组办公室或省发改委共同推进省级现代服务业集聚区的认定和考核。

整体而言，当前，国家层面有关部委结合自身工作出台了不少具体的专项服务业集聚发展的政策措施，各地方政府层面则积极出台政策支持服务业集聚发展，其政策逐步包括集聚区的认定、日常的管理运营和鼓励支持政策等，政策支持体系逐步完善。

一是加强服务业集聚区的认定管理、动态考核。上海、江苏、浙江、安徽、福建、山西等省（区、市）出台了省级服务业集聚区的认定办法，提出了加强省级现代服务业集聚区的动态考核，建立了相应的奖惩机制和进入退出机制。上海、江苏、浙江还提出了建立具体的服务业集聚区统计报送制度和详细指标体系，加强集聚区或示范区发展的动态监测和发展形势研判。

二是采取多种形式加大对服务业集聚区的资金支持。首先，一些地区利用服务业发展引导资金、国债专项资金或各级财政预算内资金等，加大服务业集聚区建设的财政投入。例如，北京、上海、天津、江苏、浙江、广东、广西、辽宁、安徽、山东、河南等省（区、市），拨了服务业发展引导资金，优先支持服务业集聚区基础设施建设和重点项目发展。江西省充分运用财税等政策杠杆，鼓励和支持创投基金投资建设集聚区，支持金融机构针对集聚区基础设施建设和区内企业发展提供适应的金融服务。浙江省对认定的省级现代服务业集聚示范区，通过省服务业发展引导资金给予一次性补助，对于服务业集聚示范区内的项目，优先列入省服务业重大项目计划和省重点建设项目。其次，一些地方通过加大税收优惠和融资支持推进服务业集聚区建设。例如，山东、安徽、内蒙古自治区等对经认定的服务业集聚区享受工业园区的水电气等价格政策和土地、税收优惠政策。浙江省对现代服务业集聚示范区内鼓励发展的服务业企业，报经地税部门批准，给予1~3年的房产税和城镇土地使用税的减免优惠等。浙江省还提出金融机构对现代服务业集聚示范区内企业开展股权、收费权、专利权质押和无形资产等抵质押贷款，财政部门可给予适当风险补偿。再次，一些地区统筹利用各类财政扶持资金，推进服务业集聚区的公共平台建设。例如，上海、江苏、浙江、广东、内蒙古、吉林、安徽、山东、湖北等省（区、市），提出加大对服务业集聚区公共服务平台和服务设施建设的支持力度。此外，吉林省提出省财政科技基础平台建设资金对高新技术产业园区的科技服务平台建设给予适当支持；浙江省提出对发展初期的公共服务平台，园区承办单位应适当减免其租金费用。

三是积极保障服务业集聚区企业重点项目的用地需求。例如，北京、河北、内蒙古、吉林、上海、江苏、浙江、安徽、福建、山东、广西、海南等省（区、市），明确提出优先保障现代服务业集聚区的建设用地指标。浙江省提出在新一轮土地利用总体规划修编时，统筹安排现代服务业集聚示范区的用地空间，对确有用地困难的现代服务业集聚示范区，如符合我省土地利用总体规划局部修改政策且与当地新一轮土地利用总体规划相衔接的，可办理现行土地利用总体规划的局部修改手续。

四是增强对服务业集聚区的人才支撑。上海、江苏、浙江、内蒙古等省（区、市），明确提出加强对服务业集聚区建设的人才支撑。例如，提出实行弹性引进机制，在集聚区建立人才工作服务站，鼓励与高校、科研院所等合作建立人才公共实训基地等，优化人才培育引进环境，强化紧缺人才和实用型高技能人才的培养与引进。一些省市出台制定了优先落实服务业各类人才引进和培育政策，鼓励服务业集聚区与科研院所合作，开展产教联合、校企联合。浙江省还提出，允许省现代服务业集聚示范区经当地政府批准自建公租房性质的公寓，用于解决引进专业人才和具有一定技能的员工的住房问题。

（三）山西服务业集聚区发展情况

山西服务业集聚区建设虽起步较晚，但有了其他先进省份经验的借鉴，山西集聚区建设启动后发展较快，形成了蓬勃发展的态势。

1.山西服务业集聚区总体情况

山西2019年启动省级现代服务业集聚区谋划创建、评选认定等工作。截至2022年底，山西共认定省级现代服务业集聚区39家：其中第一批6家，第二批19家，第三批11家，第四批3家。

从领域类型来看，已认定的集聚区涉及11个重点领域，省级现代服务业集聚区中科技服务集聚区最多，共有11家，占比为28.2%。其中，太原3家，临汾2家，综改区、阳泉、长治、晋城、运城、朔州各1家。科技服务体现了较强创新引领和示范带动作用。科技服务业集聚创新力量，有助于提升服务业结构能级、增强产业核心竞争力，打造新的经济增长点。现代物流集聚区8家，占比为20.5%，太原、晋中、朔州、忻州、临汾、阳泉、运城和综改区各1家。这类集聚区契合了枢纽区域发展定位的目标，同时兼顾了国家战略要求和区域发展定位，是推动当地经济高质量转型发展的重要支撑。旅游休闲集聚区4家，占比为10.2%。其中，忻州2家，阳泉、晋城各1家。这类集聚区体现了多元业态，是推动服务业提质增效、高质量发展的重要载体。电子商务4家，占比10.2%。其中，太原2家，大同、吕梁各1家。综合性服务2家，金融服务2家，文化创意2家，新型专业市场2家，软件与信息服务2家，融合发展1家，健康养老1

家。占比较高的类型是科技服务、现代物流、旅游休闲、电子商务等四类生产性服务业集聚区，这四类约占70%。

从区域分布来看，集聚区的布局体现了利用各地市特色优势支持其集聚发展壮大的特点。太原11家占比28.2%，涵盖了新型专业市场、现代物流、电子商务、文化创意、科技服务、金融服务、综合性服务7个领域。省级服务业集聚区在太原布局较多，体现了省会城市示范引领作用，也契合了把太原建成国家区域中心城市的定位。忻州和临汾各4家；大同、阳泉、长治各3家；晋中、晋城、运城、朔州各2家；吕梁1家。

2.山西推进服务业集聚区建设的主要做法

一是不断完善规划与配套措施，稳定推动集聚区的建设。各市县将打造特色服务业集聚区纳入本地区服务业高质量发展"十四五"规划中，加快做大做强服务业集聚区，拓展集聚区的辐射带动作用。纷纷出台了加快集聚区发展的配套措施。比如太原市出台《关于促进我市服务业发展推动项目落地的实施意见》《太原市加快培育建设市级现代服务业集聚区的实施意见》等。阳泉、运城等市出台了《市级现代服务业集聚区认定管理办法（试行）》。一些市县完善了集聚区推进的激励机制，提振服务业集聚区竞争力。如太原市在《加快培育建设市级现代服务业集聚区的实施意见》中初步制定了现代服务业集聚区考核评估指标体系，从集聚基础、集聚规模、集聚效应、工作推进四方面进行评估，对考评排名在前的，给予资金奖励，对考评不合格的，督促其整改，一年后重新评价，整改后仍不合格的，发布公告撤销其认定称号。

二是加大招商引资力度，支持服务业集聚区做大做强。各市县坚持把项目建设作为集聚区建设核心，积极策划、引进、参与招商引资洽谈会、高峰论坛、创新产品巡展等活动，灵活利用电视、报纸、网络等媒介，拓宽宣传推广渠道，为集聚区发展造势，提高集聚区知名度，增强自身竞争力和社会影响力。积极开展对外招商，与多家企业达成合作意向，拓宽合作领域，提高园区的入驻使用率，形成产业集聚效应，切实发挥园区经济带动作用。同时，各级发改部门加强对重点在建区域紧盯不放，对建设项目督促推进，对投产运营区域加强运行管理。要求各集聚区把推进项目建设作为重要任务，狠抓进度不松劲，争取早日把项目建成建好。严格落实安全生产责任制，深入查摆在项目建设过程中可能存在的安全隐患，并及时整改，确保项目顺利推进。

三是加强对聚集区政策支持，提高政策落地效果。各市县认真贯彻落实中央和我省稳经济一揽子政策及接续政策措施，以及省委、省政府《山西省促进服务业领域困难行业恢复发展的若干措施》，落实关于促进服务业领域困难行业恢复发展的一系列工作部署。积极加大对服务业集聚区的政策支持，例如，晋城市对认定为市级服务业集聚区的每家奖励30万元，认定为省级服务业集聚区的追加奖励10万元。同时，积极推进政策的落地，汇编助企纾困政策，走进企业开展"送政策上门"活动，统筹推进稳投资促消费、保产业链供应链稳定等措施落地，把财税政策措施和金融政策措施放在突出重要位置，多措并举确保服务业企业及时享受退税政策红利，确保各项政策措施真正落到实处，有效帮助服务业领域企业纾困解难。

四是积极开展考察调研，掌握推广集聚区建设的经验和成功案例。省发改委和各市县将服务业集聚区建设与服务业提质增效、服务业市场主体倍增结合起来，把集聚区作为服务业提质增效和市场主体倍增的重要平台，一体安排部署，一体加快推进。积极通过书面材料、电话联系、实地考察等方式，召开调度会，了解各市集聚区建设的成功经验，不断推进市级服务业集聚区提档升级。

3.集聚区发展存在的普遍问题

一是集聚区建设产业结构不尽合理，主导产业仍不够突出。集聚区建设是具有现代服务理念和前瞻性的，但在实际招商和运作过程中，受各种条件制约和影响，服务业集聚区建设内容通常与集聚区规划有较大差别，不少集聚区仍存在主导产业不够集中的问题。招商入驻的项目多属于传统的劳动密集型企业，高新技术产业占比偏低，多数产业处于产业链末端，随着日趋激烈的竞争和疫情影响，行业整体利润下降。需要进一步提升集聚区的产业集聚能力，提高企业影响力和知名度，特别是加强研发、人才、品牌等对产业的发展的支撑，促进创新能力与生产能力协调发展。

二是集聚区建设的外在形式初现，但集聚本质效应的发挥尚待加强。受传统体制、观念及地方政府政绩考核等因素影响，在服务业集聚区建设过程中，惯于用工业集聚发展的思维考虑服务业发展的问题，存在偏重强调企业地理上的邻近、重视集聚区硬件环境建设、注重项目建设带动集聚区发展，而忽视集聚区软件环境建设，不注重企业间产业链、价值链、信息链的搭建，对服务业集聚区知识化、信息化、网络化特征认识不足，忽视集群形成和发展的本质条件。招商引入企业间的关联性较弱，缺乏专业化分工协作和密切的经济联系，发展处于企业集中布局阶段，入驻企业间真正的相互嵌入的网络格局还没有形成。

三是专业人才引进和培育存在瓶颈。现代服务业是人才就业的"梧桐树"，应不断创新奖励机制和人才培训机制，来吸引人才。随着集聚区内企业入驻的增加，需要引进大量不同专业、不同层次的人才。大多集聚区反映专业人才缺乏，特别是需要补充大批高素质专业技术人才。同时，一些集聚区还存在人员不稳定的问题。集聚区是促进区域服务业集聚发展、提升水平的重要载体，需要克服集聚区内企业各自为战的现象，加强区内企业之间的交流与协作整合区内资源，建立共享的人才引进与培养平台，组织举办各类高规格研讨会、培训会等，促进集聚区人才的蓬勃发展。

四是集聚区内管理服务功能不健全。现代服务集聚区内大部分设有服务中心、创业中心、行业协会、律师事务所等中介服务机构。但由于历史上和体制上的原因，这些中介服务机构大多具有官方或半官方的性质，囿于政府部门的直接管理或指导，这些机构自身的灵活性不强，而且由于其规模较小、数量较少，彼此独立行事没有形成相互分工协作关系，导致服务体系的整体效益偏低，导致集聚区的企业孵化功能不能满足企业的发展需要。另外，集聚区内存在大量的中小型企业，这些企业仍存在融资困难的问题。特别是项目资金申报流程较为复杂，相关政策资金项目申报时多需要提供项目备案证明材料，商业银行审核周期较长且相对烦琐，导致中小企业因资金问题发展缓慢或放缓投资速度。同时，很多集聚区还没有形成有效的风险投资机构。

五是集聚区内的创新网络和创新机制不完善。创新是集聚区不断发展壮大培育新增长点的关键因素。当前集聚区内企业与创业中心、科研机构、大学、金融机构、服务查询机构还未形成互动的创新网络，产业集群创业中心孵化器的创新功能尚未充分发挥，资源共享而带来的研发中心创新外溢和科技创始性资源供应源还不多。同时，创新创业生态不够完善的问题，导致了科技成果转化机制不顺畅。集聚区内企业在发展壮大延长产业链时需要进行中试和产业化试运营，一些集聚区现已建成的物理空间满足不了企业中试和扩大生产的场地需求，存在科技成果产业化"受阻"的问题。

六是集聚区信息报送和管理机制有待健全。当前集聚区运行情况数据填报是以传统的EXCEL表格填报后逐级汇总提交，需要月月填报。

数据填报科学规范化程度低和下发通知后留办时间较短。一些集聚区建议采用在线的共享数据表格或专用系统进行数据填报，并且设定本期若无变化无需填报选项。同时，要进一步规范信息通知渠道和留足办理时间，建议相关工作通知直接发送给集聚区运营主体，并明确各级部门具体的负责人及联络方式，便于相关工作及时有效地开展。

三、发展路径与模式选择

服务业从最初发展到形成产业集聚规模，是一个复杂漫长的系统流程，产业发展路径和模式的选择要结合产业发展的客观需求，考虑产业发展的各环节和制约因素，为产业集聚发展提供支撑和助力。

（一）山西服务业集聚发展需求分析

产业集聚发展对不同发展阶段适用的发展模式和路径不同，对产业政策的需求也有所变化。因而，对山西服务业发展采用模式、路径分析，需要首先进行发展需求的分析。

1.产业发展的阶段分析

产业发展的各个阶段都需要采取不同的发展模式和途径，需要有相应的支持政策，其对应政策重心和政策工具也各有不同。当前，山西现代服务业集聚发展处于起步阶段，山西服务业集聚区的建设仍处于探索时期，因此在进行路径和模式选择定位时要注重：一是传统服务业要依据自身优势，大力发展新模式、新业态，打造传统产业新优势。如传统的批零业、餐饮业，这些优势领域的集聚发展要突出应用新场景、发展新业态，打造新的竞争优势。二是在现代新型服务领域，要注重挖掘自身的潜力和与全国其他省份相比的比较优势。在全国其他省份都同步推进时，要大力培育支持本省新兴企业成长壮大，构建良好的企业成长环境，打造有竞争力的比较优势。具体来说，要考虑从关键环节和环境支撑这两大部分重点进行模式和路径的选择，制定适合的支撑政策。

2.服务业集聚发展的路径和模式分析

根据国内外先进地区发展经验，服务业起源于大城市，其发展的高级阶段更是表现为大城市聚集现象，且主要行业呈现集聚甚至集群的态势。现代服务业集聚区开发具有长周期、高投入的特点，其发展模式也比较灵活多样，有市场主导发展模式即内生型（原生型）模式、政府规划引导下的市场化主导发展模式即嵌入型模式和政府驱动发展模式即外生型发展模式。

内生型服务业集聚模式又称为原生型服务业集聚模式，是依据区域的优势产业基础，根据市场需要自发而形成的集聚发展模式。内生型模式依托当地的资源条件，为了满足市场需求，最初由企业自发形成、市场自然演化而成。因此，这种模式需要较为完善的市场化交易条件，政府在培育集聚区萌芽时候的制度设计也相对重要。其发展需要以下三个方面的条件：一是当地需要有很强的市场需求，具有集聚发展的重要推动力；二是当地有优越的区域资源成为集聚发展主导因素；三是政府的因势利导促进了集聚的发展。内生型生产性服务业集聚模式需要有一定的资源禀赋条件。比如，人力资源及科技教育资源富集，文化历史传统或者在研发方面存在非常明显的优势等。例如，北京的中关村、广东的华强北聚集了大批的电子元器件、信息通信、手机等企业。上海的同济大学周边聚集了多家现代设计、装潢、图文设计、建筑模型和建筑监理等建筑设计单位。内生型生产性服务业集聚模式主要是以中小企业为主。这种集聚模式根植性非常强，只要当地的资源条件没有发生变迁，集聚模式就会一直延续下去。

嵌入式服务业集聚模式一方面需要政府的推动支持，另一方面也需要一定的产业基础。集聚区发展往往需要国家和地方政府给予优惠的支持政策，比如用地、税收等方面的优惠。政府往往投入巨额资金建设智能化楼宇、电子信息平台、完善的交通通信基础设施、配套商业和生活服务设施等公共服务、中介服务和有效的空间载体，因而，这种模式受政府的规划和制度设计影响较大。同时，嵌入式集聚模式需要很好的产业基础，尤其是区域经济增长迅速对生产性服务业需求旺盛，还需要宽广的腹地承接集聚区的辐射功能。

嵌入式集聚发展模式一般都是空间特征非常明显的立体集聚模式。金融业较多符合这种聚集发展模式。比如，伦敦金融城、纽约华尔街金融集聚区等，它们占地面积很小但是产值巨大，功能定位和辐射作用明显。同时集聚区主要围绕龙头企业延伸价值链条，政府也需要围绕该企业开展环境培育、政策引导和制定对应的招商引资政策。

在我国，典型的嵌入式服务业集聚模式是上海陆家嘴金融贸易区，它也是我国唯一一个以金融贸易命名的国家级开发区。陆家嘴地区占地28平方千米，其中金融贸易区占地1.7平方千米。该地区借助我国浦东开发的契机，成为我国金融投资机构、跨国公司总部、要素市场和各种服务中介机构最为密集的地区之一，已经形成以金融业为主的产业集聚区。截至2005年，在陆家嘴开业的分行级以上中外资金融保险机构已达165家，开展人民币业务的外资银行40家，24家外资银行被其总行确定为中国境内业务的支柱。陆家嘴金融贸易区发展过程中政府的规划和环境优化成为集聚形成的基础条件。作为浦东开发的核心，政府投入大量资金对其进行形态开发，不断完善基础设施建设为国内外金融机构入驻提供了很好的平台。另外，国家和上海市在制度创新和对外开放上给予陆家嘴大力的支持，使得陆家嘴成为金融营运机构最集中、资本集散功能最强、产业发展环境最完善的金融贸易区。

外生型服务业集聚模式是在一定的产业基础和区位条件下，完全由政府制度安排规划培育而成的集聚模式。外生型服务业集聚模式发展需要独特的区位优势和一定的产业基础，加上相应的制度体系保障，政府制定相应政策，构成制度壁垒或洼地，形成制度落差效应，引导企业主体向预知收益高的地区移动或者衍生，伴随核心产业的入驻或者关联企业和相关机构的入驻，逐渐形成区域集聚。区位和产业优势加上优惠的配套政策设计成为外生型服务业集聚发展模式的双翼。这种集聚模式下企业间的关系主要以空间集聚为主。聚集形成初期，企业之间的联系比较少，知识扩散的效应不明显，缺乏文化和传统底蕴，集聚植根性较差，当出现更好的区位条件或者更好的优惠政策，这种集聚模式就面临企业转移的风险。国际上这种集聚模式较为典型的是东京新宿区的发展模式。

东京新宿区为东京都内23个特别区之一，是日本著名的商业区，其发展模式为典型的政府主导的外生型发展模式。政府主导行为主要体现在以下几方面。一是通过政府机构迁入带动片区发展，吸引各行业的进入尤其是金融保险业机构的进入；二是加强交通建设促进商务活动的集聚，通过构建轨道交通、公交线路、高速线路来构建立体交通体系，并充分利用了地下空间发展商业，促进商务集聚；三是加强配套设施建设，建设初始即进行细致规划，实现了分区清晰明确，商业、商务等多种功能区配套的发展模式。

我国上海的外高桥保税区也是典型的外生型服务业集聚模式。外高桥保税区是1990年国务院批准设立并正式启动。上海外高桥保税区位于上海浦东新区，濒临长江入海口，地处黄金水道和黄金岸线的交会点，紧靠外高桥港区，是全国第一个保税区。目前，已发展成为集国际贸易、先进制造、现代物流及保税商品展示交易等多种经济功能于一体的综合型保税区。外高桥保税区发展得益于临近空港和海港的先天区位条件，浦东机场是我国最大的国际机场之一，外高桥码头也是上海较大的深水码头，这些区位优势成为吸引物流、国际贸易企业的重要因素。同时，上海和浦东新区政府在政策设计方面也让保税区具有独特优势。在上海从事国际贸易的国外独资企业必须注册在保税区内，同时在税收等方面还实行了很多优惠政策。在保税区的保税物流园区实现了"区港联动"，进入物流园区的产品等同于"境内关外"可以享受出口退税待遇，促使外高桥保税区向着自由贸易区集聚发展。

（二）山西推动服务业集聚发展路径

山西属于经济欠发达地区，在技术、人才、体制机制等各方面与沿海发达省份相比都存在不小差距，特别是支撑新兴服务业发展最重要的"创新环境"指数整体不佳，完全依靠市场选择，依靠产业环境的自主培育难以快速推进山西现代服务业的集聚壮大发展。因此，全省现代服务业集聚发展路径，一方面要以市场为导向尊重产业发展规律，推进服务业的内生型集聚和嵌入式集聚；另一方面，要大力依靠政府的支持和推动，发挥政策的引导作用，积极培育服务业的外生型集聚，要借"政府之手"为现代服务业"扶上马、再送一程"。具体山西可采取以下发展路径。

1.以"链群式集聚"加速推动服务业集聚

链群式集聚模式又称基于产业链的交叉集聚模式。其主要形态就是由众多相互关联的服务业企业集聚在一起围绕某一特定领域发展起来的组织模式。在产业集聚初期产业链比较短，随着关联企业集聚规模越来越大，企业间的竞争合作使得集聚收益远远大于成本，这时企业间会开展纵向的专业化协作和分工，同时也会横向衍生出众多的相关产业。随着服务业集聚的市场需求空间的拓展，集聚分工和专业化需求更高，产业链会随之变为横向扩张。而随着服务业产业集聚竞争力的提高和品牌形象的提升，最终产品不断通过技术创新向更高端发展，此时，专业化程度更高的新的产业便不断涌现，产业链会随之纵向延伸。因而，链式集群必然是沿着产业价值链纵向或者横向延伸的，它是产业链集聚模式发展到一定阶段和规模后的一种高层次的创新集聚模式。

产业集群发展的根本优势在于具有相对完整的产业链，集群上下游企业通过协作配套实现生产效率提升和集群优势提升。一个完整的产业价值链包括原材料加工、中间产品生产、制成品组装、销售、服务等多个环节，需要实现供给、生产、销售、服务等多种功能，确保产业价值链中人流、物流、信息流、资金流的畅通。特别是生产性服务业就是该链条上正常运营的"润滑剂"，其提供的物流、信息通信、财务等方面的服务是整个链条各个企业主体顺利发展的保证。因而，推动山西现代服务业集聚发展，首要问题就是要推动服务业链式集聚发展，推动服务业主导产业加强延链、补链、强链力度，引导同类型企业集聚、上下游产业链协同发展，推动传统优势产业结构优化升级。

——延链：推动传统服务业向现代服务业发展，推动传统企业向高科技、高增值、高质量型高端服务业转型，实现产业向高端化、终端化方向转型升级。

——补链：针对服务业各行业发展的不足、短板和缺失环节，加强项目和企业的针对性招商引资力度，提升本地化配套和生产能力，打通产业上下游产业链。

——强链：针对产业链薄弱环节和关键环节，加强产业改造力度，培育提升产业链竞争新优势，推动产业向高端化方向发展。

2.以生态型集聚发展模式，提升服务业集聚质量

生态型集聚发展模式是以专业化分工与社会化协作为基础，大、中、小不同等级生产性服务业并存，不同类型企业形成共生互补的生态

化企业群体。如同生态系统一样，生态型集聚不是众多企业的简单集中，在这样的生态化企业群体中，正如生物种群一样有竞争也有协作。竞争使得企业个体保持足够的发展动力，协作使群内关系组成一个有机的统一体，因此，集聚内企业间的竞争是共同进化。一般来说，生态型集聚区由处于中心地位的"生态核"、支撑系统和衍生系统整体构成。技术密集型服务业是集聚区的主体，处于生态网络的轴心地位，主体产业表现为金融保险、研发服务、信息服务、商贸和会展服务。支撑系统主要有消费性配套设施，比如房地产业、旅游、医疗保健、文化体育、休闲娱乐、教育培训公共服务机构等方面的配套设施。处于衍生系统的主要是派生出的中间性服务辅助行业，比如法律、会计和咨询等，以及生产和消费过程中的中间增值环节，比如物流、配送等环节，同时还有衍生出的虚拟交易市场等。

生态型集聚发展模式需要政府制定相应的规划并给予一定的政策倾斜，因而，在服务业新业态发展、引导资金投入和人才支持等方面给予政策扶持。为现代服务业集聚发展搭建"快速通道"，在服务业集聚区创建过程中的行政审批、土地、财税、金融、环保等各个政策环节为现代服务业常亮"绿灯"。

3.以"服务型制造"推动产业集聚集群发展

服务型制造是服务与制造业融合发展的必然趋势，也是产业结构升级和产业竞争力水平提高的一个重要标志。推动山西现代服务业集聚发展，应主动顺应当今服务型制造的发展趋势，坚持把服务型制造作为集聚区提质转型发展的重要抓手，引导集聚区企业从产品供应商向一体化解决方案提供商转变，推动业务流程再造、商业模式及业态创新，加快服务与制造协同发展，提升产业集群竞争优势。发展个性化定制服务生产方式。依托大数据、云计算、电子商务等服务平台，在设计研发、生产制造和供应链管理等关键环节开展柔性化改造，在产品外观、材料、功能等方面实施个性定制、精准营销。支持行业龙头骨干企业选择"多品种、中小批量、准时化"定制服务生产方式，对接用户个性化需求，促进制造企业生产和消费环节对接，提升产品功能和附加值。开展专业化生产服务。支持技术密集型行业龙头骨干企业利用自身优势，依托行业重点实验室、工程技术研究中心等，面向行业提供专业化、社会化服务。围绕服务业新业态、新模式培育和服务业品牌与标准建设，研究制定专项财税政策；针对现代服务业领域高层次人才和专业技术人才个人所得税专项附加扣除等政策，实施综改示范区信息化基础设施建设支持政策，积极开展服务型制造示范，促进生产型制造向服务型制造转变。

4.瞄准价值链高端推动产业集聚集群发展

根据全球价值链理论（GVC），"链的升级"即产业转入新的、附加值更高的产业价值链，以此实现产业集聚集群发展。培育新兴服务业在一定程度上是产业集群链的升级，通过结构转化实现产业转型升级。通过立足自身基础优势，瞄准技术前沿，引进标杆企业，大力发展成长性好、竞争力强、关联度高的新兴服务业产业，形成引领带动产业转型升级的新生力量。大力创立产业孵化基地和科技服务平台。结合"大众创业、万众创新"战略，依托产业集聚区，加快建设一批中小型科技企业孵化器、创业孵化基地、大学生创新创业园区等特色孵化基地，以及创客空间、创业咖啡、创新工场、星创空间等新型众创空间，积极探索"互联网+众创空间""龙头企业+众扶平台""孵化器+双创企业""高校+企业+平台"等双创模式，打造良好双创生态链，构建"种子+初创+成长+龙头"的企业结构，催生经济新业态、新模式、新产业。

5.以"嵌入全球价值链"推动产业集聚集群发展

坚持"引进来""走出去"相结合，加大对内对外开放力度，引导国外企业在产业集聚区设立研发制造基地，推动企业尽快融入全球价值链体系，促进产业集聚区集群转型升级。打造开放合作平台。积极吸引国际大型企业集团以及行业龙头骨干企业设立研发制造基地，加快在产业集群区域布局设点；结合产业集群配套服务设施发展，争取建设保税物流中心、保税仓库等海关特殊监管场所，提高对外贸易发展质量与效益，打造对外开放载体、平台和窗口。支持企业"走出去"。重点围绕"一带一路"倡议，针对产能输出、技术升级和服务输出，支持企业与"一带一路"沿线国家和地区合作建设研发生产基地。同时，加强与发达国家和地区的产业协作配套，推动产业集群企业由内源型向内源型、开放型双轮驱动转变，增强产业发展动力，拓展市场需求空间。积极引导社会资本投向人工智能、互联网+、物联网、技术转移、创意设计等产业，支持平台经济、体验经济、共享经济发展，促进现代服务业在跨界融合中实现跨越式发展，营造有利于服务业集聚成长的政策环境。

四、总体考虑与政策建议

充分借鉴省内外先进经验做法，结合山西实际，以高端化、融合化、专业化为方向，加强要素保障，营造良好市场环境，努力打造种类齐全、功能完善、设施配套、管理科学的现代服务业集聚区，充分发挥服务业集聚发展效应，为全省经济高质量发展提供有力支撑。

（一）聚集发展政策思路转变

从以上分析可知，服务业集聚发展的模式路径的选择均需要政府制定相应的支持政策。在制定政策时，为了促进区域间、不同所有制企业间、不同类型企业间的公平，要转变现有政策制定思路，实现政策的率先转型。具体来说，要实现四个转变。

1.从项目导向为主转向项目、能力导向并重

虽然重大项目在带动服务业发展上确实起到了催化和加速的作用，但随着发展阶段和环境的改变，项目导向产业政策的一些弊端也逐渐显现，如部分前瞻性的新兴领域由于风险较高扶持不够、中小微企业和初创企业得到的扶持有限等。因而，要推动产业政策制定和实施的转型，在依靠大项目、大工程实现突破和发展的同时，要更加注重营造产业发展的良好环境，通过市场机制遴选具有发展前景的产业和优秀的企业，淘汰落后的企业，以发现和强化有潜力、有成长性的企业作为新的政策导向，达到提升服务业的核心竞争力的目的。与项目导向产业政策相比，能力导向产业政策以企业和产业对要素和市场环境的适应为基础，以发现和强化产业和企业的核心能力为关键，以政府与产业、企业的互动为保障，更加符合战略性新兴产业的发展需求。能力导向的产业政策更关注于培育前瞻性的技术研发和市场开拓能力，较少依托于一旦实施就不可逆的大项目、大工程，因此具有更好的动态适应性，能够促进战略性新兴产业在市场机制作用下通过能力培育不断适应环境的变化。能力导向产业政策更加聚焦于发展模式和生产组织方式具有示范性，以及带动性强的产业部门和产业环节，并促进核心能力不断扩散，因此政策具有更强的战略性。

2.从以产业扶持为主转向产业扶持、维护竞争、促进创新并重

从国际经验来看，日本虽然非常重视实施产业政策，但从20世纪七八十年代以后，随着政府干预资源配置的作用逐渐让位于市场机制，其政策目标取向也经历了由竞争政策取代产业扶持的转型发展。美国新兴产业政策的功能定位的核心是长期专注于如何从整体上改变企业所处的商业环境，不断增强它们的创新能力和发展活力。山西众多新兴服务业仍处于初级阶段，尚不能完全取消产业扶持政策，但也要逐步实现以

产业扶持为主向维护竞争和促进创新的政策目标转变。政府要更多地在产业发展规划、产业发展目录、产业发展环境等方面下功夫。但产业最终的发展路径、企业的经营模式应该完全由企业和市场决定。在山西有比较优势的新兴服务领域，需要扶持和培育，但是在企业的具体经营和决策中，政府绝不能"越俎代庖"，帮助甚至代替企业做决定，不能以任何形式给企业定项目、定任务、下命令。要倡导公平竞争、自由竞争在深化改革中扮演的重要角色，彻底摒弃具有强制干预色彩的传统产业政策，建立一个行之有效的市场监督机制，严格规范产业政策的实施方式，确立竞争政策在整个产业政策体系中的优先地位。要坚持有所为、有所不为的原则，结合产业创新过程，强化跨产业政策的比较研究，进行有针对性的调整，及时引导与出台相关的创新政策。要有效借鉴发达国家的创新政策经验，出台以创造或者扩大创新产品市场需求为目标的政府采购政策、风险投资鼓励政策以及中小企业政策、专利制度、规制政策等；建立完善创新导向的金融支持体系，如发达的风险投资、天使基金和证券市场等融资渠道，解决创新中高风险、信息不对称等问题。

3.从以挑选型政策手段为主转向挑选型、普适型政策并重

挑选型产业政策对产业初期发展具有重要的作用，但是随着市场经济体系的日趋完善，以及产业发展阶段的变化，强制性实施的挑选型产业政策弊端日渐显现。如过去常用的产业目录指导政策在实际操作上常常失之主观，且计划赶不上变化；人们习惯的投资审批、核准、市场准入等管制政策，带来对市场竞争的扭曲，造成寻租行为，催生产能过剩，加剧市场波动等。因此，山西现代服务业的发展应注重挑选型产业政策和普适型产业政策并重，尤其是对发展较为成熟的服务业集聚区要更多地运用普适型政策，确保所有的企业都能受到该产业政策的管制、调节和制约并平等享受其政策所带来的收益。要加快构建统一开放、公

平竞争的现代市场体系，充分发挥市场的优胜劣汰机制，政府要尽量减少挑选型政策的运用，从挑选赢家转向有效提供服务。负面清单制度是普适型政策的有效方式，要建立良好的竞争和创新政策体系，必须坚持简政放权，从行政审批转为向"负面清单"管理迈进，做到审批清单之外的事项均由社会主体依法自行决定，创造稳定、透明、可预期的制度环境。

4.从政策制定为主转向政策制定、政策评估并重

当前，全国各个地区普遍存在重政策制定、轻政策评估的现象，当然山西也不例外。从政府主导转向第三方评估。借鉴国家授权部分高端智库开展第三方评估的成功经验，可以探索设立山西服务业产业政策委员会，全面承担起对战略性新兴产业政策需求的宏观指导，对政策绩效的整体综合评估。要通过引入第三方评估机构，在政策制定、运行、总结等环节，加快建立政策评估与审议制度，并且及时向社会公开。同时可通过网络等新媒体平台，广泛接受公众的有效监督，增加政府政策的透明度，以最大限度地减少政策的无效性。

（二）促进山西服务业集聚发展的政策建议

深入贯彻落实国家、山西支持现代服务业发展的各项政策，完善现代服务业扶持政策体系。根据现代服务业集聚区主导产业的特点，在要素保障、专项资金、人才支撑、项目支持、"一区一策"等方面加大集聚区建设的政策支持力度，并优先向集聚区、区内重点企业倾斜。

1.推进现代服务业扩容提质

梯次选育打造一批有潜力的现代服务业集聚区。建立省级现代服务业集聚区储备库，坚持梯次培育，推动全省有一定发展基础和潜力的服务业产业由小到大、由弱转强，对符合条件、具有潜力的园区纳入省级现代服务业集聚区储备库名单。省级制定服务业集聚区动态考核评价管

理办法，围绕规模效益、创新能力、服务体系和发展环境等方面，对现代服务业集聚区进行考核评价。

支持创建创新型服务业集聚区。鼓励拥有一定服务业发展基础、成长潜力较大且具备集聚发展空间，周边配套条件良好的区域，结合地区发展特色，培育新建一批创新发展区。选择创新能力较强、发展潜力大、创新业态高端的重点企业，集聚一批主业突出、具有市场竞争力的龙头企业，培育打造高能级创新发展区。以"群对群"融合发展模式，支持综改区、太忻一体化经济区创建一批现代服务业集群。围绕经济区重点发展的材料产业集群、高端制造业产业集群、半导体产业集群、绿色能源产业集群等打造一批为这些集群服务的新材料科技服务集群、制造业软件服务集群、供应链金融服务集群、绿色物流服务集群、专业技能培训服务集群等省级现代服务业产业集群。

2.推进服务业市场主体倍增

现代服务业的发展必须有市场主体，没有蓬勃的企业发展势头，则会成为无源之水、无本之木。各级政府无论从分工深化的角度，还是从服务外包的角度，都应该更加注重培育市场需求和市场主体，推进各类服务业和服务环节从内部转向外部市场购买，同时要积极推进大众创业、万众创新，鼓励社会各层面将奇思妙想、创新创意转化为创业行动，引导推动科技工作者、归国留学人员、高校毕业生投身现代服务业，形成"千军万马""百舸争流"的局面。

一是培育一批现代服务业企业。探索和推广工业主辅分离模式，引导有一定规模、经营业绩良好的重点工业企业优化管理流程，剥离现代物流、营销、研发、科技服务、设备检修等业务，形成一大批围绕主业、服务社会、独立核算的法人实体，培育现代服务业新主体。如资源深加工产业重点支持通过发展工程与生产管理、公用工程、安全环保消防、检验检测、专业维修维护、仓储物流等服务外包，整合优化生产服务系统，进一步改进和提高专业化水平；在装备制造业重点支持工艺诊断、流程优化和再造、设备保养、维修、改造、技能培训、标准化工艺等服务外包。对于国有企业、混合所有制企业集团和大中型民营企业剥离非核心服务业务，应制定相关政策，通过服务采购费用税前抵扣等方式给予支持。引导和支持制造业骨干企业延伸服务链条，基于互联网开展故障预警、远程维护、质量诊断、远程过程优化等在线增值业务，从主要提供产品制造向提供产品和服务转变，拓展产品价值空间，推动有条件的企业由提供设备向提供系统集成总承包转变，由提供产品向提供整体解决方案转变，实现制造向"制造+服务"的转型升级。加大政府购买公共服务力度，释放政府服务需求对服务市场的拉动效应，推进电子政务、信息安全、云计算、物联网、合同能源管理等新型服务业态的政府采购工作。

二是要引进一批现代服务业企业。要加强与世界500强企业一对一招商合作，对新引进在我省独立核算的，且项目投资额在10亿元以上的现代物流、文化旅游等鼓励类项目，按照项目实际投资额给予一次性奖励。要加快服务外包后支持体系的建设，支持服务企业和民间组织"走出去"，积极承接国际服务外包和东部地区产业转移。要加快引进一批企业总部、地区总部、采购中心、研发中心、结算中心，发展总部经济。

三是要支持一批现代服务业企业做大做强。加快实施"现代服务业创新示范工程"，促进服务业企业开展技术创新、业态创新和品牌创新，引导相关企业明确创新发展方向和重点，科学优化创新发展规划和手段，大力实施创新示范项目，着力完善创新示范支撑体系，通过示范引领、以点带面，力争在服务业前沿技术、新兴业态和自主品牌领域取得突破性成果，带动广大现代服务业企业加快自主创新步伐，切实提高整体实力。加强科技服务市场主体。鼓励有条件的制造业企业将技术中心、研发机构、设计院所组建成科学研究和技术服务业企业，支持新设立的企业参与高新技术企业认定，并享受相关优惠政策，对新设立且主营收入首次突破2000万元的企业给予50万元一次性奖补资金，用于相关科技服务项目建设。支持现代物流业市场主体项目建设。对多式联运示范工程项目（包括多式联运专业设施和平台建设示范项目、国家物流枢纽节点城市物流示范项目等），按照核定固定资产投资的10%给予补助，最高100万元。对世界500强、中国500强物流企业来晋建设的仓储物流项目，按照核定固定资产投资的10%给予补助，最高150万元。重点培育冷链物流、零担货运、城市配送、网络货运等物流龙头示范企业，对当年新创建的5A、4A、3A级企业，分别给予50万元、30万元、20万元的一次性奖补资金，用于物流项目建设。

四是加强现代服务业主体培育政策支持。对连续两年营业收入1亿元以上（含1亿元）、同比增长10%以上（含10%）的规模以上营利性服务业法人企业，按当年营业收入新增量给予奖励；对连续两年营业收入10亿元以上（含10亿元）、同比增长10%以上（含10%）的限额以上零售业法人企业，按当年销售额新增量给予奖励。鼓励服务业企业"升规""进限"。对新增入库的规模（限额）以上服务业企业，给予一次性奖励，次年经营状况良好，且年营业收入增幅达到30%以上的，一次性追加奖励1万元；对年度"小进规""小进限"企业，一次性奖励2万元。

3.提升服务业企业自主创新能力

增强企业自主创新能力。选择产业集聚区创新型企业，重点支持研发平台、研发团队建设和高端人才培育、新产品开发、智能化发展，力争培育一批国家级、省级产业创新领军企业。优先在产业集聚区内布局重点实验室、工程技术研究中心、省级企业技术中心、博士后科研工作站和研发基地。对新认定的国家级工程（技术）研究中心、重点实验室、工程实验室、企业技术中心，给予一次性奖补。对设立博士后科研工作站和研发基地的单位一次性给予启动资助。支持企业与大型央企、科研院所、高等院校深度合作，新建30个以上产学研共建研发创新平台。

完善公共研发创新平台。在产业集聚区面向主导产业关键共性技术深入开展产学研协同创新，新建一批研究开发、技术转移、创业孵化、科技咨询、知识产权等各类技术创新公共服务平台。支持产业集聚区发展各类科技企业孵化器和加速器，力争全年新建省级孵化器6个以上，加快培育和孵化科技型企业。强化产品研发、成果转化、检测认证、知识产权保护，新建10家国家级和省级产品质量检验检测中心，对新筹建和认定的国家级和省级产品质量检验检测中心，分别给予不低于100万元和50万元的奖补。

加快推进业态创新。鼓励集聚区推动商业模式创新，加强集聚区企业与优势互联网企业战略合作，推动服务业集聚区企业数字化转型，培育新产业、新业态、新模式，打造服务业集聚区转型升级新引擎。鼓励集聚区服务业企业拓展"智能+"融合应用新场景。鼓励文化创意集聚区、文旅产业休闲集聚区等打造云端电影院、云端博物馆、数字文化街区等，鼓励电子商务集聚区、新型专业市场集聚区发展数字贸易、线上会展等。鼓励金融服务集聚区发展数字金融，争取数字人民币试点等。

4.优化服务业发展环境

提高集聚区行政服务效率。探索建立产业集聚区企业投资项目管理负面清单。推进各集聚区管理机构进一步精简行政审批事项，对企业投资项目实行网上并联办理，推进审批流程网络化，实行集中受理、内部流转、限时办结、统一反馈。推动产业集聚区行政服务中心功能提升，实现落户各类行政事项园内办结。积极引入中介服务组织，开展项目评估、融资担保、人力资源管理等业务。

提高集聚区服务水平。建立集聚区服务业重点企业名单，在政府采购、招商推介、展览展示等方面予以统筹考虑。建立集聚区服务业重点建设项目清单，符合条件的项目可优先纳入省级重点项目库，积极争取国家支持。强化集聚区宣传推广，鼓励集聚区企业参加国际国内大型展会，省级主办大型展会优先邀请集聚区企业参加。鼓励市县定期召开服务业集聚区片区经验交流会，举办行业展览展示交流论坛等。

5.提升集聚区服务供给质量

鼓励集聚区品牌化标准化发展。对集聚区当年新获得中国质量奖、中国质量奖提名奖、中华老字号称号、山西老字号称号等的企业，分别给予50万元的一次性奖补资金，支持获奖企业开展服务提升项目建设。对新创建的省级标准化试点（企业类）给予50万元一次性奖补资金。对成功引进高端商业品牌开设首店并签订3年以上入驻协议的限上商贸企业，引进的国际顶级品牌首店每个给予10万元奖励，引进的国际一线品牌每个给予5万元奖励。

鼓励发展互联网平台经济。对集聚区新建资源要素交易、工业互联网、商品交易、科技研发、公共科技服务、建筑产业、生活性服务等平台系统并正常运营的规模以上服务业企业，按平台项目建设给予一次性奖补资金，最高100万元。对首次获得国家级、省级电子商务示范基地（园区）的，分别给予10万元、5万元一次性奖励。对首次获得国家级、省级电子商务示范企业，分别给予8万元、5万元一次性奖励。对首次获得淘宝村、淘宝镇荣誉称号的，分别给予运营主体10万元、15万元一次性奖励。

鼓励规模化连锁化发展。重点支持总部设在山西且在晋纳税的连锁经营服务业企业扩大连锁规模，在晋开设直营门店30家以上（含30家），营业额超过1亿元、同比增长20%以上的，每新增1家直营门店给予3万元奖补资金，最高50万元，重点支持连锁企业下沉县、乡发展连锁门店。

6.加强服务业人才支持

鼓励开展"人才招引进集聚区"系列活动。鼓励各市组织集聚区企业在我省重点高校和全国名牌高校开设专场招聘会吸引紧缺人才。充分发挥山西省校企合作"十二大基地"作用，通过与"基地"合作，为现代服务业集聚区网罗全国人才。搭建中西部技能引才平台。加强中西部职技院校对接联系，实施省外引进高级工、技师等技能人才享受大专、本科同等待遇政策。搭建就业见习供需平台。扩大集聚区见习基地规模，多渠道搭建就业见习供需平台，吸引更多高校毕业生在集聚区就业见习。

支持服务业集聚区公共就业和社会保障服务平台建设。强化市场供求和企业用工信息监测、统计发布、技能培训、创业服务功能，鼓励各市开展服务业集聚区专项人才招聘活动。支持产业集聚区与高等院校和职业院校合作，整合教育培训资源，采取"订单式"、业务研修、工学交替等多种培养方式，全方位开展职业技能培训，强化紧缺高技能人才专题培训，力争新建10个以上实训基地。支持产业集聚区依托院校和科研机构建立区域研发人才和应用型人才培养基地，探索建立服务业集聚区内院士工作站、博士后科研工作站、博士后研发基地、留学人员创业园等。

7.加大集聚区金融支持

鼓励金融机构在集聚区设立分支机构。在依法合规、风险可控、商业可持续的前提下，支持设立为集聚区服务的中小商业银行，鼓励符合条件的金融、保险、会计、审计机构在集聚区设立分支机构。

建立集聚区多渠道金融支持渠道。充分发挥省级政府投资基金作用，鼓励创业投资基金、私募股权投资基金等股权投资机构，加大对服务业集聚区重点项目的支持力度，支持服务业态创新、服务业中小企业创新发展等，打造"基金+产业""基金+基地""基金+项目"等多种模式。

鼓励集聚区金融机构开展创新服务。鼓励银行金融机构创新担保方式、丰富融资产品、开展产业链供应链融资等，加大对服务集聚区的金融支持力度。鼓励融资担保机构加大对示范集聚区内企业担保力度，再担保的融资担保机构对示范集聚区内企业贷款担保发生的代偿，按相关规定给予一定比例的代偿补偿。支持示范集聚区内符合条件的生产性服务业企业通过银行间债券市场发行非金融企业债券融资工具融资；探索允许示范集聚区内营利性医疗、养老、教育等社会领域机构使用有偿取得的土地、设施等财产进行抵押融资；支持示范集聚区内企业利用知识产权质押、仓单质押、信用保险保单质押、股权质押、商业保理等多种方式融资。

扩大集聚区企业直接融资规模。支持符合条件的集聚区企业通过发行债务融资工具、公司债券和企业债券融资。鼓励集聚区建立上市企业储备库，分类推动优质企业上市融资。支持集聚区内符合条件的企业到主板、创业板及境外资本市场上市融资，对完成股改上市的企业给予奖励100万元，探索开展"免申即享"，建立快速兑现机制。

8.加大财政资金支持力度

每年安排5000万元以上现代服务业发展专项资金支持现代服务业集聚区发展，鼓励各地设立服务业发展专项资金，逐步加大引导资金规模，形成资金投入合力。充分发挥省级其他专项资金作用，加大对集聚区产业发展的投入力度。

省现代服务业发展专项资金采取直接补助和后补助形式给予一定资金支持。对新授牌示范集聚区首次给予100万元项目补助，建设满3年复核合格后，再给予100万元项目补助。补助资金主要用于集聚区公共平台和重点企业研发创新等项目建设。

9.优先保障用地需求

鼓励采取低效用地再开发、盘活存量土地等方式建设，促进集聚区发展。积极探索土地按不同功能用途混合利用，增加混合产业用地供给，推动不同产业用地类型合理转换，鼓励工业、仓储、研发、办公、商业等用途用地混合布置、空间设施共享。

鼓励利用存量工业厂房支持制造业与文化创意、科技服务、健康养老等服务业融合发展，对不改变原有土地性质、不变更原有产权关系、不涉及重新开发建设的工业厂房场地，实行继续按原用途和原土地类型使用土地5年过渡期政策。

支持集聚区探索"租让结合、长期租赁、弹性年期"等供地方式，对知识密集型服务业实行"年租制""先租赁后出让"等方式，降低企业初始用地成本。依法支持示范集聚区内企业利用工业、仓储等用房用地兴办符合产业规划的服务业产业。

专题六　山西推动数字经济发展壮大的路径选择与政策建议

当今时代，数字经济是世界科技变革和产业变革的先机，不断重塑传统经济发展模式，成为新一轮国际竞争的重点领域。数字经济作为知识密集型、技术密集型的经济形态，更好契合以新发展理念为核心的高质量发展要求，展现出明显的"颠覆性"创新发展特征，成为"变道超车"的必选之路。数字经济是继农业经济、工业经济之后的一种新的经济社会发展形态，是一种依托大数据和互联网的新兴经济形态，以互联网平台和网络客户端作为主要载体，以数据资源为核心生产要素，推动着生产方式、生活方式和治理方式的变革，促进数字技术融合应用、全要素数字化转型，最终实现加速重构经济发展与治理模式。

数字经济是数字时代市场经济的新增长引擎。数字经济本质上是信息经济、知识经济、智能经济，具有非排他性、边际成本递减等特性，具有高创造性、强渗透性、广覆盖面、高智能性和融合经济、平台经济等特点和优势，不仅是新的经济增长点，而且是改造提升传统产业的支点。厘清数字经济的发展特征，有助于创造有利于数字经济发展的环境，让数据要素发挥出价值作用，赋能现代化经济体系构建。习近平总书记在党的二十大报告中明确指出，"加快发展数字经济，促进数字经济和实体经济深度融合,打造具有国际竞争力的数字产业集群"。这为我们发展壮大数字经济提供了理论指导、指明了前进方向。近年来,山西深入贯彻落实习近平总书记关于数字经济发展的重要论述和考察调研山西重要指示精神,紧抓新一轮信息技术创新发展契机,积极推动全省域数字经济发展,科学布局"数字山西"发展战略,着力推动数字经济与实体经济的深度融合发展,不断做强做优做大我省数字经济,打造支撑山西经济高质量发展的核心力量。

一、山西发展壮大数字经济的重要意义

数字经济高质量发展,必须加快完善数字经济结构,扩大数字经济规模,提升数字经济发展质量,努力将数字经济打造成为驱动经济社会高质量发展的核心增长极。发展数字经济是我省经济直道冲刺、弯道超车、换道领跑的重要支撑,时间紧迫、任务重大,意义深远。

(一)发展数字经济是深入贯彻落实习近平总书记对山西工作重要讲话重要指示精神的重大举措

资源型经济转型是山西经济高质量发展的时代主题,而数字经济这个"新赛道"是山西转型发展的关键增量。党的十八大以来,习近平总书记六年四次莅临山西考察调研,亲自赋予山西建设国家资源型经济转型综合配套改革试验区、开展能源革命综合改革试点和黄河流域生态保护和高质量发展重要试验区等重大使命,对山西资源型经济转型作出重要指示,为山西高质量转型发展擘画新的发展蓝图。2017年6月,习近平总书记指出,山西要以创新驱动推动经济转型发展。2020年5月,习近平总书记要求山西在转型发展上率先蹚出一条新路来,强调要大力加强科技创新。2022年1月,习近平总书记强调要加快绿色低碳技术攻关,持续推动产业结构优化升级。2023年5月,习近平总书记提出,黄河流域各省

区都要坚持把保护黄河流域生态作为谋划发展、推动高质量发展的基准线。山西结合自身实际，深刻把握资源型经济转型的内在规律，鲜明地提出了同步推进产业转型和数字转型"两个转型"的战略任务，进一步明确了推动高质量发展的主攻方向。山西省要加快数字强省、网络强省建设步伐，深入实施大数据发展战略，努力打造全国能源领域数字化转型排头兵和中西部地区数字经济创新发展新高地。

（二）发展数字经济是山西推动高质量发展的内在要求

数字技术创新和迭代速度明显加快，成为集聚创新要素最多、应用前景最广、辐射带动作用最强的技术创新领域。以大数据、人工智能、物联网、云计算等为代表的新一代信息技术迅猛发展，不断催生新产品、新模式、新业态、新产业。山西省要努力做强做优做大数字经济，为经济高质量发展寻找新的动力源泉，赢得未来经济发展的主动权。当前，山西省的产业发展呈现低端产能过剩与高端产品有效供给不足并存的局面。推动数字技术与实体经济深度融合，有助于牵引生产和服务体系智能化升级，促进产业链、价值链延伸拓展，带动产业向中高端迈进；有助于加快新旧动能转换，促进新产品、新模式、新业态、新产业的快速兴起，实现依靠创新驱动的内涵式增长；有助于推动发展方式转变，进一步发挥数据、信息作为新生产要素的重要作用，降低经济运行成本，提高全要素生产率；有助于推动各类资源要素快捷流动、各类市场主体加速融合、各类业态跨界发展，驱动实体经济体系重构、范式迁移，提升经济发展整体效能。

（三）发展数字经济是山西推动传统产业转型升级的强劲动能

数字经济的持续发展，数字化驱动着传统产业从生产流程再造、数字场景建构、业务模式创新等维度，释放质量变革、效率变革、动力变革新动能，有力推动传统产业从生产要素到发展空间再到价值资产的全链变革，从而实现科技创新引领下的高端化、智能化、绿色化、融合化的产业体系建设。数字经济把传统内容与新环境相结合，赋予旧事物新的生命力；把大数据与现代技术融合，提升服务质量；利用网络和物联网技术搭建新的数字平台，实现产业内部全业务链条、全生产要素的数字化。而且数字经济的创新大幅度提升了劳动生产率与资源利用率，激发企业生产的创造性和内在活力，促进产业结构优化升级。此外，市场需求端和产业生产端的紧密连接，以及数字技术创新在不同产业间的传递应用，不断催生出新的产业模式、业态和需求，为传统产业提供转型升级路径，提升传统产业的竞争力和生命力。数字经济运用新的信息技术，利用互联网搭建了坚实的产业平台和行业平台，这些新平台不仅为相关联动的产业组织提供原本所缺少的协作关系渠道，还驱使各行业的龙头企业集聚在一起，互惠共生、结网群居。共享资源的出现、产业协同的趋势以及优胜劣汰的市场环境，共同加速产业集聚，大大降低产业群的联动组合成本，提高规模经济效益和范围经济效益，推动整体区域产业的市场竞争力提升。

二、山西发展壮大数字经济的政策基础

自从2017年"数字经济"被首次写入政府工作报告，2018年首次提出"数字中国"建设，我国数字经济发展重点日益明确，数字经济重视度愈加提升，从"互联网+"到全面数字化的发展路径也日渐清晰。2019年提出要壮大数字经济，"深化大数据、人工智能等研发应用，培育新一代信息技术、高端装备、生物医药、新能源汽车、新材料等新兴产业集群，壮大数字经济"，"坚持包容审慎监管，支持新业态新模式发展，促进平台经济、共享经济健康成长"。2020年提出全面推进"互联网+"，打造数字经济新优势，"发展工业互联网，推进智能制造，培

育新兴产业集群"，"发展研发设计、现代物流、检验检测认证等生产性服务业"。2021年提出加快数字化发展，建设数字中国，"推动产业数字化智能化改造，战略性新兴产业保持快速发展势头"，"协同推进数字产业化和产业数字化转型，加快数字社会建设步伐，提高数字政府建设水平，营造良好数字生态"。2022年提出传统产业数字化智能化改造加快，促进数字经济发展，"加强数字中国建设整体布局，逐步构建全国一体化大数据中心体系，促进产业数字化转型，发展智慧城市、数字乡村"，"完善数字经济治理，培育数据要素市场，深化网络生态治理，推进公共文化数字化建设"。2023年提出加快传统产业和中小企业数字化转型，提升常态化监管水平，"加快建设现代化产业体系，围绕制造业重点产业链，集中优质资源合力推进关键核心技术攻关"，"加快传统产业和中小企业数字化转型，着力提升高端化、智能化、绿色化水平，加快前沿技术研发和应用推广"，"完善现代物流体系"。

（一）国家层面

经济发展的重点政策。我国的数字经济发展大致经历了从技术孕育阶段、爆发增长阶段到融合协同阶段，这三个阶段与全球数字经济发展逻辑大致相似，但是与数字技术发达国家相比在时序上存在一定滞后，在技术孕育和爆发增长阶段，时间上的滞后影响了中国数字经济发展的深度和广度，到了融合协同阶段，中国才真正进入全球数字经济前沿领域。党的十八大以来，我国坚持实施网络强国战略和国家大数据战略，相继出台了《网络强国战略实施纲要》《数字经济发展战略纲要》《"十四五"数字经济发展规划》《"十四五"大数据产业发展规划》《数字中国建设整体布局规划》等数字经济发展战略，推动实施了"互联网+"行动、大数据行动纲要、企业数字化转型、新兴数字基础设施、"东数西算"等一系列数字经济发展工程，助推我国数字经济从小到大、由大到强，再到推进数字产业化和产业数字化，推动数字经济和实体经济深度融合。国家高度重视数字经济的发展，将其上升为国家战略，我国政府针对数字经济的不同领域出台了多项规划和指导意见促进其发展，国家还专门针对数字经济的专门领域出台相关的扶持政策，例如，国家重视大数据的开发应用，先后出台了多个文件强调加快数据强国建设。具体政策如下：

表2-1　2013年—2023年我国数字经济重要文件政策梳理

年份	文件名称	主要内容
2013年2月	《关于加强和完善国家电子政务工程建设管理的意见》	推进电子政务项目与物联网、云计算、大数据等技术结合和广泛应用，创新电子政务发展模式。
2015年7月	《关于积极推进"互联网+"行动的指导意见》	加快推动互联网与各领域深入融合和创新发展，充分发挥"互联网+"对经济社会发展的重要作用。
2015年9月	《促进大数据发展的行动纲要》	将数据作为国家基础性战略资源，加快大数据部署，深化大数据应用。加快政府数据开放共享，推动资源整合，提升治理能力；加强大数据在各行业的研发应用；完善保障大数据安全的法规制度和标准体系。
2016年5月	《关于深化制造业与互联网融合发展的指导意见》	部署深化制造业与互联网融合发展，协同推进"中国制造2025"和"互联网+"行动，加快制造强国建设。
2016年7月	《国家信息化发展战略纲要》	提升信息产业国际竞争力，重点行业数字化、网络化、智能化取得发展，搭建网络化协同创新体系。
2016年7月	《网络强国战略实施纲要》	提出分"三步走"建设网络强国，具体是：到2020年，信息产业国际竞争力大幅提升，核心关键技术部分达到国际先进水平；到2025年，建成国际领先的移动通信网络；到21世纪中叶，信息化全面支撑社会主义现代化国家建设，对全球信息化发展起到引领作用。
2016年9月	《二十国集团数字经济发展与合作倡议》	提出二十国集团数字经济发展与合作的一些共识，为发展数字经济和应对数字鸿沟创造有利条件，为全球创新增长开辟新路径。

（续表）

年份	文件名称	主要内容
2016年11月	《"十三五"国家战略性新兴产业发展规划》	在持续推进原有数字相关产业转型升级的同时推进供给侧结构性改革，构建现代产业体系，发展壮大新一代信息技术、高端装备、新材料、新能源、节能环保、数字创意等战略性新兴产业发展。
2016年12月	《智能制造发展规划（2016—2020年）》	推进智能制造发展实施"两步走"战略，传统制造业重点领域基本实现数字化制造，智能制造支撑体系基本建立。
2016年12月	《大数据产业发展规划（2016—2020年）》	以强化大数据产业创新发展能力为核心，以推动数据开放与共享、加强技术产品研发、深化应用创新为重点，以完善发展环境和提升安全保障能力为支撑，打造数据、技术、应用与安全协同发展的自主产业生态体系，全面提升我国大数据的资源掌控能力、技术支撑能力和价值挖掘能力，加快建设数据强国，有力支撑制造强国和网络强国建设。到2020年，基本形成技术先进、应用繁荣、保障有力的大数据产业体系。
2018年4月	《数字经济发展战略纲要》	明确了我国数字经济发展基础设施、数据服务、共享、保护等方面的系统战略部署。
2018年9月	《关于发展数字经济稳定并扩大就业的指导意见》	大力发展数字经济促进就业，推进产业结构和劳动者技能数字化转型，加快形成适应数字经济发展的就业政策体系，提升数字化、网络化、智能化就业创业服务能力，拓展就业创业新空间，实现更高质量和更充分就业。
2019年5月	《数字乡村发展战略纲要》	加快农村信息基础设施建设，加快推进线上线下融合的现代农业，加快完善农村信息服务体系，繁荣乡村网络文化，构建乡村数字治理新体系，缩小城乡"数字鸿沟"。
2019年10月	《国家数字经济创新发展试验区实施方案》	在河北省（雄安新区）、浙江省、广东省、重庆市、四川省等地区启动国家数字经济创新发展试验区创建工作。
2019年12月	《数字农业农村发展规划（2019—2025）》	推进农业农村生产经营精准化、管理服务智能化、乡村治理数字化。建立健全农业农村数据采集体系，完善农业农村基础数据资源体系、基本建成农业农村云平台。数字技术与农业产业体系、生产体系、经营体系加快融合，推进农业生产经营数字化转型，提升管理服务数字化水平。

（续表）

年份	文件名称	主要内容
2020年2月	《关于推进贸易高质量发展的指导意见》	提升贸易数字化水平。形成以数据驱动为核心、以平台为支撑、以商产融合为主线的数字化、网络化、智能化发展模式，形成在全球范围内配置要素资源、布局市场网络的能力。
2020年3月	《中小企业数字化赋能专项行动方案》	发展数字经济新模式、新业态。扶持疫情防控期间涌现的在线办公、在线教育、远程医疗、无人配送、新零售等新模式、新业态加快发展，培育壮大共享制造、个性化定制等服务型制造新业态，深挖工业数据价值，探索企业制造能力交易、工业知识交易等新模式，鼓励发展算法产业和数据产业，培育一批中小数字化服务商。打造开源工业APP开发者社区和中小企业开放平台，搭建中小企业资源库和需求池，发展众包、众创、云共享、云租赁等模式。
2020年3月	《关于构建更加完善的要素市场化配置体制机制的意见》	完善土地、劳动力、资本、技术、数据等要素的市场化配置，明确将数据作为数字经济的关键生产要素，培育数据要素市场，支持构建农业、工业、交通、教育、安防、城市管理、公共资源交易等领域规范化数据开发利用的场景。
2020年3月	《工业和信息化办公厅关于推动工业互联网加快发展的通知》	在加快新型基础设施建设方面，提出改造升级工业互联网内外网络、增强完善工业互联网标识体系，提升工业互联网平台核心能力，建设工业互联网大数据中心，加快工业互联网发展步伐。
2020年4月	《关于推进"上云用数赋智"行动 培育新经济发展实施方案》	以"上云用数赋智"推进企业在研发设计、生产加工、销售服务等业务方面的数字化转型，以数据供应链引领物资链、人才链、技术链，促进产业链形成上下游和跨行业融合的数字化生态体系。
2020年9月	《关于以新业态新模式引领新型消费加快发展的意见》	加快推进产业数字化转型，培育产业平台化发展生态，培育发展共享经济新业态。提出加力推动线上线下消费有机融合、优化新型消费发展环境等方面的15项政策举措。
2021年3月	《"十四五"规划纲要》	将大数据发展融入各篇章中，突出数据在数字经济中的关键作用，加强数据要素市场规则建设，重视大数据基础设施建设。
2021年6月	《数字经济及其核心产业统计分类》	确定数字经济的基本范围：数字产业化和产业数字化两方面。数字核心产业有利于提升效率，优化经济结构。产业数字化强调数字技术与实体经济融合发展。

（续表）

年份	文件名称	主要内容
2021年6月	《中华人民共和国数据安全法》	作为我国第一部专门规定"数据"安全的法律，明确对"数据"的规制原则，将数据主权纳入国家主权范畴，统筹数据要素的发展和安全，为数字经济、数字政府、数字社会的构建提供法律保障。
2021年7月	《新型数据中心发展三年行动计划（2021—2023年）》	统筹推进新型数据中心发展，构建以新型数据中心为核心的智能算力生态体系，发挥对数字经济的赋能和驱动作用
2021年11月	《"十四五"大数据产业发展规划》	围绕数据要素价值的衡量、交换和分配全过程作出顶层部署，加快培育数据要素市场，发挥大数据特性优势，涉及大数据产业高质量发展、集成创新、快速发展、深度应用、结构优化等方面。
2021年12月	《"十四五"信息化和工业化深度融合发展规划》	激发数据对经济发展的放大、叠加、倍增作用，加速制造业数字化转型，大力推进信息化和工业化深度融合，统筹推进制造强国与网络强国建设。
2022年1月	《"十四五"数字经济发展规划》	这是我国在数字经济领域的首部国家级专项规划，同时也是首次在国家级文件中针对数字经济的概念进行了界定，将数字经济结构提炼为数字基础设施，数据要素，产业数字化转型、数字产业化、公共服务数字化，数字经济保障体系等四个主要部分。到2025年，数字经济迈向全面扩展期，数据要素市场体系初步建立，数字化创新引领发展能力大幅提升，智能化水平明显提升，数字化公共服务更加普惠均等，数字经济治理体系更加完善，我国数字经济竞争力和影响力稳步提升。
2022年1月	《数字乡村发展行动计划（2022—2025年）》	发展乡村数字经济，完善乡村数字基础设施，加快农业生产经营数字化转型、智慧农业建设，提高"互联网+政务服务"乡村公共服务水平，挖掘数字经济优势，推动形成以城带乡共建共享的数字城乡融合发展格局。
2022年2月	《关于同意京津冀地区启动建设全国一体化算力网络国家枢纽节点的复函》	同意在京津冀地区启动建设全国一体化算力网络国家枢纽节点，设立张家口数据中心集群，积极承接北京等地实时性算力需求，引导温冷业务向西部迁移，构建辐射华北、东北乃至全国的实时性算力中心。
2022年6月	《关于加强数字政府建设的指导意见》	构建数字化、智能化的政府运行新形态，充分发挥数字政府建设对数字经济、数字社会、数字生态的引领作用。

（续表）

年份	文件名称	主要内容
2022年12月	《关于构建数据基础制度更好发挥数据要素作用的意见》	提出加快构建数据基础制度，做强做优做大数字经济。
2023年2月	《数字中国建设整体布局规划》	提出数字中国按照"2522"整体框架进行布局。到2025年，基本形成横向打通、纵向贯通、协调有力的一体化推进格局；到2035年，数字化发展水平进入世界前列，数字中国建设取得重大成就。

资料来源：根据中华人民共和国中央人民政府官网和政府公开报告信息整理。

（二）山西层面

山西省委、省政府高度重视数字经济发展，把数字经济作为转型发展的核心引擎和重要抓手，先后出台了一系列有关数字经济领域方面的政策和文件，不断完善数字经济顶层设计，全面推动山西数字经济产业集聚发展。

表2-2 山西数字经济重要文件政策梳理

年份	文件政策名称	主要内容
2021年8月	《山西省加快推进数字经济发展的实施意见》	贯彻落实"网络强国"战略部署，紧抓新一代信息技术创新发展契机，围绕"网、智、数、器、芯"五大领域，统筹布局全省数字经济发展体系。
2021年8月	《山西省加快推进数字经济发展的若干政策》	大力培育数字化产业，着力推进新技术、新模式、新业态与实体经济深度融合，加快"数字山西"建设，以数字化推动智能化，以智能化培育新动能，以新动能促进新发展。
2022年8月	《关于数字经济高质量发展的实施意见》	提出要聚力打造数字基础设施一流，技术创新能力突出，产业生态体系完善，融合应用成效显著，新技术、新业态、新模式蓬勃发展的数字经济发展新格局。到2025年，全省数字经济发展进入"加速期"，数字经济核心产业增加值占地区生产总值比重达到54%，数字产业化和产业数字化迈入快速拓展期，数字化治理发展成效显著，数据价值化有序推进，数据作为关键生产要素的价值显现。

（续表）

年份	文件政策名称	主要内容
2023年5月	《山西省推进数字经济全面发展2023年工作要点》	着力推进"6大行动30项重点任务100条清单台账"，常态化开展调度，扎实推动重点任务落地。
2023年5月	《山西省数字经济发展监测评价指标体系（2023）》	编制6个一级指标、11个二级指标、34个三级指标的指标体系，开展监测评价，科学反映各地数字经济发展成效。
2023年7月	召开山西省委十二届六次全会	强调要加快构建体现山西特色优势的现代化产业体系，将推动数字经济发展壮大列为全省加快转型发展的六大行动之一，大力发展信创、半导体、智能终端等数字核心产业，加快建设5G网络、数据中心、移动物联网等数字基础设施，加快建设5G+智慧矿山，推进数字产业化、产业数字化、数据价值化、治理数字化。

资料来源：根据山西省人民政府官网和政府公开报告信息整理。

　　山西省高度重视数据要素在资源型经济转型中的挖潜应用，统筹协调全省数字经济发展，激活数据要素潜能，对数据价值化应用进行战略性系统性布局。为加快实施大数据战略，培育数字经济，建设智慧山西，2016年以来，山西省人民政府决定成立山西省大数据发展领导小组，制定《山西省大数据发展规划（2017—2020年）》《山西省促进大数据发展应用的若干政策》，着力推进"云聚山西""云惠山西""云殖山西""云安山西"四大工程，围绕用电优惠、用地保障、税收优惠等七个领域出台了25条支持政策，打造全国大数据领域政策洼地。2019年，启动实施由服务驱动、产业驱动的"山西数字经济2.0"产业生态升级，提升数字经济生态效能。2020年以来，将大数据发展应用纳入国民经济和社会发展规划，制定《山西省促进大数据发展应用行动计划》《山西省"十四五"大数据发展应用规划》等，出台《山西省大数据发展应用促进条例》，成立山西省数字经济联合会大数据与人工智能专业委员会，大力实施数据驱动，培育大数据等数字核心产业，鼓励发展数据要素型企业，建设数据交易平台，激活数据要素潜能，赋能实体经济，推动高质量发展。数据要素市场构建方面，编制印发了《山西省数据市场体系建设2023年行动计划》，聚焦数据目录、数据价值、数据交易、数据安全、数据协同发展等重点问题，探索建立我省数据要素市场体系。编制印发了《山西省企业数据管理国家标准贯标实施方案（2023—2025年）》，深入开展数据管理能力成熟度（DCMM）贯标评估试点，深化首席数据官制度探索。

数字政府对数字经济起着牵引性、带动性作用。山西省加快推动政务数据安全有序共享开放，逐步建立数据开放利用创新机制，规划设计了《山西省加快数字政府建设实施方案》《山西省数字政府建设规划（2020—2022年）》等系列制度规范，以"一局一公司一中心"为核心机制，以"一朵云、一张网、一平台、一系统、一城墙"的"五个一"为基础架构，以一批典型应用为示范引领的省级数字政府，实现数字政府全链条各环节纳入"一个口子"统筹化管理；重点实施了"千项数据共享工程"，上线了"山西省公共数据开放网站"，涵盖教育科技、医疗健康、文化休闲等领域的70项数据资源，有效释放我省公共数据要素价值；建设"一体化在线政务服务平台"提供数字公共服务，提高行政许可事项网上受理和"最多跑一次"比例，压缩政务服务平均办理时限，"掌上办""指尖办"成为政务服务标配，普及"一网通办""异地可办""跨省通办"，上线"涉企政策服务平台"，惠企政策"免申即补""直达快享"，促进全社会共享数字经济发展红利。此外，山西立法促进数字经济发展，出台《山西省数字经济促进条例》（以下简称《条例》），从数字产业化、产业数字化、数据价值化和治理数字化四个方面强化抓手，通过明确各方职责，实施财政、金融、人才、用地、用电等多方支持措施，全面创优发展环境，从而服务保障全省数字经济与实体经济深度融合。《条例》明确全省要重点推动大数据、信创、通用计算设备、光电信息、半导体、新型化学电池、人工智能及智能装备、网络安全、电磁防护等新一代信息技术产业发展，培育区块链、量子科技、虚拟现实等产业。同时，明确要加大对互联网平台经济等数字经济新业态和新模式的政策引导、支持和保障力度，创新监管理念和方式，建立和健全适应平台经济发展特点的新型监管机制。专项资金扶持方面，山西省出台《山西省推进数字经济全面发展实施方案（2022—2025年）》《山西省加快5G产业发展的实施意见和若干措施》《山西省新时期促进集成电路产业和软件产业高质量发展若干政策》《省级数字经济发展专项资金管理办法》《省级数字经济发展专项资金申报指南》政策，争取中央引导地方科技发展专项资金、设立山西省级数字经济发展专项资金对产业支持类和服务体系类项目分级分类给予奖励，综合运用专项债、政府投资基金、政策性开发性金融工具、财金联动机制等多种方式，带动社会资本投资，加大对战略性新兴产业支持力度。

三、山西数字经济的发展现状和进展

当前，数字技术正在深度重塑世界经济和社会面貌，数字经济已成为推进我国新旧动能转换和促进高质量发展的重要组成部分。近年来，山西省委、省政府高度重视数字经济发展壮大，把数字经济作为重组要素资源、重塑经济结构、加快构建现代化产业体系和加快转型发展的关键力量。山西省大力实施数字经济发展战略，积极推进数字产业化、产业数字化建设，聚焦发展数字核心产业，全面构建数字经济发展体系，着力打造有竞争力的数字产业集群，加快将山西打造成中西部地区数字经济创新发展新高地，全面塑造山西高质量发展新优势。

（一）数字经济总体实力日益壮大

2022年，山西省数字经济规模达到5688亿元，比上年增长11.5%，增速排全国第11位。2022年数字经济核心产业增加值380.5亿元，占GDP比重6.8%，数字经济核心产业营业收入突破2522.95亿元。依据工业和信息化部发布的《中国数字经济发展指数报告（2023）》，2022年山西省数字经济发展指数为124.9，低于全国平均水平132.3，排全国第15位，比上年增长12%，增速排全国第10位。太原、大同、阳泉、晋城入选山西省第一批省级新型智慧城市试点市，怀仁、灵石、洪洞、河津入选山西省第一批省级新型智慧城市试点县（含县级市）。数字应用渗透生产生活全领域，数字化转型、5G应用、智慧交通、智慧医疗、数字政府等顶层设计不断完善，数字经济不断渗透到生产和生活中。

（二）数字基础设施规模能级提升

山西抢抓国家支持新基建政策机遇，加快骨干直联点、5G、工业互联网、数据中心等建设步伐，为大数据发展应用构筑了坚实基础。2022年，山西省累计建成5G基站8.5万个，万人拥有5G基站数居全国第一方阵，太原国家级互联网骨干直联点、国家超级计算太原中心建成运行；太原被评为"宽带中国"示范城市、"全光网"城市、"国家三网融合试点城市""全国信息消费试点城市"，入选首批5G商用城市名单，太原、大同已入选第二批"千兆城市"名单；打造培育数据流量生态园、清控基地等核心园区；落地运营灵丘环首都·太行山能源信息技术产业基地、京东集团华北（灵丘）智能算力数据中心等大数据产业；网络基础设施全面向IPv6演进升级，全省移动网络IPv6流量占比达到48%，家庭网关IPv6支持率达到93.5%；全省在用、在建数据中心设计标准机架达到82.78万架，算力规模指数和存力指数均列全国第七；省内企业成功申报16个工业互联网标识解析二级节点，其中8个建设完成并已接入国家顶级节点。

（三）数字核心产业快速发展壮大

山西省目前已有多个数字产业核心领域跻身全国前列。山西省信创产业快速发展，率先在能源、教育、医疗等重点行业领域开展了应用试点，依托长城、曙光、百信等整机制造企业，云时代等集成企业，龙芯、华为、麒麟、统信等一批骨干企业，山西省初步构建起CPU—操作系统—基础软件—整机—配套外设—应用集成的产业链条；自主品牌计算机、服务器制造重点企业实现量产，形成龙头牵引、产业集聚的布局雏形；中国长城智能制造（山西）基地落地太原，打造中国北方信创生态产业园。山西省电子信息制造业多个领域达到全国先进水平，2022年实现营业收入1697.2亿元，比上年增长9.4%；软件和大数据产业不断壮大，2022年实现营业收入118亿元，比上年增长10.4%；信息通信业稳步增长，2022年实现营业收入291.2亿元，比上年增长8.5%；新兴产业电子信息制造业持续保持两位数以上增长，新型显示专用设备、碳化硅单晶衬底、光伏电池等产品出货量居全国前列。山西数据流量生态园高效运营，作为全国首家以数据流量为特色的数字经济产业园区，通过打造流量价格洼地来构建数字产业发展高地，带动省外数字经济企业不断向山西省跨区域集聚，聚合海量多维数据，推动数字产业化。截至目前，生态园已集聚430余家数字经济领域企业，形成了数字能源、数字物流、数字农业、数字营销、数字电商、数字文娱等10余个特色产业领域，成功将数据流量优势转化为产业优势，构建"数据要素+流量变现+场景应用+数据生态"的数据流量全栈闭环体系，开辟出数实融合的增量空间。百度标注基地成为全国最大的单体标注基地，支撑山西人工智能产业发展，百度山西数据标注基地标注企业已具备人脸、语音标注、地图POI点、2D/3D标注等多场景标注能力。积累了地图数据审核、智能交通违章电子眼数据审核、电子地图实景图制作和电子地图道路轨迹数据验证等地图信息。

（四）经济社会数字转型提档加速

山西省产业数字赋能不断全面深化。农业方面，繁峙生猪基地、新绛蔬菜基地入选国家级数字农业创新应用基地。能源方面，国内首个煤矿井下5G网络开通，国内首个5G智慧煤矿——潞安化工集团新元煤矿运行，印发《全国推进煤矿智能化和煤炭工业互联网平台建设实施方案》，山西省累计建成48座智能化煤矿，1217处智能化采掘工作面。工业方面，两化融合贯标达标企业总量达到408户，规模以上工业企业关键工序数控化率达60.2%，两化融合水平指数提高到54.1。传统制造业方面，山西煤机"敏捷制造能力"入选工信部"2021年新一代信息技术与制造业融合发展试点示范"名单，太原重型机械集团有限公司建成国内首套车轴智能化生产线。智能制造方面，全省培育了16个国家级智能制造示范工厂揭榜单位、优秀场景和试点示范项目，认定了284户省级智能制造试点示范企业，遴选了29个省级智能制造标杆项目。数字化转型生态方面，组织认定了长治高新区、山西云时代等10家数字化转型促进中心和阳泉高新区、吕梁经开区等5家数字经济示范园区。数实融合方面，山西加快推动"产业链、专业镇"双引擎运行，氢能产业链"链主"企业晋南钢铁集团与太重集团合作率先实现"一键炼焦"，专业镇主导产业企业加快实施数字化改造，建设一批智能工厂、数字车间、绿色工厂，发展循环经济提升能效利用水平。

（五）公共民生服务日臻成熟完善

山西高度重视数字政府建设，在管理统筹体制机制和建设维护运营等方面走在了全国前列。从政务信息化管理体制改革入手，实施信息机构重塑性改革，构建"一局一公司一中心"管理运行架构，打通了财政、教育、不动产、交通、能源等5个行业云和11个市级政务云，基本建成全省"1+N"的政务云基础架构。山西数字政府建设领域成果显著，形成了一批以典型应用为示范引领的省级数字政府新格局：政务数据资产"一本账"管理；山西省涉企政策服务平台；一体化投资项目审批管理系统；山西省医疗保障信息平台；山西省文物安全监管系统；国产政务云；山西省政府采购信息化管理系统；山西省不断深化社会保障卡"一卡通"应用典型案例；阳泉市数字赋能城市基层治理；晋城市智慧社区平台典型案例；吕梁市推进惠企政策兑现新模式；临汾—隰县数字乡村治理典型案例。加强数据工程和平台建设。特别结合山西省情，在城市治理、金融服务、医疗保健等场景中加强大数据分析和应用服务，提升政府治理的系统性、精准性和科学性，形成对全省经济社会高质量发展的有力支撑；上线"山西省公共数据开放平台"，初步开放11个政府部门，涵盖教育科技、医疗健康、文化休闲等领域70项数据资源，非涉密信息系统全部迁移上云；建设"一体化在线政务服务平台"，上线"涉企政策服务平台"，行政许可事项实现网上受理和"最多跑一次"的比例大幅提高，政务服务平均办理时限大幅压缩。互联网技术在民生服务领域提档升级。大力推进智慧医疗建设，升级我省全民医疗健康大数据平台；加快推进智慧教育建设，完善"省级主干网+市县教育网+校园网"的新型教育信息网络；大力发展"5G+智慧旅游"，以三大世界遗产地和全省5A级旅游景区构筑全域智慧文化旅游圈；分级分类推动新型智慧城市建设，建设城市大脑、数字孪生模型等应用赋能平台；研发推广"三晋通""游山西"APP应用场景，优化服务功能、扩大民生服务事项，通过"掌上办、指尖办"提供高品质便捷服务，同时整合各级教育平台数据与资源，搭建省级智慧教育资源库。

（六）数据要素市场体系初步构建

山西的数据要素化处于起步探索阶段，数据要素市场培育是一项系统工程，需要统筹、系统化推进，山西就数据价值化先行先试。编制印发《山西省数据市场体系建设2023年行动计划》，聚焦数据目录、数据价值、数据交易、数据安全、数据协同发展等重点问题，探索建立山西省数据要素市场体系。印发《山西省企业数据管理国家标准贯标实施方案（2023—2025年）》，深入开展数据管理能力成熟度贯标评估试点，深化首席数据官制度探索。

四、山西推进数字经济发展面临的机遇挑战

纵观国内外发展，大数据、互联网、人工智能、区块链等技术加速创新，全球信息化全面渗透、跨界融合，世界经济加速向以网络信息技术产业为重要内容的经济活动转变，数字经济推动人类经济形态由工业经济向信息经济、知识经济、智慧经济形态转化，成为壮大经济发展的新引擎。客观审视山西实际，准确把握发展数字经济的机遇和挑战，加快数字强省、网络强省建设，是顺应数字时代发展趋势、构筑山西竞争优势的战略选择。

（一）山西数字经济发展面临的重大机遇

随着数字时代的来临，各国、各地区都把发展壮大数字经济作为经济发展的首要任务，各地抢抓机遇布局谋划数字经济，无论是在政策扶持上还是在体制架构、战略规划上，都为数字经济发展留下广阔的创新空间，提供了重要的战略机遇。统观全局，山西省数字经济发展正迎来拐点，应抓住转型发展先机，以"山西智慧"书写山西特色数字经济发展答卷。

发展数字经济已经上升为国家战略。党的十八大以来，以习近平

同志为核心的党中央审时度势，运筹帷幄，为数字经济发展谋篇布局，把舵定向，将发展数字经济上升为国家战略，数字经济正逐渐成为把握新一轮科技革命和产业革命新机遇的战略选择。习近平总书记在党的十八届中央政治局第三十六次集体学习、党的十九大、党的十九届中央政治局第二次集体学习、全国网络安全和信息化工作会议、党的十九届五中全会、中央经济工作会议等重要会议多次强调，要发展数字经济，加快推进数字产业化，推进产业数字化。《中华人民共和国国民经济和社会发展第十四个五年规划和2035年远景目标纲要》明确提出要"加强关键数字技术创新应用""加快推动数字产业化""推进产业数字化转型"。《"十四五"数字经济发展规划》从优化升级数字基础设施、大力推进产业数字化转型、完善数字经济治理体系等八个方面对"十四五"时期我国数字经济发展作出战略部署。《数字中国建设整体布局规划》强调，"全面提升数字中国建设的整体性、系统性、协同性，促进数字经济和实体经济深度融合，以数字化驱动生产生活和治理方式变革，为中国式现代化全面推进中华民族伟大复兴注入强大动力"，可见，数字经济已经成为数字中国的重要组成部分，以数字化全方位助力推进中国式现代化，契合中国式现代化新道路的内在要求。因此，发展数字经济已经上升为重要国家战略，成为我国经济发展中创新最活跃、增长速度最快、影响最广泛的领域，推动生产生活方式发生深刻变革，是新时代推进中国式现代化的重要引擎。

消费升级为数字经济发展提供空间。随着数字经济的不断发展，网络直播、兴趣电商等新业态新模式的接连涌现，消费市场各个领域和大数据、云计算、人工智能等数字技术的深度融合，以及移动支付和各种智能终端的广泛应用，人们的生活方式、消费习惯和信息获取方式的改变，我国经济呈现出消费加速引领的趋势。一方面，当前，我国拥有全球最大规模的单体数字市场，《中国互联网络发展状况统计报告》显示，截至2022年底，我国网民规模达10.67亿，规模相当于全球网民的1/5，短视频用户规模达10.12亿，用户使用率高达94.8%。山西省移动宽带用户达3703.5万户，普及率达106.1%，居全国第9位；固定宽带接入用户总数达1380.2万户，其中光纤宽带用户总数达1351万户，占比达97.9%，居全国第1位。庞大的网民数量蕴藏着巨大的数字化消费需求。在全面建成小康社会的基础上，中等收入群体规模进一步扩大，居民消费能力不断提升。另一方面，居民消费的提档升级，将给数字经济发展提供广阔的发展空间，成为数字化发展的重要牵引。当前的消费需求逐渐转向以服务型消费为主，更加注重非物质层面的体验、享受和情感等精神的满足，新生代群体的消费习惯和消费方式呈现出数字化、个性化、社交化的特点，数字经济能够精准地捕捉消费者各个时段以及特定场景的需求，通过按需定制、以销定产推动生产方式变革，创新供应链，重塑价值链，从而创造出更多的新产品新服务，大大增加了商户提供服务的半径，从而促进了消费潜力的释放，拓展了服务消费的增量空间。而且，数字经济能够创造丰富的消费应用场景，技术创新应用能够为人们提供更智能、更高效和更安全的消费环境和消费体验，从而更好满足生存型、发展型和享受型等多类型多层次的消费需求。

传统产业转型升级迫切需要数字化。数字经济打破了传统经济模式中存在的时空限制，降低了信息的非对称性与非完整性，能推动各类资源要素快速流动、市场主体重构组织模式、各类市场主体加速融合，以其特有的渗透率以及发展效率推动产业结构全面升级，缩短了产业链优化的进程。随着数字化、智能化技术的快速发展，数字技术有效牵引生产和服务体系智能化升级和融合发展已经成为大势所趋，数字化转型为提升产业竞争力、科技创新力、社会影响力蓄势赋能、赢得先机。山西作为我国重要的能源重化工省份和制造大省，一方面，山西的煤炭产业基础深厚，转型发展不可能丢掉煤炭、煤电等传统优势，而是在充分发挥资源型地区比较优势的基础上积极培育转型发展新动能，谋求煤炭和煤电一体化发展，煤电和新能源一体化发展，煤炭和煤化工一体化发展，煤炭产业和数字技术一体化融合发展，煤炭产业和降碳技术一体化推进，积极创建全国能源革命综合改革试点先行区，这为山西数字经济的发展提供了广阔的市场空间和丰富的应用场景；另一方面，面对日益趋紧的人力、土地、技术等资源环境制约，山西的转型发展强调内强筋骨、提质增效的重塑性发展。无论是煤炭清洁高效利用、煤电与新能源优化组合，还是现代煤化工、煤炭产业数字转型、降碳减碳，以及山西其他传统产业出现的低端产能大量过剩与高端产品有效供给不足、经济运行难以实现良性循环等问题，都迫切需要借助数字和智能技术转型升级实现传统产业高端化、智能化转型，为改造升级传统产业提供有力支点。同时，结合山西发展实际，山西把同步推进产业转型和数字转型"两个转型"作为我省高质量发展的主攻方向、摆到同等重要的战略地位，以期通过数实融合、数字赋能，更好推动全省产业结构优化、产业形态重塑、产业素质提升。

数字经济赋能山西经济高质量发展。山西经济的高质量发展要注重构建现代化经济体系，现代化经济体系是由社会经济活动各个环节、各个层面、各个领域的相互关系和内在联系构成的一个有机整体，数字经济通过高创新性、强渗透性、广覆盖性贯穿了经济发展的各领域，不仅提供了新的经济增长点，而且日益成为加速建设现代化经济体系，推动经济高质量发展的重要引擎。一方面，数字经济时代数据成为关键生产要素，带来新产业的涌现，也实现了产业在空间上的重新布局，这为山西等欠发达地区提供新的发展机遇，逐渐成为现代化发展的核心竞争力，在传统生产方式中，地理环境、资源禀赋对生产力的发展产生了诸多阻碍，限制了做大"蛋糕"的可能性。大数据、人工智能、物联网、区块链等技术如雨后春笋般不断涌现，激发了新业态和新模式的全面发展。另一方面，数字经济以其强大的创新性、流动性和共享性为经济提供全方位、全链条式高质量发展，促进工业化、信息化、城镇化、农业现代化的"并联"发展，提高全要素生产率，对经济发展起到放大、叠加、倍增的作用。山西坚持以数字技术和实体经济深度融合为主线，加强新型基础设施建设的同时完善数字经济治理体系，协同推进数字产业化和产业数字化，培育新产业新业态新模式，赋能经济高质量发展，为"数字山西""数智山西"建设提供有力支撑。

（二）山西数字经济发展面临的问题和挑战

近年来，山西数字经济发展成效显著，对经济社会发展的支撑作用日益凸显，数字经济已经成为我省经济发展最活跃且最重要的新动能。但同北京、上海、浙江、江苏、福建等数字经济强省（区、市）相比，山西省数字经济发展起步较晚，基础薄弱，仍然面临一些突出的问题和困难需要解决。

核心技术领域创新能力较弱。数字技术的核心是创新，未来支撑数字经济发展的核心力量是科技。近些年，山西省大力实施创新驱动、科教兴省、人才强省战略，聚焦"六新"突破，持续优化创新生态，区域整体创新能力和核心竞争力稳步提升，但是与具有先发优势的沿海地区相比还有很大差距。一是山西关键核心技术基础薄弱。我省数字技术应用市场广泛，但是在生产效率、创新能力、高端供给等方面依然存在很大差距，尚未建立起完备的数字经济产业链供应链，未掌握高端芯片、软件设备、基本算法等与数字产业相关的关键领域技术，核心技术研发能力有限，缺少核心专利。二是山西基础技术研发投入有限。对于数字经济的发展更多地侧重于研究成果的市场化引进和运用，而核心硬件产品技术短板明显，新型制造业的关键核心技术自主创新能力有很大提升空间，数字经济基础技术的创新研究不足，特别是5G、大数据、物联网、人工智能等基础性、核心性、引领性的重要领域缺乏资金、人力投入，研究进展缓慢或者研究成果转化应用率不足。三是培育本土信息技术龙头企业的政策有限、力度不够，头部企业自主研发实力有待进一步提高，而且这些企业核心关键技术对外依存度高，导致企业更多注重商业模式创新，而忽视产品和服务的创新，在一定程度上制约着数字技术的产业化应用和推广。此外，在创新生态上，尚未形成开放包容的发展氛围，科研投入方式以及考核方式仍需优化，数字化应用型人才较为短缺，对数字化转型产生较大影响。

数据要素价值潜能尚未释放。数据作为数字经济的关键驱动要素，只有数据实现流动，将庞大的数据资源转化为生产要素，才能推动数字经济长远发展，赋能实体经济发展，为经济社会高质量发展注入强劲动能。山西对数据要素、数据要素市场和数据要素市场体系的探索还处于起步阶段，数据要素市场数据流通的基础还不坚实，数据要素市场的监管体系、权益保障机制尚不完善。一是数据价值潜能还没有充分释放，数据利用效率较低。不同行业、区域、群体间广泛存在数字鸿沟，数据的供给动力机制不足，供给能力和流通活力不足，限制了数据要素的流通。中小企业获取数据难度大、成本高，一定范围内出现"数据荒""一数难求"的现象。政务服务、教育、医疗、交通、能源等领域大量公共数据潜能尚未有效激发，数据资源开发利用水平有待提升。而且数据服务产业发展体量小、链条不完备，发展水平和能力难以满足市场发展的实际需求。二是数据要素市场体系不完善。从数据交易层面看，我国的数据资源化、资产化等过程尚未完成，数据作为资产或商品进行确权、开放、流通、交易等操作的相关制度尚不完善，数据要素交易市场缺乏统一的数据标准化、资产化和商业化体系，尚未建立标准统一的大数据市场，导致数据标准化程度低、储存整合灵活性差、跨平台交易效率不高等。三是缺乏合理的数据资产权限界定、估值定价、成本和收益分配机制以及相应的交易规范，缺乏全国统一的数据交易法律法规和行业标准，使得各主体参与数据流通时找不到明确的合规依据。四是数据安全和隐私保护隐患重重。进入数据要素时代，数据安全强调数据全生命周期的内生安全，突出数据流转过程中的持续安全，数据安全的风险始终无法避免，当前所有技术手段都无法保证数据不会失控，尤其是涉及秘密和隐私数据失控蕴含极大风险隐患，进一步阻碍了各流通参与主体的意愿。

数字经济与实体经济融合不足。推进数字经济与传统产业和领域的深入融合，是促进我国产业升级的一个重要方向。为了推进数字经济与实体经济融合发展，山西已经构建了传统优势产业率先转型、战略性新兴产业引领转型、服务业提质转型、农业特色转型、三次产业同步创新转型的现代产业体系，但是多数实体经济与数字经济融合发展的深度和广度还有很多不足，特别是在产业融合发展方面，传统制造业及现代农业、服务业的数字化转型较为迟缓。数字经济的融合发展存在以下障碍：一是现有的数据挖掘能力还跟不上数据爆发式增长的现实态势，市场信息不对称问题仍然存在，技术创新成效和经济高质量发展的要求不匹配。二是企业和行业对相关产业和数字经济深度融合的价值识别以及主动作为的意识还不强。具体表现为：大多数企业数字化普及率、核心环节数控化率偏低，数字技术助推作用不明显，不管是大型企业还是中小企业产品制造全生命周期主要环节的数字技术利用率普遍低于50%；囿于数字化改造初始投入和追加投资成本大、回报周期长、试错成本及风险大、企业内部数字技术应用能力不足等因素，传统产业利用数字技术改造升级的动力不足；大部分企业对数字技术的应用仅停留在初级层面，难以通过数字技术挖掘生产潜力，核心生产环节数字赋能较弱，在具体实践中存在数字化、网络化、智能化资源整合力量薄弱的问题，全产业链生态体系尚未建立。三是新兴产业发展和技术作用方面的问题。分享经济、平台经济等新模式的发展受到规模化的限制，对经济发展无法起到预期的支撑作用。数字经济相关技术作用滞后性强，数字技术的发展会诱发传统产业生产模式和方式的改变，数实融合需要时间过程的调整适应才能得到数字技术的正向收益。

数字经济人才短缺问题突出。人才是数字经济发展的核心驱动力。数字经济领域核心技术、设备和标准受制于人是数字经济发展的最大隐患。随着数字经济转型在各领域各行业中的推行逐渐深入，对相关技术的应用也愈加广泛，劳动力市场对数字人才的需求急剧增加。一是数字人才储备不足。山西数字经济发展起步较晚，数字化人才的储备不足，吸引能力不够。很多科技型企业、研究机构在核心技术研发、大数据挖掘应用等领域的人才储备不足，导致自主创新研发能力弱。特别是在一些重点行业的核心技术和关键产品研发方面，人才短缺的问题更为突出，在一定程度上制约了对数字资源更好地开发利用。二是高端数字人才的供给不足。各层面数字顶尖人才及兼具行业经验的跨界人才供不应求，不能满足当前我省蓬勃发展的数字经济对人才的需求。山西现有的数字人才主要分布在传统的信息通信基础产业，在新兴的大数据、人工智能及智能制造、技术研发等领域的数字专业技术人才、高精尖人才严重短缺。技能人才的培养跟不上需求，相关的数字经济方面的基础教育和技能培训滞后，人才培养体系和机制不健全，导致初级技术人才难以成长为高级技能人才。三是对人才的吸引能力不足。在人才的职位晋升、福利薪酬、职称评定、培养深造等方面的配套机制不完善，人才培养与产业发展需求不匹配，政府、高校、企业的联动效应不明显，企业认证与职业技能等级认定脱节，技能人才多元化评价制度改革仍处于探索阶段。

数字经济治理体系仍需完善。数字技术的飞速发展及新模式、新业态的不断涌现，对经济社会产生颠覆性影响的同时，也引发了一系列治理难题。传统经济活动尚未解决的问题在数字经济时代被进一步放大，新老问题交织加剧治理复杂性。山西在数字治理上不断创新体制机制，有效促进了营商环境改善、政务服务效能提升，但是与北京、上海、广州等数字生态良好的地区相比仍存在一定差距。一是数据资源共享力度不够。政府部门间、社会行业间、企业间仍然存在"信息孤岛"和"数据烟囱"现象，数据资源"不愿共享""不敢共享""不能共享"等难题亟待解决。二是政府数字经济治理能力及方式亟待优化创新。一方面，数字经济具有跨领域与跨地区发展特点，条块化与属地化分割的传统管理体制已不适应其跨界融合发展的新态势。而且面对治理对象数量庞大、违规行为类型多样化，现有治理方式和手段难以适应数字经济的发展需求。另一方面，数字经济新业态迭代迅速，同现有法律滞后形成的矛盾愈发突出，给监管与行业规范发展带来了问题。同时，新兴技术的管控能力亟待提升。各类新兴技术发展迅猛，对泛在操作系统、云计算等的应用规范尚处于探索阶段，各类威胁已逐渐从虚拟网络空间向现实物理世界蔓延扩散，经济社会面临着前所未有的风险与安全挑战。

数字经济面临的外部风险增多。数字经济特别是信息化时代所涌现的新领域、新技术、新业态、新产品、新服务，已经成为驱动和引领经济高质量发展的新动力，数字经济蕴含着特有的经济形态，正在成为培育经济增长新动能、提升传统动能的重要途径。一是数字经济的竞争日益加剧。越来越多的国家和地区认识到数字经济的重要性，先后出台了数字经济的相关战略，将数字经济作为"头号工程"，增强地区科技和经济竞争力，保持自身在科技创新领域的优势地位，大数据、先进制造、智慧城市、5G技术都成为各地区关注的数字经济领域的热点。二是数字安全风险增多。数字安全隐患突出，高危漏洞及网络攻击事件有增无减，重要基础设施建设也受到一定威胁，尤其是在金融和能源领域，主要面临个人信息和重要数据泄露的风险，以及因为数据泄露所导致的信息诈骗现象突出。随着新兴技术的应用，信息安全也面临新的挑战，芯片、操作系统等软硬件依赖进口面临敏感信息泄露的风险。信息安全发展形势严峻，基础网络、重要信息系统、工业控制系统的安全风险日益突出，网络犯罪和新兴技术的安全威胁持续加大。此外，与传统实体经济不同，数字经济因其特性，更容易受到外界竞争格局变化的影响，而且高质量发展阶段也对数字经济发展提出了更多新的要求。

五、国内外发展数字经济的典型经验与启示

数字经济迅速发展，已成为推动全球经济和社会持续转型发展的重要力量，引发了世界各国的广泛关注，并作为一项重要战略被深入实施，梳理国内外发展数字经济的实践经验，并提出推动山西数字经济发展的启示和借鉴，具有重要实践参考意义。

（一）国外发达国家经验做法

随着全球数字化时代的到来，数字经济不仅成为推动经济发展的重要引擎，也成为各国新一轮科技革命的重要战略基础。当前，世界各国都很重视数字经济的发展，纷纷制定相关政策，以期推动数字经济转型发展，构建数字经济发展新业态新模式，为我国发展壮大数字经济提供参考借鉴。

美国：内外发力占据数字领域的领先地位。美国是互联网技术的发源地，20世纪90年代开始建设"信息高速公路"，引领全球信息通信技术进入蓬勃发展时代，之后出台了一系列促进数字经济基础产业发展和国家级数字经济发展战略的政策，数字经济已经成为美国经济最重要的驱动因素。美国国内数字政策注重构建包容和创新发展环境，国际政策意图通过技术升级、规则制定、产业联盟等形式构建在数字技术、数字规则、数字产业供应链等方面的绝对领先地位。一是美国国内政策方面，不断完善数字基础设施建设，提升弱势群体数字网络连接覆盖率，发展新兴数字技术推进相关产业数字化转型，通过反垄断、数字税等举措维护中小企业的创新环境。美国为了弥合数字连接鸿沟，成立美国农村5G基金，用于向运营商提供普遍服务基金支持，部署农村5G移动无线服务和满足精准农业需求，同时为了解决宽带支付问题启动紧急宽带福利计划、设立紧急联网基金。出台《量子信息科学和技术劳动力发展国家战略计划》，加大关键领域研究经费投入，灵活设置政府机构协调私营部门、学术界和其他利益者各方关系，积极推进人工智能、芯片、5G通信及下一代通信等数字技术研发。数字化赋能产业发展方面，强调构建完整的数字经济产业链条，支持农业和粮食系统中AI驱动创新等研究的数字化农业；重点强调制造业数字化转型，形成遍布全国的先进制造创新网络，通过政府引导、企业主导、高校和科研机构支持，打通先进制造技术从基础研究到产业化、规模化应用的创新链条；启动数字美元的数字货币研究。《美国创新与选择在线法案》《终止平台垄断法案》《数字广告税法案》等法案的出台和部分州对数字税征收的探索，突显数字经济治理地位，维护市场创新环境。二是美国国外政策方面。强化新技术领域布局抢占数字经济技术制高点，美国注重前沿性、前瞻性研究，先后发布了电子复兴计划和联合大学微电子计划、《美国机器智能国家战略》和《国家人工智能研究和发展战略计划》，稳步推进6G通信技术及卫星互联网——"星链"的研发，提出建立全国性量子互联网战略蓝图及"酋长岩"超算项目；建立联盟实现数字技术绝对优势，美国与德日等15个国家成立"人工智能全球合作伙伴组织"；长期以来把人工智能、先进制造、新一代信息通信技术等关键技术领域列为美国财政优先支持事项，注重对科技研发和基础研究的投入。规则标准方面，美国通过美欧峰会、G7峰会、美日印澳四方联盟等多边机制制定符合美国利益的数字与科技政策，主导制定全球贸易和技术规则，争夺数字经济全球话语权。美国重视供应链韧性提升，建立供应链联盟，寻求改善半导体短缺的国际供应链格局，加快推进全球数字产业供应链建设。

英国：打造良好数字基础设施和创新生态。英国的数字经济发展强劲，英国通过数字化转型建立更具包容性、竞争力和创新性的数字经济，使英国拥有世界上开展和发展科技业务最佳的生态环境和数字基础。一是积极推进数字产业战略布局。2009年，英国政府发布《数字英国》计划，这标志着英国数字经济发展正式启动，该计划从国家战略高度确立了信息技术的发展蓝图，提出了数字社会、数字经济、数字文化等方面的详细行动计划，旨在打造世界领先的数字化强国。2015年，《数字经济战略（2015—2018）》发布，倡导通过数字化创新驱动经济社会发展，为英国建设数字化强国确定方向。2017年，为了给使用数字化服务的公民提供保护，英国政府颁布《数字经济法》，同年，《英国数字战略》发布，提出多项数字化转型战略，包括连接战略、数字技能与包容性战略、数字经济战略、网络空间战略、数字政府战略和数据经济战略，为数字化转型作出全面部署。2018年，英国再次出台《产业战略：人工智能领域行动》《国家计量战略实施计划》等，强调支持人工智能创新以提升生产力，使英国成为全球创建数字化企业的优选之地。

二是夯实数字经济基础。做好数字经济的4大基础支柱：打造一流和安全的数字经济基础设施。加快全光纤和5G等未来网络建设，为宽带网络的全光纤化、高速网络传输奠定基础，同时政府鼓励运营商等社会资本对数字基础设施进行投资；释放数据力量，对个人和智能数据立法和改革，为数据使用所依赖的基础设施开发风险管理框架，促进数据的自由流动和共享；建立创新监管框架，采取更多措施加强数字经济创新，为数字市场建立开放竞争的制度和新法规，确保数字监管精简和高效；营造安全的数字环境，保护高敏感技术并保持关键领域的国内能力，打造韧性数字环境，确保在英国投资保持可预测性和透明度的同时保护国家安全。三是促进数字和信息技术创新发展。支持创新发展方面，英国通过优惠的税收政策鼓励企业创新，加大资金投入和福利待遇吸引世界各地数字科技人才参与数字技术研发，监管部门制定监管体制为数字创新提供良好服务。支持企业发展方面，在资金、政策上扶持本土科技创新企业发展，吸引全球各地优秀数字科技企业成立研发基地和分支机构，同时，英国还通过政府采购在公共部门和私人产业供应链中驱动创新和创造价值。四是推动政府数字化转型。英国政府注重发挥顶层战略引领作用，制定《政府转型战略（2017—2020年）》，将英国政府官网作为集合中央、地方政府部门和第三方政府服务外包机构的线上政务起始端口，旨在打造统一的线上政务平台，促进政务数字化转型，提升政府治理能力。2019年，发布新版《数字政务标准》，对服务标准进行优化升级，逐步将基于"平台"开发的数字化政府服务予以标准化和规范化，为企业和公众提供更为优质的服务。

欧盟：数字经济加强创新与强化监管并重。数字经济在欧盟国家占有重要地位，未来欧盟经济增长将在很大程度上依赖于数字经济。欧盟数字经济与美国差距较大，但总体实力雄厚，创新活跃。同时，欧盟是数字经济监管高地，积极进行"数字主权"实践，持续强化人工智能监管。一是打造产业数字化转型共同体。欧盟具有良好的数字经济发展潜力，鼓励企业在数字经济领域创新发展，持续优化投融资环境，助力独角兽企业快速崛起。欧盟坚持合作共赢原则，共同推动建立统一的数字市场，依托工业数字化引领产业数字化发展。2016年，欧盟委员会出台《产业数字化新规划》，计划在5G、云计算、物联网和网络安全等重点领域加快建立共同标准，以统筹欧盟各成员国的产业数字化转型；在工业数字化方面，制定出台《欧盟工业数字化战略》，以打造开放协同的创新体系、培育创新型企业为路径，确保欧盟在产业数字化转型方面处于全球领先地位。建立数据保护制度，构建"数据保障"，发布《数字化单一市场战略》《打造欧盟数据经济》《通用数据保护条例》，为个人数据的处理、跨境转移、主体权利、处理者的义务和非个人的机器生成数据的归属、交换和贸易制定规则，建立起完备的数据保护制度，促进数据资源共享。二是优化数字经济政策和监管体系。欧盟优化数字经济相关战略目标，推出《2030数字指南针：欧洲数字十年之路》，提出到2030年数字经济的发展目标：培养数字专业人员，建设安全和性能可持续的数字基础设施，实现企业数字化转型和公共服务数字化；更新《欧洲新工业战略》，重点关注新冠疫情下加强单一市场的抵御能力以及加速数字化过渡。强化监管体系，践行反垄断法，提出《数字服务法》和《数字市场法》；维护和实践"数字主权"，这一概念是欧盟"在逐渐失去对数据、创新能力以及在数字环境中立法和执法能力的掌控"背景下提出的，被定义为"欧洲在数字世界独立行动的能力"，应该从保护机制和促进数字创新的工具两方面来解释，维护"数字主权"，需要更多地参与创业融资，开拓注重个人隐私和技术创新的"数字单一市场"，建设欧洲云，减少对美国公司数据解决方案的依赖。强化人工智能监管，发布《人工智能法》提案，这是欧盟首个关于人工智能的具体法律框架，旨在化解人工智能风险，发展统一、可依赖的欧盟人工智能市场，保护欧盟公民的基本权利，利用欧盟的监管权力塑造全球规则和标准。提案设置了一种重视风险且审慎的监管机构，精细划分人工智能风险等级，建立专门的监测体系，并制定有针对性的监管措施。

（二）国内先进省份经验做法

当前，数字经济已经成为我国经济发展最活跃且最重要的新动能，全国各地根据自身比较优势，探索出各具特色的数字化发展之路，其典型经验做法值得借鉴学习，对山西推动数字经济发展壮大具有重要意义。

北京：注重顶层设计与统筹规划，着力打造数字经济全产业链开放发展高地。北京立足建设全球数字经济标杆城市的战略定位，以供给侧结构性改革为主线，以科技创新为引擎，着眼世界前沿技术和未来战略需求，促进数字经济与实体经济深度融合，打造中国数字经济发展"北京样板"，全球数字经济发展"北京标杆"。一方面统筹规划数字经济发展路径，不断完善数字经济顶层设计。北京从首都城市战略定位出发，构建政策组合体系，夯实高质量融合发展政策支持基础。从加速数据要素化进程、推动要素市场化改革突破、打造数字技术新优势、赋能重点产业创新发展、加强数字经济治理、增强数字经济发展支撑等方面充分释放数据要素价值，构建数据驱动未来产业发展的数字经济体系，加快建设全球数字经济标杆城市，推动数字经济发展。二是积极倡导先行先试，着力打造数字经济全产业链开放发展高地。以激活数据要素潜能为引擎，以数据要素市场化配置改革为突破，推动数据生成—汇聚—共享—开放—交易—应用全链条开放发展，促进全方位数字化转型，协同推进技术、模式、业态和制度创新，不断做强做优做大数字经济产业，构建规范、健康、可持续的数字经济生态。具体举措：制定数字经济领域技术标准、数据采集处理标准、数据分类分级规则、数据资产评估模型和市场化定价机制等一批数据要素团体标准和地方标准；推动国家数字经济领域标准化试点、数据资产登记和评估试点、数据出境标准合同制度试点、国家新型互联网交换中心试点、数据知识产权保护和运用试点等一批数字经济国家试点任务率先落地；制定开放增值电信业务、开展数据服务和数据产品交易、开展数据资产作价出资入股企业和金融创新服务等一批数据创新应用的特色示范场景；加快科技研发和知识生产产业、工业互联网产业、智能网联汽车产业、数字医疗产业、数字金融产业、智慧城市产业发展，孵化一批高成长性的数据服务企业；集聚整合各类科技资源，发挥数据要素赋能经济高质量发展作用，力争取得一批重大原始创新和颠覆性成果，提高数字技术供给能力；打通贯穿基础研究、技术研发、中试熟化与产业化全过程的创新链，形成以公共平台、底层技术、龙头企业等为核心的多样化数字技术创新生态，将北京打造成为数字经济全产业链开放发展标杆和创新高地。

浙江：实施数字经济创新提质"一号发展工程"，建设数字经济高质量发展强省。浙江是数字经济发展先行省，浙江大力推动"数字浙江"建设，全面深化国家数字经济创新发展试验区建设，促进数字经济在地区经济中的支柱地位、稳定基本盘、引领增长的作用日益凸显，已成为浙江经济高质量发展的金名片。浙江省锚定打造数字经济高质量发展强省目标，审时度势，加大力度实施数字经济创新提质"一号发展工程"，重点实施"数字关键核心技术攻坚行动、数据要素价值释放攻坚行动、数字产业竞争优势提升攻坚行动、'产业大脑+未来工厂'赋能攻坚行动、数字消费创新引领攻坚行动、新型基础设施强基攻坚行动、平台经济创新发展攻坚行动、数字生态活力激发攻坚行动"八大攻坚行动，加快构建以数字经济为核心的现代化产业体系，全面增强浙江省推进中国式现代化新动能。一是提升数字关键核心技术、数字产业创新竞争力。实施"双尖双领"攻关项目，实现"项目、基地、人才、资金"一体化配置，开展数字关键核心技术攻关。加强数字经济领域实验室体系建设，集中力量建设杭州城西科创大走廊，做强之江、湖畔等省实验室，谋划建设人工智能、量子传感、工业互联网等重大科学装置及验证平台，聚焦"五区四中心"建设，打造数字变革高地。实施数字经济千亿投资工程，培育世界一流企业，推动数字产业大跃升，同时实施"415X"先进制造业集群培育工程，做优做强数字安防、集成电路等特色优势产业集群。二是重塑数字经济平台、数字生态新优势新动能。围绕平台经济创新发展，坚持促进发展和监管规范并重。支持龙头企业实施数字化平台化战略，加大对"科技攻关在线""科技成果转化在线""科技企业成长在线""未来实验室"等数字经济系统和科研工具的开发建设和应用推广力度。优化平台经济治理，审慎出台平台经济新业态准入限制政策；坚持要素汇聚与体系构建激发数字生态活力。实施数字经济"鲲鹏行动""万人计划""浙商青蓝接力工程"等人才专项工程，积极培育首席数据官、卓越工程师，壮大数字经济创新主体队伍。优化数字经济领域创业创新服务体系，建设开源开放的数据资源共享平台，加快布局超算等新技术设施，大力建设网络基础设施，积极发展数字内容产业，加快打造数字消费场景。三是推动数实融合、数据要素价值释放。大力推广"产业大脑+未来工厂"新范式，实现规上工业企业数字化改造全覆盖、重点细分行业中小企业数字化改造全覆盖、百亿元以上产业集群工业互联网平台全覆盖。大力推进服务业、农业数字化转型，建设未来市场、未来农场。强化数据赋能，推进"两项改革"。

深化数据要素市场化配置改革，优化全省统一数据交易体系，开展数据要素市场化配置流通场景试点；建立全省公共数据资源授权运营管理机制，探索构建数据可信流通体系。深化产业数据价值化改革，持续推动产业大脑能力中心市场化运营，打造数字化改造和数字化管理解决方案的集成供应平台。

广东：深度融合数字经济与实体经济发展，数字产业化和产业数字化发展战略并举。广东省始终秉持高质量发展理念，发布了全国首个数字经济发展的指引性文件《广东省数字经济发展指引1.0》，旨在为全省的数字经济发展提供指导性的建议和参考，鼓励探索实用性强、特色化高的数字经济发展模式和路径。广东坚持促进数字经济与实体经济深度融合，推行数字产业化和产业数字化发展战略，实现双轮驱动。一是优化数字经济全产业链布局。广东整体产业集中度高、规模大、基础好，产业链布局完善，应用场景多，对外开放度高，在上游基本形成了以中数智慧、数据魔方等企业为代表的数据供应链和产业体系，在中游依托腾讯、唯品会、启帆、科大讯飞等各行业龙头企业开展数字产业化和产业数字化融合应用，在下游不断深化拓展穗智管应用场景。全面实施"广东强芯"工程，全面实施广东省核心软件攻关工程，增强关键技术创新能力，大力发展新一代电子信息产业、软件与信息技术服务业、人工智能和大数据产业等数字经济核心产业和新兴产业，协同推进产业、企业、园区等数字化、智能化、高端化转型。二是赋能传统产业转型升级。依托工业互联网赋能传统制造业，激发传统制造业发展活力，推动纺织日化、箱包皮具、食品饮料等传统产业由企业数字化向集群数字化转型，聚焦细分行业的数字化转型需求，加速建设以"工业互联网园区+行业平台+专精特新企业群+产业数字金融"为核心架构的新制造生态系统，初步形成"一集群、一平台、一方案、十标杆、百企业"的产业集群数字化转型生态，以平台为牵引推动产业集群连片成带集聚发展，打造具有行业特色的传统产业集群数字化转型样板。同时，大力培育一批同时掌握行业和技术知识的制造业数字化转型领域复合型人才，满足行业发展对高素质人才的迫切需求，以数字化转型助力广东传统产业转型升级。三是做强做大优势领域。夯实新基建底座，推动"信息网络、存储和计算"等基础设施建设，推进生态环境监测、智慧水利工程、邮政业信息化、应急管理信息化等基础设施的数字化改造。探索制造业整体数字化转型新模式，推动中小工业企业"上云上平台"，实施智能制造生态合作伙伴行动计划，组织智能制造进汽车产业集群对接活动。实施数字农业农村发展行动计划，推进农产品"12221"市场体系建设，开展数字农民和互联网技能培训，扩大农产品线上销售渠道。推动商贸、金融、餐饮、文旅等优势服务业数字化转型，创建国家数字贸易示范区，实施数字人民币试点测试，探索搭建供应链金融服务体系，发展智慧交通和智慧物流，提升"互联网+"政务服务、教育、医疗、文旅、养老、住建等公共服务数字化水平。

贵州：善用数据"富矿"领跑数字经济新赛道，推动大数据与实体经济融合发展。近年来，贵州坚持变数据为资源，抓住"数据"核心生产要素和"算力"核心生产力，增大对现有大数据企业的支持力度，对大数据企业的招商力度，与大数据融合的高科技企业的招商力度，对大数据等高科技领域的人才引进力度，打造全国大数据发展优选试验田和"数字经济发展创新区"，着力将大数据产业培育成高质量发展新的支柱产业，在数字经济这条赛道上"跑"出特色、"赛"出水平。一是发挥数据产业资源和区位优势。贵州是全球集聚大型和超大型数据中心最多的地区，贵安新区更是贵州数据存储运算的"大机房"和全国最大的算力保障基地，拥有华为全球最大的数据中心基地华为云数据中心，主要承载算力服务并开展应用，为大企业提供上云、大数据、云存储、云备份、云渲染等服务。贵州抓住"东数西算"机遇即将东部算力需求有序引导到西部进而促进东西部协同联动，建立贵阳大数据科创城，支持招引培育更多大数据企业，推动贵阳围绕数据中心、网络设施、数字场景等重点，以数据激活产业发展要素，推动大数据产业集聚和集群发展。同时，用足用好大数据科创城产业发展投资基金，支持数据应用、人工智能、场景应用、信创等主导产业。二是助力实体经济升级。推动大数据与工业、农业、服务业等融合发展。推进大数据与制造业的融合，启动"百企引领""千企改造""万企融合"等专项行动，加速推进信息化与工业化融合发展，促进企业从"制"造走向"智"造。用"数字底座"弥合城乡"数字鸿沟"，将数字技术贯穿农作物耕、种、管、收等各个环节，促进农业技术革新和农业经营模式变革；利用网络数字化设备实时监控农作物生长情况，利用智慧管理数字控制平台采集相关数据；"下沉"数字基础设施建设，助力5G网络覆盖县域城区，释放数字化生产力。贵州省还将大数据应用于企业金融服务领域，上线大数据综合金融服务平台，为中小企业转型升级提供"会诊"服务和对症"药方"。三是加快打造大数据企业集聚地。苹果、微软、戴尔、惠普、英特尔、甲骨文等世界知名企业，阿里巴巴、华为、腾讯、百度、京东等全国大数据、互联网领军企业纷纷扎根贵州发展。同时，贵州本地也涌现了货车帮、白山云、易鲸捷、朗玛信息等一批全国级的本土行业标杆企业。其中，货车帮落地贵阳短短三年就成长为独角兽企业。贵州加快壮大数字产品制造业发展，培育区块链、北斗应用、人工智能、信创、数据清洗加工等新兴数字产业企业。

（三）启示借鉴

统筹谋划数字经济战略规划是基础。战略规划是数字经济高质量发展的蓝图。先进地区的数字经济之所以发达，首先在于当地政府重视数字经济的顶层设计与战略谋划，使得政策能够迅速落地生根。北京、杭州、广州、福州等地区在发展数字经济之初就相继制定和出台了关于数字经济发展的系列战略规划。近年来，山西先后发布《山西省"十四五"新业态规划》《山西省加快推进数字经济发展的实施意见》《山西省构建大数据中心协同创新体系工作计划》《关于数字经济高质量发展的实施意见》《山西省数字经济发展监测评价指标体系》等政策规划，为数字经济发展提供了强有力的制度保障，有效地促进了数字经济的快速发展。因此，加强前瞻性思考、系统性谋划和战略性布局，用更高的标准和要求进一步完善数字经济战略规划及布局，对区域数字经济产业转型发展具有重要的指导引领作用。

推动数字经济核心技术创新是关键。数字经济是全球竞争的焦点之一，核心技术的竞争是重中之重。习近平总书记指出，发展数字经济要加强关键核心技术攻关，牵住自主创新这个"牛鼻子"。当前，发达国家发展数字经济，很大程度上是在以信息通信技术创新为核心的领域开展研究和应用的。在取得领先地位后就会不断通过专利保护等手段形成和巩固技术壁垒。近些年，山西省超前布局建设5G、数据中心等数字基础设施，已在半导体材料、数据标注、智慧矿山等部分领域取得一定的先行优势。今后要进一步加大山西省对数字经济基础的研发投入，调动企业前沿技术创新的积极性，重点突破大数据、人工智能、智能制造等数字经济核心产业技术难关，持续提升数字领域关键核心技术水平和核心竞争力水平。

培养引进数字经济高端人才是核心。数字经济发展要靠创新引领，创新引领要靠人才和智力支撑。人才是技术创新的核心驱动要素，数据经济的发展对人才的知识结构、专业技能提出了新的要求，需要专业化、高素质的数字经济人才培养体系来予以支撑。北京拥有全国顶尖的科研机构和高端科技人才，创新资源优势明显，为建设全球数字经济标杆城市奠定了坚实的基础。只有重视数字经济领域人才队伍的梯队建设，才能建立符合数字经济发展的人才培养体系，才会培养出一批勇闯科技创新"无人区"的敢为人先的领军型人才，才能为数字经济高质量发展提供不竭动力。近年来，我省出台多项"柔性引才"人才支持政策，积极为数字经济产业基础研究、核心技术、应用场景引进人才。我们要进一步深化数字经济核心产业人才制度改革，完善数字技术人才分工、资源配置、评价机制和配套政策，为人才引进、集聚、使用等提供可靠的制度保障。

建立完善数字经济发展平台是重点。数字经济发展平台已经成为各国在数字经济领域竞争与合作的关键因素，以平台为重心做强数字经济产业体系，是数字经济组织方式的主要特征，也是建设数字化、智能化、国际化的产业链、供应链、创新链的重要抓手。将数字技术创新平台和数字产业集聚平台作为数字经济发展的重要载体，整合强大的技术、资本、数据等社会资源，对推动社会财富和资源的聚集、创造和分配具有重要的作用。2023年5月，山西公布了第一批省级数字经济示范和培育型园区名单，山西数据流量生态园充分发挥数字经济头部企业的引领带动作用，以加快集群化、数智化为方向推动数字经济产业"建链强圈"的数字转型，和以加深数实融合为方向改造老产业催生新业态的产业转型，打造数据产业链路，实现了数字产业、资本、技术、人才和数据等要素的优化共生和创新裂变。由此可见，加速打造数字经济高水平产业集聚区，以平台集聚区为重要载体，通过建设高能级实验室、专业化众创空间、高水平产业园等集聚高端创新资源要素，打造具有核心竞争力的数字产业集群，构建"数据要素+流量变现+场景应用"的数据生态闭环体系、全方位全链条全周期的数字化生态服务体系，释放数字对经济发展的放大、叠加、倍增作用，已经成为促进数字经济集聚发展的新动能和新引擎。

创新数字经济发展体制机制是保障。数字经济健康发展有利于推动构建新发展格局，构筑国家竞争新优势，抢占未来发展制高点，有利于数字经济战略性作用的发挥，必须在健康规范的数字经济发展环境下实现，这就要求以全面完善的体制机制为保障。强调要构建数据基础制度体系，以数据产权、流通交易、收益分配、安全治理为重点，促进数据高效流通使用、赋能实体经济，为加快发展数字经济提供制度保障。山西出台《山西省数据市场体系建设2023年行动计划》，为我省探索建立数据要素市场体系提供路径指导，为数据要素化、市场化提供重要的制度性基础条件。由此可见，数字经济的健康发展，必须坚持促进发展和监管规范两手抓、两手都要硬，在发展中规范、在规范中发展。一方面，企业要适应规范发展的环境，明确平台企业主体责任和义务，建设行业自律机制；另一方面，监管部门必须完善数字经济治理体系，健全法律法规和政策制度，完善体制机制，提高我国数字经济治理体系和治理能力现代化水平。

六、推动山西数字经济发展壮大的对策建议

数字经济事关国家发展大局，是激活发展动能、增强经济韧性的重要支点。发展数字经济是着眼全球、立足国情构建现代化经济体系的内在需求，是提升产业链、供应链自主可控能力和培育未来竞争新优势的重要途径。山西要紧抓新一轮科技革命和产业变革新契机，统筹布局全省数字经济发展，做强做优做大数字经济，着力推进数字经济与实体经济融合发展，以数字化推动智能化，以智能化培育新动能，以新动能促

进新发展，乘"数"而上、以"数"赋能、逐"数"兴业，助力全省数字经济和经济社会高质量发展。

（一）加强新型基础设施建设，筑牢数字经济发展底座

新型基础设施建设是数字经济发展壮大的基石，为数字化转型提供高速泛在的网络技术保障、创智赋能的数据要素保障和普惠民生的物质基础保障。山西要以技术创新为驱动，坚持适度超前原则，统筹布局各类新型基础设施建设，面向高质量发展需要，构建数字转型、智能升级、融合创新的智能化综合性数字基础设施体系。一是加快新型基础设施布局。5G、人工智能、工业互联网、物联网、区块链等新型基础设施是保障新业态创新发展的基础。推进5G基站、5G网络在全省设区市、县级城市、城镇重点区域的全覆盖，在交通枢纽、旅游景点等流量密集区域的深度精准覆盖，在工业、能源、民生、环境、媒体等领域的商用建设和规模应用，构建辐射全省产业转型升级的工业互联网赋能体系。鼓励能源、冶金、装备、化工等领域重点工业企业建立企业级工业互联网平台，完善工业互联网标识解析体系建设，加强内外网改造。面向城镇家庭、中小企业和商业用户需求，鼓励高速宽带应用创新，推进宽带网络升级，引导基础电信运营商加快城市地区千兆宽带规模部署和千兆光网覆盖普及。完善生活服务数字化融合设施布局，持续推进市政公共设施及建筑等物联网和智能传感终端应用、智能化改造，促进学校、医院、养老院、图书馆等资源数字化和智慧城市建设。适时推进5G网络向有条件的农村覆盖延伸，支撑农村数字化应用水平提升，助力数字乡村和数字农业多模式、新业态发展。探索以卫星通信网络、区块链、量子通信等为代表的前沿信息基础设施建设，部署推进空天地立体化网络建设和应用示范工程。二是主动融入国家重点战略。山西承东启西、连南拓北，毗邻京津冀科技创新、数字产业核心区域，在区位、能源、

气候、网络等方面地域优势明显，应把握国家发展数字经济战略契机，紧紧抓住山西能源革命综合改革试点机遇，加快主动融入国家"东数西算"工程布局，统筹规划布局建设数字化、智能化、一体化的全国信息基础设施国家枢纽节点，推动与京津冀新技术基础设施、算力基础设施建设布局衔接和互联互通，将山西建设成为京津冀信息网络向中西部地区辐射的战略支撑带。主动对接服务雄安新区，主动承接科技创新、数字产业等核心区域业务。推动部署国家超级计算（太原）中心、大同秦淮数据中心、京东灵丘数据中心等优势数字项目建设。持续加强山西与京津冀、长三角、粤港澳大湾区以及内蒙古等地在大数据、互联网、云计算、人工智能等新一代信息技术方面的战略合作，争取更大程度融入全国中西部算力中心、环首都数据存储中心、国家重要数据资源灾备中心建设。此外，在新型基础设施建设有序合作方面，探索建立新型数字基础设施区域合作和一体化发展机制，注重合理梯次布局，支持部分地区先行先试和标杆城市建设，辐射带动其他地区和全域协同发展。

三是推进数据中心体系建设。数据中心体系作为新基建的发展典范，不仅是数字设备的托管空间体，更是大数据、云计算等数字技术的科技承载体，是数字技术自主创新发展所必需的算力底座。加快建设国家级数据交易所、数据港和数据中心、算力平台等新型基础设施，系统化构建城市数字底座，推动空间信息数据应用，推进数字孪生城市建设，完善数据安全保障体系，强化数据信息保护。优化数据中心布局，加速打造形成以太原为核心、以大同—吕梁—阳泉为支撑、多地市协同发展的"1+3+N"数据中心空间布局；加快建设太原国家互联网骨干互联点，提升省域间网络传输质量，全面优化数据中心网络运营环境；部署智能存储与计算设施，支持以高技术、高算力、高能效、高安全为特征的新型数据中心建设，探索建设国家工业互联网大数据中心体系省域新业态新模式，构建"数网、数纽、数链、数脑、数盾"五位一体的工业云体系，全面推进我省工业大数据中心"云边端"协同、"算存运"融合的一体化算力基础设施体系建设，进一步优化数据资源配置，推动数据中心绿色低碳化发展，提升数据中心资源使用效率；鼓励数据中心企业积极发挥数据资源集聚优势，开拓数据清洗、数据安全、代理维护、系统集成等高附加值创新性服务和运营模式；引导构建以地方优质数据中心服务商为核心的产业生态，推进数据中心产业规模化、分工精细化进程。

（二）挖掘激活数据要素价值，最大限度释放数据红利

数据是数字经济时代的核心生产要素，数据要素是数字经济时代的石油，已经融入生产、流通、分配、消费和社会服务管理等各个环节，深刻改变着生产方式、生活方式和社会治理方式。激活数据要素价值是推动数字经济发展壮大的核心要义，对抢占数字革命制高点、激发产业活力、促进社会治理现代化具有重要意义。山西要着力构建以数据为关键要素的数字经济，重点围绕供给、流通和开发利用三大关键环节，充分发挥数据对其他生产要素的效率倍增作用，大力推动数据资源化、要素化、市场化。一是构建数据基础制度体系。以数据产权、流通交易、收益分配、安全治理为重点，促进数据高效流通使用、赋能实体经济，为加快发展数字经济提供制度保障。推动数据要素市场化，形成数据要素生产、分配、流通和消费的循环链条，整合数据要素的供给方、需求方、交易平台、中介咨询服务商的功能打造数据要素赋能实体经济的服务体系，最大限度地发挥市场的资源配置作用，构建数据要素由市场评价贡献、按贡献决定报酬的机制。利用数据要素交易市场，发挥数据要素价值的可变现能力，激发市场主体数据要素生产动力，为数据要素提供估值定价和交易流通，促使数据要素从供给端流向高度匹配的需求端，为实体经济提供高质量数据要素。建立合规高效、线上线下结合的

数据要素流通和交易制度，完善数据全流程合规和监管规则体系，建设规范的数据交易场所，激励更多主体参与数据要素市场交易活动，扩大数据要素流通和交易规模，促进数据资源高效配置。更好发挥政府在数据要素收益分配中的引导调节作用，建立体现效率、促进公平的数据要素收益分配制度。统筹数据开发利用、隐私保护和公共安全，构筑起数字经济时代数据安全、个人信息权益保护、商业秘密保护的安全防护网，强化安全可控、弹性包容的数据要素治理。二是强化数据要素供给能力。随着产业数字化和数字产业化快速发展，各行各业对数据需求尤为旺盛，山西要统筹推进公共数据的开放共享，加快培育壮大数据服务产业，多措并举强化数据要素高质量供给，促进释放数据红利。提升公共数据开放水平，加快推进政务数据和经济数据、社会数据资源归集整合、开放共享，建立健全统一开放、竞争有序的数据要素交易市场。完善数据标准，推动人工智能、互联网等领域数据采集标准化建设、规模化发展，优化数据库结构，建立统一的数据共享平台，激活政务服务、教育、医疗、交通、能源等领域公共数据活力和潜能。鼓励企业开放平台资源，推进生产资料信息共享和使用权共享，形成高质量生产服务要素供给新体系。健全公共数据资源体系，统筹公共数据资源的开发利用，并建立公共数据供给长效机制，推动开放共享常态化、持续化。培育良好数据服务产业生态，搭建全产业链协同的生态服务体系，扩展数据服务产业集群规模。提升数据技术在数据服务领域的应用，提高数据服务机构数据管理与加密的能力，保障数据服务流程的安全可控。三是推进数据要素资源开发利用。数据开发利用是激活数据要素价值的关键。鼓励有关市场力量围绕金融、零售、消费品、焦化、钢铁、农业、装备制造、新材料、能源等重点行业，强化对数据沙箱、多方安全计算、区块链等技术应用，开发符合市场需求的数据产品和数据服务，推动数据要素产品化、服务化，培育数据交易新模式，打通数据要素价值实现"最后一公里"。创新大数据应用服务模式和业态，加快开发数据利用全生命周期技术工具、产品及解决方案。赋能转变以技术驱动应用、应用牵引数据的离散式、小场景的传统数据价值挖掘和开发利用模式，着力推动数据要素、数字技术与应用场景的深度融合应用。加快建设能源行业数据平台，加速数据资产化、资本化，建设"数字经济产业发展大脑"，实现数据价值的再创造和提升，探索企业首席数据官制度。以数据创新带动管理创新和模式创新，在通信、金融、医疗、应急管理等重点行业打造成熟行业应用场景，遴选行业内数据要素与产业融合应用的优秀案例标杆，发挥示范效应，加大对优秀应用解决方案复制推广力度，有效提升全领域数据价值应用能力。同时，政府要调动行业协会、科研院所、企业等多方参与数据价值开发，探索构建市场化公共数据资源管理服务机制，推进数据要素高效流通、共享利用。

（三）推动数字产业创新发展，加快培育新业态新模式

数字产业是数字时代驱动发展的基础性先导性产业，对增强数字经济发展动能、提高数字经济发展质量、把握数字经济发展主动权至关重要。山西要瞄准战略前沿和制高点领域，推进重点领域数字产业创新发展，增强产业链关键环节竞争力，培育数字经济新业态新模式，形成战略主导、新兴引导、业态融合的产业发展格局。一是聚焦关键核心技术攻关。实施数字经济科技攻关行动，支持领军企业联合高校院所共同承担战略性、引领性科学计划，建立关键核心技术攻关项目库，以"揭榜挂帅"等方式组织信创、大数据、智能制造、智慧矿山等领域技术攻关，提升数字技术对产业发展的支撑能力。推进数字技术与煤炭产业一体化融合发展，面向采煤、运输、通风、供电等各环节关键技术问题展开研究、进行示范，实现传统煤矿的智能化转型升级。鼓励联合研发攻

关，重点在集成电路、通信设备、云计算和大数据等"卡脖子"技术方面加大科研攻关，积极部署量子科技、人工智能、区块链、智能物联网等前沿技术研发，遴选具有核心竞争力的关键技术和产品，创新应用场景，加速产品和服务迭代，提升产品附加值和竞争力，打造形成占据产业竞争制高点的"独门绝技"。二是引导数字产业集群发展。注重把推动数字产业集群、先进制造业集群、战略性新兴产业集群发展与我省的区域协调发展战略进行统筹，发挥数据基础服务和数据融合应用等环节的大数据产业优势，依托具有基础优势的产业集群，推动集群、企业、科研院所、金融机构等协同合作，打造创新要素高度集聚、网络协作特色鲜明、数字生态多元开放、具有竞争力的数字产业集群。培育引进半导体、光机电、计算机等重点领域的头部企业来晋设立分支机构，鼓励本地信创龙头企业发挥带动作用，探索集群跨区域协同培育机制，推动集群跨区域、跨领域互动协作，畅通区域产业循环。同时，积极开展产业集群供应链协同化建设，搭建全域产业链数字化平台，构建全域产业链协作系统，建立重点产业链供应链及其异地配套供应企业资源地，加强供应链信息资源协同和跨区共享，增强产业集群产业链整体韧性。

打造数字产业发展新引擎。随着数字经济的发展深入，全社会对信息通信的需求正在从以网络为核心的信息交换向以算力为核心的数据处理转变，推动传统的信息通信网络向云网边端多层次、立体泛在的算力网络体系演进，构建算力、算法引领的新兴产业体系，形成数字产业增长新引擎。依托中联绿色大数据产业基地建设、环首都·太行山能源信息技术产业基地数据中心，大同云中e谷大数据中心等项目，推动发展云计算云原生创新服务，提升大规模资源管理与调度、弹性计算、数据虚拟隔离等服务能力，促进各级算力灵活调度、按需配置。加强人工智能和区块链等算法引领产业的模式创新和业态发展。支持建设人工智能开放创新平台，加强自然语言处理、计算机视觉、语音识别、决策智能等领域核心算法开发，丰富"AI+工业""AI+医疗""AI+消费""AI+政务"等特色应用场景供给。推动区块链算法技术创新，打造一批区块链"名品""名企"，深化区块链技术在数据共享、产品溯源、供应链管理等领域的基础应用，进一步拓展在数字身份、数据存证、城市治理、政务服务、民生服务等领域的创新应用。三是培育数字经济发展新模式。发展更深更广共享经济，打造沉浸感、交互性、体验感更强的服务和消费场景，运用共享理念推动数字平台和服务向农村延伸，创新发展共享农田、共享农庄、共享菜园等新模式，吸引城市居民通过定制化、分时化等方式消费绿色资源；鼓励企业开放平台资源，共享实验验证环境、仿真模拟等技术平台，鼓励盘活云共享资源、生产工具等闲置资源，充分挖掘闲置存量资源的应用潜力。培育智能经济发展模式，支持"黑灯"工厂、未来工厂、智能工厂建设，推广流程智能制造、离散智能制造、网络化协同制造、远程诊断与运维服务等新型制造模式；发展定制化、智慧化出行服务，打造智慧街区、智慧商圈等智能场景；支持发展智慧康养服务平台，推广可穿戴智能医疗设备，集成远程问诊、移动社交、看护陪护等即时服务，发展居家医养、健康服务等新应用新模式。

（四）推进产业数字赋能转型，激发产业融合发展潜能

产业数字化转型是发展数字经济的重要内容，是各发达经济体发展数字经济的主要阵地，产业数字化赋能转型能够释放数字技术对经济发展的放大、叠加、倍增作用。山西要牢牢抓住产业数字化转型发展的先机，发挥自身优势，将场景资源、数据资源转化成数字化转型动力源，赋能传统产业转型升级，激发各类要素资源向企业汇聚，激发企业创新动力和融合发展活力。一是数字技术赋能产业升级。立足不同产业特点

和差异化需求，推动传统产业全方位、全链条数字化转型。在制造业领域，推动制定重点制造行业转型共性场景图谱，鼓励龙头企业、行业协会等立足不同行业场景化转型方案制定并推广行业转型路线图；加快能源行业生产设备系统互联互通和工业数据集成共享，加大能源互联网关键技术攻关、推进工艺改进、运行优化、质量管控和安全管理；鼓励装备制造龙头企业建设智能制造示范工厂、培育智慧供应链、完善智能制造标准体系，加快装备数字化发展。在农业领域，发展智慧农业，推动信息技术与农业全产业链条的融合应用，助力农产品增品种、提品质、创品牌，促进产品个性化定制、柔性化生产，支持农产品、食品生产流通信息追溯系统建设，提升产业链供应链智慧管理水平和产品质量管控能力。依托数字技术促进农业标准化、集约化、规模化生产经营，加快推广农产品"生鲜电子商务+冷链宅配""中央厨房+食材冷链配送"的发展新模式。在服务业领域，促进生产性服务业提高专业化水平和向价值链高端提升，促进生活性服务业如文旅、医疗、教育、体育等领域优化服务品质、丰富应用供给，引导服务业企业更多开发数字化产品和服务。以"三晋通"平台为依托，进一步推动电子社保卡、电子居住证等民生数字服务融入"三晋通"移动政务平台。打造"ETC+"涉车、涉路服务体系，营造出行便捷、场景丰富和管理高效的智慧交通应用场景。二是激发企业融合发展活力。培育具有重大引领带动作用的生态主导型企业，鼓励领军企业组织产业链上下游形成创新联合体，建立稳定的产、供、销和技术开发等紧密型协作关系，构建具有国内竞争力的"硬件+软件+平台+服务"产业生态。发挥行业骨干企业的示范作用，培育一批创新能力强、品牌影响力突出的融合应用领军企业，鼓励行业骨干企业基于技术和产业优势，发展专业化服务，提供行业系统解决方案。深化龙头企业数字化转型，支持龙头企业应用大数据、人工智能、数字李生、虚拟现实/增强现实等数字技术对传统生产工艺、产业组织形式进行改造提升。构建车间、工厂、供应链智能制造系统，开展多场景、全链条、多层次应用示范，培育推广智能制造新模式。鼓励龙头企业建立产业链供应链数字化协同平台，赋能产业链上下游企业转型、全产业链业务协同应用普及，助力企业整体运行效率和产业链上下游协同效率提升。推进中小企业数字化转型，实施中小企业数字化赋能专项行动，建设一批成果转化、技术标准、检测认证、市场推广等一站式公共服务平台，降低中小企业数字化转型成本。鼓励大型企业通过技术帮扶、开放平台等多种形式，与中小企业开展互利合作，降低技术壁垒，形成协同创新的企业集群。三是培育转型支撑服务生态。搭建数字化转型新场景，积极推动智慧管控、智慧能源、智能制造、智慧服务等典型场景的数字技术应用，培育新业态、新模式、新动能。制造类企业加快建设推广智能工厂、数字化车间等智能现场，能源类企业加快建设推广智能矿山、智慧电厂、智慧管网等智能现场，建筑类企业重点开展建筑信息模型、三维数字化协同设计、人工智能等技术的集成应用，服务类企业着力推进智慧物流、智慧旅游、智慧供应链等建设。建设数字化转型促进中心，依托产业集群、园区、示范基地等建立公共数字化转型促进中心，开展数字化服务资源条件衔接集聚、优质解决方案展示推广、人才培养、测试实验、产业交流等公共服务。依托产业联盟建立专业化数字化转型促进中心，面向产业链上下游企业和行业内中小微企业提供供需撮合、转型咨询、定制化服务及解决方案开发等市场化服务。创新转型支撑服务供给机制，探索建设数字化转型产品、服务、解决方案供给资源池，搭建转型供需对接平台，创新性开展数字化转型服务券。探索实施数字化转型联合行动计划，建立高校、龙头企业、企业联盟、行业协会等市场主体资源共享、分工协作互动机制。

（五）完善数字经济治理体系，强化协同监管治理效能

健全完善数字经济治理体系，增强数字经济治理效能，是促进数字经济健康发展、建设现代化经济体系的必然要求，是实现治理体系和治理能力现代化的题中之义，是大力发展数字经济的必然选择。山西应准确认识和把握数字经济发展和治理面临的新形势新问题新挑战，着力健全和完善数字经济治理体系，坚持发展和监管多措并举，强化协同治理和监管机制，增强政府数字化治理能力，完善多元共治新格局，改善数字经济发展环境，促进数字经济治理效能稳步跃升。

一是强化协同治理和监管机制建设。准确把握和认识数字经济发展和治理的一般规律，坚持发展与监管并重，探索建立与数字经济持续健康发展相适应的治理方式，制定更加灵活有效的政策措施，创新多方参与、有效协同的治理模式。把优化监管职权配置作为释放体制优势的关键，明晰主管部门、监管机构职责，强化跨部门、跨层级、跨区域协同监管，明确监管范围和统一规则，加强分工协作与协调配合。以纵深推进"放管服"改革为突破口，着力优化数字经济营商环境，分类清理规范不适应数字经济发展需要的行政许可、资质资格等事项，进一步释放市场主体创新活力和内生动力。强化以信用为基础的数字经济市场监管，鼓励和督促企业诚信经营，建立完善信用档案，推进政企联动、行业联动的信用共享共治。加强征信建设，提升征信服务供给能力。以全方位提升治理效能为出发点，加快建立全方位、多层次、立体化监管体系，强化事前事中事后全链条全领域监管，完善协同会商机制，推动监管数据共享利用，有效打击数字经济领域各类违法犯罪行为。探索开展跨场景跨业务跨部门联合监管试点，创新基于新技术手段的监管模式，建立健全触发式监管机制。探索完善平台监管机制，推动线上线下监管有效衔接，避免发生监管空白和监管重叠。二是强化数字经济治理能

力。修订完善数据开放共享、数据交易、知识产权保护、隐私保护、安全保障等相关管理规章，更好地发挥行业公约等对法律法规体系的有效补充作用。加强政策和标准引导，持续完善数字经济发展的战略举措，加强政策间相互协同、相互配套，推动形成支持发展的长效机制。推动建立融合标准体系，加快数字化共性标准、关键技术标准制定和推广。加快建立完善基于大数据、人工智能、区块链等新技术的数字经济统计监测和决策分析体系。增强政府数字化治理能力，以服务市场主体和便利广大群众为重点，统筹推进政务信息化和数字政府建设，综合运用新技术新理念新模式提升治理能力、优化公共服务。利用现代信息技术提升治理效能，强化大数据、人工智能、区块链等现代信息技术在治理中的应用，增强态势感知、科学决策、风险防范能力，降低治理成本，提高治理效率。加强安全保障和风险防范，全面提升关键信息基础设施、网络数据、个人信息等安全保障能力，增强融合领域安全防护能力，积极应对新型网络安全风险。三是培育多元共治创新生态。实施多元协同治理能力提升工程，加快建立完善政府、平台、企业、行业组织和社会公众多元参与、有效协同的数字经济治理新格局。以创新驱动新业态发展，加快建设一批省部共建重点实验室、省级重点实验室和工程（技术）研究中心、企业技术中心等创新平台。加强政府、企业、高校、科研院所、用户深度合作，打造以产业技术创新需求为导向的政产学研用协同创新研发生态。深化探索首席数据官制度，建立健全首席数据官制度试点评估体系，构建多层次人才培养体系，着力培育具备数字化思维能力和熟悉制造业发展模式及流程的跨界人才，进一步优化人才政策，深入推进"人人持证、技能社会"建设，引导高校院所与企业共建实训基地，开展互动式人才培养，造就一批知识型、技能型、创新型新业态大军。积极推进和完善山西省关键信息基础设施安全保卫平台建设，推动云平台、厂商平台以及行业部门与安全保卫平台之间的协同联动，打造纵横互通、协同防御的信息基础设施安全防护体系。聚焦数字经济和实体经济深度融合的重点领域、新兴领域，营造公平竞争市场环境，促进各类要素资源向企业汇聚。引导社会各界积极参与推动数字经济治理，支持各方积极开展社会监督、媒体监督和公众监督，提高全社会网络安全、数据安全意识和保障能力，培育多元参与、协同治理的数字经济发展新生态。

后　记

　　山西省社会科学院（省政府发展研究中心）作为全省哲学社会科学的重要研究机构和特色新型智库，对如何推动我省资源型经济高质量转型发展进行了长期关注和跟踪研究。本书作为院（中心）"资源型经济高质量转型发展"重点学科建设的阶段性成果，系统研究和分析了山西构建现代化产业体系的路径选择和政策建议。

　　全书由一个总报告和六个研究专题组成，总报告由张峻、梁正华、孙秀玲、刘志育、张婷、夏骈鹋、李瑶、刘佳荣、丁晨轩执笔完成；专题一由贾高然执笔完成，专题二由曹海霞、王刚执笔完成，专题三由黄桦、邵琦、贾云海执笔完成，专题四由栗挺、王中、王娜执笔完成，专题五由蔡飞、丁晨轩执笔完成，专题六由贾步云、高燕执笔完成。

　　本书的编写出版得到了省委宣传部的大力支持和悉心指导，山西人民出版社梁晋华、傅晓红同志给予了鼎力支持，值此出版之际，谨向上述单位和同志深致谢意。

　　构建现代化产业体系是一项兼具系统性、长期性和复杂性的实践和理论创新工作，本书内容和观点虽汇聚集体智慧，但也不免为一得之见，只愿在构建现代化产业体系的山西之路上能行"日拱一卒"之举、起"抛砖引玉"之效。对本书中可能存在的疏漏和错误，敬请广大读者提出宝贵意见。

编者

2024年10月